本书受国家社会科学基金重大项目"改革开放以来我国经济增长理论与实践研究"（项目编号15ZDA007）资助

国企改革、企业家才能配置与经济发展

冯科　胡涛 / 著

中国财经出版传媒集团

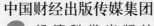

经济科学出版社
Economic Science Press

图书在版编目（CIP）数据

国企改革、企业家才能配置与经济发展/冯科，胡涛著．

—北京：经济科学出版社，2017.4

ISBN 978 – 7 – 5141 – 7925 – 5

Ⅰ.①国…　Ⅱ.①冯…②胡…　Ⅲ.①国有企业 – 企业

改革 – 研究 – 中国　Ⅳ.①F279.241

中国版本图书馆 CIP 数据核字（2017）第 073744 号

责任编辑：周国强
责任校对：王苗苗
责任印制：邱　天

国企改革、企业家才能配置与经济发展
冯　科　胡　涛　著
经济科学出版社出版、发行　新华书店经销
社址：北京市海淀区阜成路甲 28 号　邮编：100142
总编部电话：010 – 88191217　发行部电话：010 – 88191522
网址：www. esp. com. cn
电子邮件：esp@ esp. com. cn
天猫网店：经济科学出版社旗舰店
网址：http://jjkxcbs. tmall. com
北京密兴印刷有限公司印装
710 × 1000　16 开　15.75 印张　260000 字
2017 年 5 月第 1 版　2017 年 5 月第 1 次印刷
ISBN 978 – 7 – 5141 – 7925 – 5　定价：68.00 元

前　　言

　　国有企业在中国经济运行和发展进程中有着举足轻重的作用，大型国有企业既保障了国内市场受到跨国公司冲击下的稳定性，又支撑起了中国经济市场内的支柱和最重要产业。新中国成立以来，中国矢志不渝地坚持重点培育国有企业的发展及市场主导地位。在中国国有企业的强力带动下，中国已成为世界经济的发动机，为全球经济的繁荣与稳定做出了巨大贡献，中国的大国形象俨然而立。与此同时，中国的产业逐渐由劳动密集型向资本密集型转变，传统的发展模式无法满足中国经济继续高速发展的需要，中国的产业开始由劳动密集型产业逐渐向资本密集型产业转变，现有产业无法跟上中国国民物质和精神文化需求前进的步伐。中国现有的产业亟待升级和改造，以满足国民经济增长、人民物质和精神文化的需求。近年来，中国经济发展进入新常态，国企改革越发成为社会焦点，2015 年《关于深化国有企业改革的指导意见》明确将深化国企改革作为当前的主要任务之一，标志着新一轮的国企改革拉开帷幕。

　　在产业改造升级的过程中，刺激性政策在拉动经济增长的同时还带来了产业结构失调、部分产业产能严重过剩等问题，同时国有企业还存在效率低下等固有问题。一方面，次贷危机后的产业升级中，原本应该自然倒闭的高能耗、低效率企业没有倒闭，反而在国家政策的辅助下继续发展壮大，成为实体经济的定时炸弹。另一方面，国有企业虽然始终在向现代化企业治理体系方向迈进，不仅明确了国有资产管理委员会作为国有企业出资人的管理职能，还建立了以董事会、股东会、监事会为框架的企业监督体系和绩效与薪酬挂钩的薪资体系，大大提升了中国国有企业的效率，但却未完全解决中国国有企业效率低下的问题。在大幅提升国有企业产量方面，纯粹地用资本积累和劳动力扩张来进行解释是行不通的，企业家等对企业产出和生产力的进一步发展具有重大影响，企业家的才能配置问题必须高度重视。

为了试图解决上述问题，本书重点关注国企改革和企业家才能对中国经济增长的作用。一方面，国企改革可以唤醒国有企业，使大量的国有企业重新焕发活力，带动社会发展和经济增长；另一方面，技术创新和人力资本是推动经济持续增长的重要因素、社会发展的创新之源，企业家配置是现代企业治理的重要课题，在国企改革的进程中也将为理论支持和政策引导提供重要参考。

在国企改革方面，本书认为国企改革的核心在于促使国有企业适应市场的变化、创造更多的价值，为国民经济的发展作出贡献；国企改革的中心环节和指导思想是建立健全现代企业管理制度，解决公有制带来的效率低下问题。本书以深化国有企业改革为核心命题，从理论和实证两个方面探讨国企改革的政策与实施手段。在企业家才能配置方面，本书深入研究了国有企业的企业家才能配置，并深入分析企业家的薪酬激励机制和才能错配所产生的影响，并结合中国国有企业的实际情况，为国企改革和普通公众公司提供企业家偏微观层面的借鉴意见和思路。本书从企业家才能配置的微观结构角度出发，在理论层面解决国企改革的企业家配置问题，并为国企改革提供建议和意见，以期为中国的国企改革走出盲区或误区提供帮助或打开思路，为通过国有企业改革带动国民经济发展出谋划策。

具体而言，本书以委托代理理论和企业家才能配置理论为出发点，对国内外的国有企业发展历程、改革历程和经济绩效进行比较分析，并就企业家才能配置等问题进行实证研究；从高管寻租、违规违法和资本外流三个方面对企业家才能配置问题的经济逻辑和管理缺陷进行实证分析和深入研究；针对国企改革和企业家才能配置的交叉问题，给出国企改革在人才战略层面的策略选择和潜在政策建议，包括借鉴国外国企管理的成功经验，利用外部经验和内部理论共同促进国有企业改革的深化，为中国经济持续健康发展作出贡献。

本书认为国企改革存在的问题，一是大量资金流入金融业和非创造性行业，二是国有企业发展的动力不足。并针对上述问题提出两大方面的建议，一是可以通过切合当今国家经济结构改革的新思路，将改革思路从过去的仅关注需求侧管理转向更为关注供给侧改革，把着力点放到提升供给侧活力方面可能是更好的选择。二是在推进改革的过程中，薪酬管理的一般规律要尽可能遵循，同时关注中国国企高管薪酬的特殊形成机制，秉持兼顾内部公平与外部公平、规范薪酬结构与薪酬水平、确保程序合理与监管到位、协调激励机制与约束机制的原则，发挥市场化在资源配置中的作用，减少政府的干预程度以及政府官员在资源配置中的权力，系统性地构建起一个协同的国企高管薪酬管理体系，在国有企业内部推行有效激励，从根本上解决现行状况下的问题。

本书在出版过程中，得到了经济科学出版社和北京大学经济学院的大力支持，在此表示衷心感谢！清华大学的何理博士，北京大学的研究生徐航、李金哲、尹青、陈涛、谭子珞、张雅娴、梁名潞、江欢、张璐、黄梦龙、孟玮天、辛苓苋、赵昱昊、陈伟、郑磊、赫嘉欢、蒋佳秀、冷春雨、武刘克、张诚，协助了本书的开展，在此表示衷心感谢！本书引用、吸收了大量相关的教材、专著、学术论文、案例等内容，大都注明了资料来源，少部分无法查明来源的，欢迎读者指正。由于时间仓促，作者水平所限，书中不妥之处在所难免，恳请同行专家和广大读者指教。

目　录
CONTENTS

第 1 章 导   论

本章内容主要阐述本书的相关背景、研究目的和研究意义，同时提出和确立研究思路与方法，并对本书的创新点和不足之处进行总结，最后对本书的结构安排进行简要说明。

1.1 研究背景

近年来，新常态经济环境下中国的国企改革越发成为社会关注的焦点，2015 年 8 月，中共中央、国务院联合下发《关于深化国有企业改革的指导意见》，明确将深化国有企业改革作为当前的主要任务之一，标志着新一轮国企改革拉开帷幕。本书主要关注国企改革和企业家才能对中国经济增长的作用：一方面，国企改革可以唤醒国有企业，使大量国有企业重新焕发活力，带动社会发展和经济增长；另一方面，技术创新和人力资本是推动经济持续增长的重要因素、社会发展的创新之源，企业家配置是现代企业治理的重要课题，在国企改革的进程中企业家才能配置将为理论支持和政策引导提供重要参考，其作用值得深入研究。

近年来，中国经济进入新常态阶段，传统产业亟待升级和改造。2014 年起，中国的季度 GDP 同比增长率基本维持在 6% ～7% 之间，由持续了数十年的两位数高速增长阶段逐渐减速过渡到中高速增长阶段。从绝对数据上看，中国经济仍然处在较为平稳、健康的阶段，但是内部的实际问题已经逐渐显露。2008 年美国次贷危机过后，为了在波动的世界市场环境下继续保持稳定的经济增长，中国实行了一系列扩张性的财政政策和刺激性的货币政策。事实证明，这些政策确实产生了可观的效果，在世界各国仍在为金融危机余波所累的情况下，中国成为世界经济的发动机，为促进世界经济的繁荣与稳定做出了巨大贡献，在世界中所扮演的大国形象俨然而立。与此同时，中国传统的经济发展模式已经无法满足经济继续高速发展的需要，中国的产业加速由劳动密集型产业逐渐向资本密集型产业转变，同时第三产业迅速崛起，中国经济得到了进一步的发展，经济实力有了较大飞跃。此外，中国国民对物质文化的需求日渐增加，固有的产业无法跟上中国国民物质和精神文化需求的增长脚步。为满足中国国民经济增长、人民物质和精神文化需求的不断增加，中国固有的产业亟待升级和改造。以满足国民经济增长、人民物质和精神文化的需求。

在产业升级和改造的过程中，中国的刺激政策在拉动经济增长的同时还带来了产业结构失调的副作用，部分产业存在产能严重过剩的问题，原本很可能在次贷危机中自然倒闭的高能耗、低效率企业没有倒闭，而且在国家政策的辅助下继续发展壮大，成为实体经济的定时炸弹。为解决中国的产能过剩问题，中国制定了"一带一路"政策，并建立起一系列的配套措施，如"建立亚投行"、"外销高铁"等，希冀将这些过剩产能转移出去。这些措施在解决中国产能结构失调的过程中确实发挥了作用，但是转移过剩产能的策略短时间内难以奏效，国有企业改革将成为拉动中国经济增长的下一个重要举措之一。

效率低下是中国国有企业的固有问题，纵观几十年来的国有企业发展状况，具备公有制属性的国有企业在固定委托代理、政治负担、剩余索取权、激励机制等方面的问题此消彼长。改革开放以来，中国国有企业始终在向现代化企业治理体系方向迈进，不仅明确了国有资产管理委员会作为国有企业出资人的管理职能，还建立了以董事会、股东会、监事会为框架的企业监督体系和绩效与薪酬挂钩的薪资体系，这些制度体系的建立大大提升了中国国有企业的效率，但却未完全解决中国国有企业效率低下的问题，中国国有企业改革仍是短时期内应该关注的重中之重。在大幅提升国有企业产量方面，纯粹地用资本积累和劳动力扩张来进行解释是行不通的，企业家等对企业产出和生产力的进一步发展具有重大影响，企业家的才能配置问题必须高度重视，因而成为本书重要的研究方向之一。

综上所述，本书将从理论和实证两方面回答如下问题：为什么要深化国企改革？深化国企改革会对中国的经济产生哪些影响？现行状况下中国的国有企业存在哪些问题？深化国企改革的切入点在哪里？如何将企业家才能配置更好地运用到国有企业的发展方向上？怎样的企业家才能配置才是最优的企业家才能配置？建立怎样的企业治理体系最有利于经济的发展？国有企业相关的企业家激励，怎么能够在保障国有资产的同时最大化企业家才能的效用？

1.2　研究目的和意义

为使传统的国有企业更好地适应社会主义市场经济的变动，中国需要对这些传统国有企业的体制、机制和治理体系进行改革，即国有企业改革。国企改革的核心在于促使国有企业适应市场的变化、创造更多的价值，为国民经济的发展作出贡献。国企改革的中心环节和指导思想是建立健全现代企业管理制度，解决公有制带来的效率低下问题。本书以深化国有企业改革为核心命题，从理论和实证两个方面探讨国企改革的政策与实施手段。企业家才能配置是企业经营的重要课题，对深化国有企业改革具有重要意义，因此本书将深入研究国有企业的企业家才能配置，并深入分析企业家的薪酬激励机制和才能错配所产生的影响。同时本书将结合中国国有企业的实际情况，为国企改革和普通公众公司提供企业家偏微观层面的借鉴意见和思路，最后得出本书的结论并为国企改革和企业家才能配置提供政策建议。

本书的重要性在于，从企业家才能配置的微观结构角度出发，在理论层面解决国企改革的企业家配置问题，并为国企改革提供建议和意见，以期为中国的国企改革走出盲区或误区提供帮助或打开思路，为通过国有企业改革带动国民经济发展出谋划策。

1.3　研究思路和方法

本书的出发点是委托代理理论和企业家才能配置理论，即对国内外的国有企业发展历程、改革历程和经济绩效进行比较分析，并就企业家才能配置等问题进行实证研究。具体而言，本书将从三个方面实证分析和研究企业家才能配置问题的经济逻辑和管理缺陷：高管寻租、违规违法、资本外流。最后，针对国企改革和企业家才能配置的交叉问题，本书给出了国企改革在人才战略层面的策略选择和潜在政策建议，包括借鉴国外国企管理的成功经验，利用外部经验和内部理论共同促进国有企业改革的深化，为中国经济持续健康发展作出贡献。此外，本书还指出，在国有企业走向分类管理、混合制经营的过程中，中国在淘汰低端制造业、推动产业结构升级的同时，也要注重国有企业的社会属性，不能撼动国有企业在公共服务和国家安全等方面的产业主导地位，否则可能会出现严重的公共产品缺失和国家安全问题，不仅会抵消国企改革带来的经济福利，还可能会引起严重的社会和国家问题。中国的国有企业要配备建立健全的体制和管理体系，能够保障中国的经济发展、社会稳定和国家安全。具体来说，本书的研究方法主要包括：

一是文献分析法。借鉴国内外国企改革的优秀经验，为深化国有企业改革提供依据。本书深入地剖析了国内外在国企改革进程中诞生的理论研究和实践经验，挖掘了国企改革效率低下的根本原因，提出了企业家才能配置的优化建议。综合阅读了企业家才能配置的文献，为解决企业家才能配置问题提供建议。

二是描述性统计分析法。本书大量地搜集了国有上市公司财务报表的统计和分析结果，发掘了国有上市公司在企业经营上和企业家才能配置方面存在的问题。

三是理论分析法。建立经济学模型，从以下方面对企业家才能配置问题进行分析：经济因素、社会环境因素、企业内部因素、个人因素等；并对以下中国国有企业高管薪酬制度存在的问题进行了研究：国企薪酬管理、高管双重身份、行业间不均衡与机制不健全等。

1.4 研究框架

本书主要分为四大部分，第一部分主要是提出问题，对整个研究进行总括性的概述，包括两章内容。第1章是导论，阐述研究背景、研究目的和研究意义，研究思路、框架和方法，以及研究重点、难点和创新之处。第2章是理论综述，回顾了国企改革、企业家才能配置的相关理论及其与经济发展相关关系的有关研究。

第二部分是对国企改革的分析与回顾，包括两章。第3章回顾了中国国有企业发展的历史进程，阐述了当前重点国企的现状，并总结了中国国企的改革进展及存在的问题。第4章以美国、日本、俄罗斯、部分欧洲国家以及东南亚国家为例，分析了上述国家国企改革的背景、思路、成果及对中国国企改革的启示。

第三部分是对企业家才能配置问题的分析和研究，分为5章。第5章梳理了相关的经济发展理论，建立了企业家才能配置的基本模型，给出了模型的拓展，并从实证的角度论证了该模型的意义，进一步说明了国企改革过程中企业家才能配置的重要性。第6章阐述、分析了国有企业高层管理人员薪酬制度存在的问题和现状，并就中国国有垄断行业的企业高管薪酬分配不合理的现象和后果进行了描述性统计和行业案例分析，据此提出了适合中国除去垄断租金的分配机制设想。第7章从理论及实证的角度分析了寻租行为对实体经济的破坏情况，进一步说明了企业家才能得到有效配置对国企改革的重要意义，并提出了相应的政策建议。高管作为公司管理的重要成员，其才能是否得到有效配置也是本书的重点内容之一。第8章主要统计分析了2013～2015年中国全部A股2 790家上市公司高级管理人员的违规违法事件，采用计算违规违法率并结合相关经济学理论的方法，分析了高级管理人员违规违法行为的内在因素，并相应地提出了建议。第9章统计了近年来中国企业家资源的流失与资本外逃的情况，论证了企业家资源与资本的大量流失必不利于中国经济的稳定增长，并提出了相应的建议。

第四部分对本书进行了全面的总结，并相应地提出了政策建议，在第10章中完成。本章首先强调了中国国企改革存在的问题，主要包括两点：一是大量资金流入金融业和非创造性行业，二是国有企业发展的动力不足。针对这些问题，本章总结了理论研究成果和国际经验，从企业家才能配置方面给出了相应的改革意见。通过企业家才能配置与经济发展的理论模型研究，本书认为可以切合当今国家经济结构改革，将改革思路从过去的仅关注需求侧管理转向更为关注供给侧改革，当经济刺激政策的负面效果越来越大，正面效果越来越不明显时，把着力点放到提升供给侧活力方面可能是更好的选择。在推进改革的过程中，薪酬管理的一般规律要尽可能遵循，同时关注中国国企高管薪酬的特殊形成机制，秉持兼顾内部公平与外部公平、规范薪酬结构与薪酬水平、确保程序合理与监管到位、协调激励机制与约束机制的原则，发挥市场化在资源配置中的作用，减少政府的干预程度以及政府官员在资源配置中的权力，系统性地构建起一个协同的国企高管薪酬管理体系，在国有企业内部推行有效激励，从根本上解决现行状况下的问题。

第2章　相关理论与研究

2.1 国企改革相关理论与研究

中国国有企业效率低下的问题一直备受各方面的关注，受到多方面的批评。中国仍然处于社会主义初级阶段，目前的基本经济制度仍然是以公有制为主体、多种所有制混合发展；而国有企业，作为这种经济制度的主要组成和实现部分，在中国国民经济过去几十年的发展中发挥了重要的作用，为社会生产力的进步、国民整体生活水平的提高作出了至关重要的贡献。此外，国有企业不仅是市场经济的参与者，配合市场进行资源分配、流动和利用，使社会福利达到最优配置；还是党和国家政策的执行者，在公共服务、公共资源等国民经济命脉产业中各司其职，为国民经济的健康运行发挥了重要作用。

但随着市场化改革的深入进行，国有企业的固有矛盾愈发明显，面对新的国内外市场环境，国有企业的固有模式已经无法满足社会生产力进一步发展的需要。在之前的几次国有企业改革过程中，国有企业的市场化程度有了很大的提升，通过对内部的制度治理，国有企业作为出资人机构的角色得到了明确，一定程度上确实缓解了国有企业的代理人问题，但是对于生产效率和创新效率的双重效率损失仍然束手无策；除此之外，国有企业的政治负担也降低了经济效率，出于地方政府的政治需要和国企管理人任期制和晋升制的存在，国有企业在发展战略的选择上难免会倾向短期效益高、长期发展规划缺乏的策略，更有可能因为地方政府的需要，雇用过量员工甚至使用不经济的地方性策略。

党的十八大以来，全面推进深化改革成为中国共产党的基本策略，为适应新常态经济环境，国企改革被提到了历史前沿。近期，中国出台了一份《关于深化国有企业改革的意见》，该《意见》对于中国的国有企业改革从整个规划、推进和完成等各方面做出了全面的指导。但是，我们仍然需要深入地讨论国企改革进行的切入点和方向。本章将结合国企改革的相关文献和实例，对国企改革理论和实际策略做出简要的梳理和总结。

2.1.1 国企改革的定义与简要历程

为使中国传统的国有企业能够更好地适应社会主义市场经济的变动,需要对这些传统国有企业的体制、机制和治理体系进行一系列的改革,即国有企业改革。国企改革的核心在于适应市场的系列变化,使国有企业创造更多价值,为国民经济发展提供贡献。中心环节和核心内容是建立健全现代企业管理制度,降低公有制带来的效率低下问题,但也要因企制宜,制定对于国家、社会、人民效用最大化的改革路线。

中国共产党在执政期间,一直保持着实事求是的认真态度、与时俱进的客观务实精神和严格不苟的自我批评精神,一直坚持改革这一条坚定不移的基本策略,历次国有企业改革就是具体体现之一。中国的国有企业改革可以大致划分为四个阶段:第一阶段为 1978 ~ 1984 年,社会主义市场经济刚刚确立,多种所有制经济正处于萌芽阶段,这一阶段的目标主要集中在通过下放权力到企业扩大国有企业自主经营权,使得国企从政府职能部门中划分出来;第二阶段大致的时间范围为 1985 ~ 1992 年,这一阶段降低了行政命令对经济运行的干扰,逐步明确现代化的治理体系,与此同时,实行以自负盈亏、独立经营、多存少补,在很大程度上提升了员工和管理者的积极性和企业活力;第三阶段为 1993 ~ 2002 年,这一阶段主要内容是进行现代化企业制度改革,1994 年国家在中央和地方选择了 2 500 多家企业进行试点,以公司制为主题,对国有企业进行现代化改革,明确了国有企业股份的概念,允许社会资本进入国有企业进行共同经营,这一举措使得国有企业的经营更加多元,有利于进军全球市场,同时减轻了国有企业在承担社会经济任务时的资本负担;第四阶段为 2003 年至今,这一阶段是深化改革阶段,为了解决所有权权利归属不明确问题,由于以前经营者监管比较混乱,中国开始建立了国务院国资委,完善了资产管理者的监管制度,结束了地方政府代管国有资产,归属权混乱的局面,在治理体系上有了长足进步。

现行状况下,中国处在国有企业改革的第四阶段,国务院在 2015 年出台了《中共中央国务院关于深化国有企业改革的指导意见》,对中国的国有企业改革从整个规划、推进、完成的过程上做出了全面的指导和任务的明确

（光明日报，2015）。该《指导意见》对国企改革各方面由总到分地明确了各项要求：对于企业治理制度一级国有资产管理制度进一步的完善，对国有资产流失进行防范，发展混合制经济，加强党对国企的领导。这正是本书希望深入研究的，本书在后续章节将以理论和实证为基础，为国企改革的政策细化，进行深入分析和针对性细化。

2.1.2　国企改革背景和意义

无论是从理论还是从实际的经济发展历史来看，国有企业在国民经济中扮演着重要角色，但也造成了很多社会福利的损失，譬如代理人问题和政治关联问题。那为什么要常谈国企改革呢？原因大概有四个：一是国企本身体量巨大，占据了国民经济重要部分，其发展关乎国计民生；二是国企本身制度上的缺陷决定了国企的效率流失，而国企现有的经营体制不足以解决国企的效率损失问题；三是根据国际和国内经验，国企改革后可以极大地提高国有资本的效率，是提升经济的有力手段；四是在中国经济增长进入新常态的大背景下，国企改革决定了能否保证国民经济的健康平稳持续增长。因此，国企改革的必要性主要有以下几点：

1. 国有企业的体量占据国民经济比重的很大部分

中国财政部数据显示，中国的国有企业总收入，在 2016 年 1～9 月达到 327 015.8 亿元，人均水平达到了 23 904 元；这部分收入当中，归属于中央企业的营业收入大致为 197 874.6 亿元，而地方国有企业则为 129 141.2 亿元。在这段时期内，中国国有企业完成的总利润达到 17 206.8 亿元，包括中央企业的 11 915.6 亿元，和地方国有企业的 5 291.2 亿元。考量应交税金方面的数据，1～9 月，国企应交税金达到 27 551.9 亿元，资产总额和负债总额分别为 1 287 677.9 亿元和 853 448.5 亿元，所有者权益合计达到 434 229.4 亿元，人均 31 741 元。按此，理论上每个公民都拥有近 32 000 元国有资产。可见，国企改革关系到每一个国民的生活，不容小觑。

从历史的角度来讲，社会主义国家也好，老牌资本主义国家也好，国民经济中都有着国有企业，各国国有企业对于国家的发展是不可或缺的。在第二次世界大战之后，民间资本受到重创，一般垄断资本主义逐渐向国家垄断资本主义转变，国有企业开始普遍出现。同时世界各国都开始着手干预和调整国民经济。同时随着生产愈加集中，市场这一只看不见的手逐步失灵，国家就适时担负起了领导社会生产的职责。从 1945 年开始，英国就将一批关乎国家发展的基础工业企业收归国有，最大的银行英国银行也收归国有；法国复国后政府将能源、金融等等一些重大产业也收归国有。在欧亚大陆的另一端，作为第二次世界大战战败国的日本，也开始了国有资本对国民经济产业的接收，战后国有企业的数量仅仅为 7 个，而到了 20 世纪 70 年代这个数字就上升到了 114 个，国有企业越来越成为国民经济的重要成分。这些国家的国有企业主要集中在提供公共服务和管理公共资源的部门，还有作为资金枢纽的金融行业，也常常成为国有资本优先选择进入的领域。与老牌资本主义国家相似，中国也重视起国有经济。20 世纪 50 年代以来，中国先后有两次大的国有资产合并潮流，主要集中于能源、金融、基础设施等行业。因而可以看出，无论是在国内还是在国际，国有经济都起到了重要的作用。

首先，国有企业在中国的经济建设和发展进程中有着举足轻重的作用。新中国成立初期，中国着力于工业和工业化进程，设立国有资产和国有企业，中国的国民经济水平得到不断提升，国有企业的企业目标不仅仅是推进工业和工业化，而是通过改革使得国有企业成为中国经济发展的中坚力量，特别是大型、特大型国有企业。国企在国计民生的重要产业中可以起到稳定市场的重要作用，从而避免投机行为扰乱经济秩序，干扰人民生活。通过对大型国有企业进行重点改革管理，也可以将一部分国有中小企业通过包括参股承包等方式或是租赁或是销售等形式进行向产权多元化的改变。但在工业领域的范畴内，国有和国有控股的企业仍是主导。

其次，大型国有企业保障了国内市场受到跨国公司冲击下的稳定性。2001 年，中国加入 WTO，国内市场涌入了大量优质、竞争力强的跨国企业和公司，中国国内的经济水平在包括生产技术、产品质量、生产规模等各个方面和优质的外国产品和企业都有着显著差距，大型国有企业保障了国内市场受到跨国公司冲击下的稳定性。

再次，大型国有企业支撑起了中国经济市场内的支柱和最重要产业。大型国有企业凭借其国有底蕴，支撑起了国内的石油、化工、机械、电子、冶金、有色和建材等重要产业。

最后，大型国有企业也是中国出口创造收入的出口创汇重要凭依。国有企业的规模化、高科技化，使国有企业的产品技术水平和质量往往能高于民营企业，在国际市场表现出较强竞争力。成为出口创汇的重要力量。

2. 国企自身效率低下，无法通过自我革新解决

国有企业对中国整体经济和国民生活的影响都至关重要，一点不足就会酿成极为严重的后果。国企的效率低下一直为人诟病，现有的国有企业效率已经不能满足国民经济的进一步发展。其原因和表现多种多样，但是主要集中体现在以下几点：

一是国有企业由于背后有政府力量支持，生产决策上受到的政策影响较大，市场的需求和自我更新功能被忽视，由一开始的国民财富创造者成为国民财富的消耗者。但是，政府长期通过补贴的方式来扶持国有企业，造成现今国有企业缺乏竞争力和创新精神，也不够重视自己的自主品牌，多年以来，很多国有企业都为外国公司生产贴牌产品，对于国内的民族品牌造成了很大的打击。

二是国有企业受到行政干预较大，管理者在进行企业决策时，会受到政府方面有形或无形的压力影响，难以做出完全经济效益最大化的决策。比如，由于任期制的存在，国企管理者在进行决策时，往往会选择短期效益比较大，而对于中长期的企业战略无法做出相应规划。再如无论是战略决策，还是人事任免，企业中的内部管理都受到政治博弈的影响。为了达到政治和企业分离的目的，我们一定要打破国有股独大甚至独占的现象。在任何股份制企业中都应该由股东代表的董事会来进行决策，政府不能够通过行政力量干预人事任免甚至战略布局决策，而在国家控股的企业，为了体现国家的意图，国家可以通过国资委派出的董事会来参与决策，同样决策地位由股权大小决定，必须遵循股份制企业的基本原则。而对于国家不控股的企业，也同样是由董事会作出决策。政府无论是在国家控股还是不控股的情况下，都不能对董事会决策作出干预，这是作为一个企业独立运行的基本保证。

3. 国民经济在新的经济环境下面临的挑战

在新型的经济环境下，国民经济面临着新的挑战，进行国企改革也是为了经济形势的发展，提供新的可靠的经济增长点。中国进入了经济运行的新常态，主要有以下特点：一是结束了 10% 每年的高速增长时期，经济增长趋稳，将保持并长期保持在 6% ~8% 的中高速增长阶段。中国经济增长仍然充满活力，由粗放式的增长转入了资本密集型增长，对于创新和科技的要求密度更高；二是经济结构不断优化升级，过去的扩张性经济发展政策产生了一定的副作用，造成产业结构失衡，部分产能过剩，典型的就是钢铁行业，这一部分产业是国企改革中转型的重点。第三产业消费需求逐步成为主体，中国经济结构结束了以第一、第二产业为主要因素的初级阶段，向中高级阶段继续发展。中国的城乡水平差距已经开始逐步下降，发展的热点从以前的发达地区开始转向欠发达地区，中国国民经济的发展切实地实惠到了中国广大人民群众的生活水平中；三是从要素驱动、投资驱动转向创新驱动，劳动密集型的企业模式已经一去不复返，这也就提示国企改革的思路要跟随产业变动的趋势。现代工业竞争对于企业的创新和研发能力有了更多的要求，而这些要求恰巧是国企在企业效率上有所损失的。

经济新常态也给我们带来了新的发展机遇，而国企改革正是促进中国经济发展的重要一环，是新机遇能否把握住的重要一环。第一，虽然中国的经济增长的速度开始下滑，但是，中国庞大的经济基础也就意味着经济增长的量仍然是客观的，经济学中有这样一个规律：小规模的经济体由于先天发展本就欠缺，在经济增速上会有一个很好看的比率。改革开放以来，中国经济又经过了 30 多年的高速增长，现在中国的经济水平已经达到了世界第二大经济体，甚至如果利用购买力评价来看，已经成为世界第一大经济体。作为世界上体量巨大的经济体，还能保持每年 6% ~8% 的增长速度，实则非常可观。中国在 2013 年的经济增长的量已经达到了 1994 年的生产总值水平。这样强劲的经济增长速度，给深化国企改革创造了稳定健康的外部环境，对于改革后新体制的发展成熟很有帮助。第二，中国处于经济增长的新常态，经济增长的速度区域平稳，中国经济增长的动力方面开始向多元化的格局发展，而国有企业对于创新的多元增长环境的适应性是很重要的，能否适应环境，以创新推动增长，以中国品牌代替中国制造成为面向外部经济的另一张名片。第三，新常态下，经济结构的转变成为当前最重要的任务之一，而这一部分的工作将是以国企作为改革的先锋进行，国企改革不仅是有微观上的对于国有企业体系、体制和管理方式的改革，也有对于国有企业产业布局的改革。
2015 年，中国经济增长的贡献当中 50% 的部分来自最终消费，已经超过了投
资的比例。这说明，中国已经结束了以要素驱动的粗犷发展阶段，进入了以
消费需求为增长源的阶段，谁能够解决好供给侧与需求侧的关系，谁就能够
在市场上脱颖而出。国有企业在过去十几年求稳定、保增长的扩张政策影响
下，发展出大量冗余产能或是落后产能，如何解决这一部分产能问题，优化
产能结构，关系到能否保持经济的平稳健康增长，关系到社会的安定。第四，
政府开始简政放权，市场具有更大的自主性、能动性。这也就要求国企以现
代企业的开放程度迎接民间资本，让市场这一只看不见的手，帮助国有资本
保值增值。政府对于国有企业在市场的占有地位采取因行业置宜的策略。对
于密切关系国家安全、关乎大众利益的行业，采取保护国有占有率；对于一
般性的行业，就让市场来决定，保证资源的最有效配置。

但是，目前中国经济也面临着很多问题，一些以往没有意识到的新问题、
新矛盾，随着经济发展逐渐显现。国际经济形势动荡，欧洲老牌资本主义国
家发展乏力，欧债危机尚未完全解决，同时，美联储加息使得人民币贬值压
力持续增大。因此，能否在多变复杂的局势下敢于突破、涉险，进而抓住历
史发展的机遇显得尤为重要。

2.1.3　国企改革的相关理论研究

国企的效率问题一直为人所诟病，自改革开放以来，大力推进国企改革
一直是矢志不渝的目标。不仅有理论上直观的认识，同时也得到实证研究结
果的支撑，国内外学者研究不同时期不同样本的数据表明，国有方式的产权
对于生产效率的贡献是负的，对比各类企业，国有企业的生产效率为最低
（吴延兵，2012；姚洋，1998）。经典的解释模型分为两类，一是委托代理问
题（Zhang，1997），二是政策性负担（Lin & Li，1998）。

国企效率不仅对生产效率有影响，更对企业的创新效率有影响（吴延
兵，2006），过去的研究主要集中在生产效率的研究上，补上创新效率这一块
之后才能形成完整的国企改革效率体系。即效率损失的主要造成原因是委托
代理和政策性负担，后果是生产效率和创新效率损失。因此，在进行国有企

业改革时我们必须要集中于生产效率的提高和技术创新效率的提高。

Milgrom 和 Roberts 的研究认为，要达到企业效率的最大化，首先要达到的条件是剩余索取权要和剩余控制权统一（Milgrom & Roberts，1992）。而中国的国有企业因为体制的关系，剩余索取权和剩余控制权注定不可能匹配。吴延兵提出，中国的国有企业虽然不能避免生产效率损失，但是可以在一定程度上减轻损失，方法就是通过改善监督和激励机制；然而，由于创新具有高度不确定性和长期投入性，使得其不同于一般的生产过程，一般性的激励生产的内部控制措施失效，对于创新而言的不匹配是很容易发生的，这就带来了严重的创新效率问题（吴延兵，2011）。

我们对于企业的效率进行分析的时候，同样是基于达到企业效率的最大化，首先要达到的条件是剩余索取权要和剩余控制权统一这一前提。我们假设企业包括两个部门：生产部门和研发部门。生产部门负责的内容是实际产品的产出，同时也带来了剩余控制权和剩余索取权，研发部门负责的内容是知识性成果的创新，同时也带来了创新控制权和创新索取权。创新存在长期性，跨越了多个时期，也跨越了多个研究团队，研究成果的控制和索取就产生了不匹配。我们通过对于两个部门的企业分析，来研究国有企业的效率损失。

1. 国有企业的生产效率损失

国有企业的公有制属性就决定了生产效率的损失是不可避免的，国有企业的产权在法理上是属于每一个公民的，国家作为公民财产的代管者。但是，正所谓所有人即没有人，剩余索取权的不明晰，使实际剩余控制者（国企经营者）在财产的处置上有了更多的偏误，或者说是缺少相应的良性激励。针对这一问题，中国也进行了相应的一系列改革，从政企分离，到出资人和经营人分开，到设立专门的国有资产管理委员会作为国家的出资人代表。的确是在一定程度上解决了索取权缺位、出资人不明确这一问题，但是，未能从根本上解决国有企业严重的委托代理问题和经营者激励问题。

从具体的层面上，对国有企业现代化治理的制度对于经营者的监督和激励相关的影响进行分析。传统方式的公司中激励的方式，是将经营者的自身利益与企业效益挂钩，试图消除委托代理中索取权和控制权的不对应，可采用的方法可以有高管配股，认股权证等手段（Groves，Hong，Mcmillan & Naughton，1994）。配合着企业内部的治理体系的现代化建设，包括管理层股东会和监事会，使得管理层的工作受到严密的监督控制。在企业层面上进行了经营者剩余索取权和剩余控制权的匹配，管理层和企业的利益达成一致，自然管理层会站在企业角度治理企业问题。但是与一般企业不同的是，国有企业还有另外一种额外激励手段——政治晋升，企业经营者可能实现由企业经营者到政府官员的转变。不同于一般企业在公司内部的晋升，升职过程具有连续性，工作和利益来源也有延续性，均是来自于公司的发展，特别是长期发展。而在现代企业管理考察制度下建设起来的晋升制度，"政治晋升"也作为一种有风险的特殊收入，国有企业经营者有激励采取短期性策略，获得上级提拔，而提拔之后，企业的业绩与其没有关系。在国有企业经营者还在任期的时候，政治晋升可以使得剩余控制权和剩余索取权的匹配程度得到一定的提高，但是当企业经营者离任后会造成错配。

总的来说，国有企业当中存在着委托代理的问题，这最重要的一个因素就是剩余索取权和剩余控制权的匹配程度不高，所以从效率上来说，国有企业的效率普遍的会低于非国有企业；在中国历次国企改革之后，国有企业的委托代理问题有所缓和，但是仍存在生产效率的绝对损失，国企改革需要继续深入下去。

2. 国有企业的创新效率损失

国有企业由于创新索取权和创新控制权的不对等，导致国有企业创新效率损失，与生产效率不同的是，创新效率的损失用传统的激励制度无法解决。马歇尔曾指出，政府在创新供给方面的效率远不如私人部门（Marshall，1907）。之后又有学者进一步论证，Hart 等认为当所有权为政府所有时，企业经理对于成本控制和质量管理的动力没有私人部门那么强烈，从对创新的激励和成本的削减来看，私人的所有权往往都会高于政府的所有权（Hart，Shleifer & Vishny，1997）。Holmstrom 指出，创新具有一般生产的特殊属性，这些属性包括：对未来的不可预见性、风险性、异质性、长期性和人力资本的密集性（Holmstrom，1989）。创新的不可预见性说明了创新的成本或投入计量不如一般生产产品这么准确，对于创新的投入是不确定性强，而且有着强烈的个体差异，对于创新的监督更加艰难；风险性说明创新的回报是一个有风险的过程，有得不到创新成功的风险，风险的存在，加大了资本回报率要求，也降低了对于创新投资的意愿；异质性是说不同的创新项目都有其各自特点，难以比较，成功或失败的经验也很难有复制性，这无形之中提高了创新的投入和成本，也不利于经营者的决策；长期性是影响效率的重要因素，由于创新的投入周期太长而回报时间点无法确定，在时间上将创新的索取权和控制权相分离，短期经营者对于未来可能的创新收益就不那么感冒；人力资本密集造成了创新投入的不确定性，因为人力资本就是最难以控制成本的资本，既难以控制单位成本，也难以控制投入量，创新的成本控制显得尤为困难。创新的信息不对称程度较之生产而言更加严重，也造成了对于创新的契约设计更加不完备，难以实现。

创新的特殊属性使对创新投资的监督难以实施，采用正式规范的制度来约束既定流程的生产过程可以达到很好的效果，但是对于行动过程不确定、随机性较强、主观性和个体性较强的创新活动来说，正式规范的约束法则难以奏效。其原因有三：首先，创新需要投入人力资本，人力资本难以度量，无法有效观测到管理者的创新能力和创新意识；其次，异质性和人力资本密集提高了信息不对称程度，创新的努力程度难以被观测，创新的失败原因多样，也无法将创新的成败与经营者的效益挂钩；最后，短期通过观测企业的市值、盈利变化也无法体现出创新的作用。这一系列作用下，造成了监督的失效。

从理论的角度来讲，制定合理的激励机制确实有利于使得剩余索取权和剩余控制权更为匹配，但是对于解决经营者的创新激励问题束手无策。首先，创新的长期性决定了创新的投入产出是一个漫长的过程，创新的见效时间太慢，经营者在任期内无法分享创新收益。从而削弱了经营对于创新的激励。其次，创新的信息不对称程度太过严重，使得成本控制难度更大，经营者非企业的所有者，而创新对于业绩的影响具有不确定性，故而经营者缺乏降低成本的激励。

我们来考量一下，通过经营者的收入与企业创新产生的企业收入互相挂钩的方式来刺激创新，理论上也是不可行的。创新的收益是富有风险和不确定性的，让企业者从这种风险承担中获得补偿，还不如经营者在企业的现实生产决策中获得的稳定收益的效用大，因而，对于经营者的创新刺激是不具有可操作性的。

对于古典情况下的个人业主的企业模型，因为企业主同时兼任了所有者和经营者两方面的工作，从企业的剩余控制权和剩余索取权的统一上而言一致性很高，效率损失小，但是企业规模不断扩大的情况下，现代工业不断向着资本密集型方向发展的前提下，必须考量到企业复杂的股权结构，庞大的股东数量，控制权和剩余索取权的完全对应是做不到的。但是在现代混合制企业中，虽然针对生产效率的激励措施不能避免经营者对于创新效率的损失，但是企业可以通过多种途径让经营者与企业所有者的利益基本契合，其中一个普遍有效的方式即是实施中长期的股权激励计划，如期权或配售股票等。这种机制让经营者与股东成为利益共同体，抵消掉了经营者对于创新效率的代理问题，Jensen 和 Meckling 的研究证明了股权激励能够激励经营者的创新计划，使企业的研发创新效率更加高效（Jensen & Meckling，1976）。

法理上国有企业为全体国民所有，国有企业的产权属性决定了其很难实行股权激励计划，因为股权激励的实质即是国有资产转移到个人，这种法理上的障碍成为国有企业难以实施中长期激励计划的屏障。

综上所述，碍于国有企业特殊的产权结构，通常的监督和激励机制均不能有效解决企业经营者的创新激励问题，中长期的股权激励计划又由于违背国有企业的公有制属性而困难重重。

2.1.4　国企改革的经验和路径

结合国际国企改革经验，进行国企改革要从政府和企业层面为国企的市场化做好准备，同时也要保证一定的国企特定职能。通过综合考虑国内外的经验，我们认为国企改革的重要侧重点如下：

一是采取必要的措施，尽量降低改革成本。中国国有企业在国民经济的比重大，要有精简思维，如何能够减少企业负担的同时，保障员工利益不受损失，保证国有资产的不流失。

二是不论是国有企业还是私营资本，要保证企业家才能配置最优，企业才能找到自己最有利的盈利机制。

三是国有企业改革一定要引入竞争的机制，在一些市场化较社会福利更大的领域，可以引入竞争机制，防止垄断的同时也促进国有企业变得更好。

四是国有企业改革的投资来源充分性一定要得到保障，不能让国有资产因为缺乏资金而导致国有资产流失。

五是要从全球经济的角度来看待国企改革，国企改革是考虑长期经济效益的决策，必须要从全球经济出发。中国现在大部分企业在海外市场上不具备竞争力，这在以后的经营活动中将会受到极大的限制。因此，国有企业改革不仅仅是一个发展的问题，更多的是需要深化改革增强自身的竞争力，提高在全球市场的实力。

六是必须要政企分开，将直接控制的企业转变为间接控制来明确企业定位和提高企业的经营效率。要对于国有企业的产权进行明晰，保证达到政企分开，从而优化企业定位。例如，像德国国企改革的私有化，并不是全部地将国有资产转变为私有，而是通过对于企业经营管理的改善，由直接管理转为间接管理，由单一死板变得灵活多样，企业家对于经营资源的调动有更大的权力，更好地发挥竞争力。

七是支付必要的改革成本。对于需要支付用来改变国有企业运营问题和债务问题的成本不予吝啬。这一步使得国企能够摆脱过去的包袱，在一两年间实现盈利，利于企业的私营化。中国国企改革中面临的僵尸企业的问题也可以采取这样的方式，改变过去的债务和经营问题，在提高盈利水平的基础上将企业私有化。

在国企改革的路径方面，主要是依据《关于深化国有企业改革的指导意见》，《意见》有两大特点：一是坚持了市场化的改革方向；二是切实可行地提出了一些原则，这其中包括了分类改革、董事会建设、混合所有制改革等，以及国有企业整合外部监督等，改革必须依照企业基本状况实施。对于国有企业改革过程的主要途径和措施进行了明确（邵宁，2016）。

一是对于国有企业的资产管理体系需要进一步加强和完善。对于经营性的国有资产，推行集中统一管理的制度，由国有资产出资人对国有资产的增值保值负责。国资委的下一步改革方向就是成为合格的出资人机构，分清楚什么事情该管什么事情不该管，在保证国有资产利益的前提下也给企业足够的自主权。国有资产管理机构的目标是以管资本为主，对于企业的日常经营不加干涉，实际是改革的最终状态，是改革的目标。之前政府花大力气解决的是国有企业存在的一些问题，如分流冗员、辅助重组等，就是为管资产创造条件。总的来说，作为出资人机构负责的工作内容包括：管理资本、推进改革、结构调整、保持稳定。

二是对国有企业分类进行改革监督，分为商业类和公益类，针对不同类型的企业提供各自的最有利的发展环境，实施手段包括界定功能、分类管理、分类考核和分类发展的计划。商业类国有企业而言，改革侧重于让其在市场中自由竞争，提升其竞争力，方向是整体上市，国有资本可进可退。这些商业类企业不是国有资本必须要保护的项目，有条件有基础做好就做好，做不好国有资本可以选择退出。还有一类商业类国有企业涉及国家安全和国家竞争力的范畴，比如高铁、大飞机、核电等产业的企业。从两方面考量这些企业：（1）考核经济效益，另一个是考核重大任务完成度。还有一种是公益类国有企业，是为了保障国计民生而设立，是需要保护的领域。对于这类企业，一定要必保；（2）考核过程中要确保考核符合其功能，这包括考核服务质量、成本和社会评价等。政府对企业经营环境要给予优化。

三是在推进混合所有制的同时要谨慎，安排工作不能有行政干预。混合所有制能否混合，民间资本是否愿意介入，这些都要由市场来决定，而不是行政命令，搞拉郎配。从发达国家的企业性质来看，大的公众公司一般都是混合所有制的，未上市的小公司难以达到资本的融合，对于混合所有制的实现，因而也不必强求，着力发展企业到一定规模，自然会引入民间资本。混合所有制是个合理决策，但是需要考虑到很多非经济因素，因此要逐步推进。

四是对于国有企业的管理阶层和领导人员的薪酬制度的建立健全，《意见》当中针对选任方式不同，实行政府任命和市场化选聘双轨制的薪酬制度。逐步以经济激励取代政治激励。对于公司法人治理体系也要进行完善，董事会的外部董事应该占据多数。

五是国有企业改革过程中坚持中国共产党的领导，党的领导是国企改革所必须符合的政治方向和原则。从严治党，对于企业党组织政治核心的作用要尽可能大的发挥，企业领导班子建设完善加强，注重基层党组织建设工作，保障企业职员职工的合法权益，保障国有企业改革进程中的政治支持和人才支撑。

2.2 企业家才能理论与研究

企业家，作为企业生产当中必不可缺的重要资源，对企业家才能问题的研究，不仅对中国的国企改革有推动作用，对于一般企业的发展和资源配置同样有指导意义，甚至可以说国有企业改革推动着整个经济体系的发展。

2.2.1 企业家才能的定义与价值

熊彼特是作为较早就开始重视企业家才能方面的研究的学者，在他的描述中，企业家资源已经成为资本主义经济增长的灵魂所在（Schumpeter，1934）。在他的意见当中，企业家推动社会经济发展的贡献在于他们不断地进行产品开发、开辟市场、获取新型材料和建立新的组织的过程。事实上，市场和社会中其实已经都对于企业家的才能和精神有了较为广泛的认知，企业家精神是一个比较宽泛的范畴，其中包括生产技术、商业模式、物流渠道以及管理方式的创新等，同时，充分评估风险和风险管控能力，也作为衡量企业家才能的一个标准，认可与尊重企业家才能的国度，一般而言，可以获取更为良好的经济发展状态。

经济合作与发展组织的观点认为，企业家具有一种勇于创新和承担风险的精神，这就是所谓的企业家精神或者是企业家才能，所谓创新，就是创造新的产品以及服务，而承担风险则是与开辟新市场的鉴别有关，这样的定义事实上涵盖了所述的三大流派的各方面的特点：一是强调了企业家的创新精神的德国学派，代表人物是熊彼特和 Baumol；二是侧重于企业家承担风险和冒险能力的新古典学派，主要以奈特和舒尔茨为代表；三是着眼关注企业家对上市机会的鉴别能力，相关的代表人物是米塞斯和科兹纳。综合以上三个观点我们不难发现，无论从哪个学派的哪个角度来评析企业家才能，其配置方式与经济发展之间的关联都是息息相关密不可分的。

2.2.2　企业家才能与经济发展的联系

企业家对于经济产出和生产率增长必不可少的重要性很早就被认知了，经济学家们早已发现，产量上升的很大一部分内容，并不能够用纯粹的资本积累和劳动力扩张来进行解释，相对的，企业家对于企业产出和生产力的进一步发展是有重大影响的，在这一部分无法解释的要素中，有很大的成分在于企业家才能。熊彼特看来正是企业家的一种具有破坏性的创新在背后推动了经济的发展。现在这种观点在学界已经形成共识：企业家发挥着创新之源的作用，作为一种无形的要素投入能够强力地推动经济发展。Solow 发表意见认为，很大一部分的产量增长原因是技术进步的影响，而企业技术进步和企业家精神或者说企业家才能的发挥程度密切相关（Solow，1957）。为了对历史上的经济增长深入地挖掘原因，必定不能忽视企业家精神的影响。随着时间发展，一些理论，例如内生增长理论（Romer，1986）开始兴起，理论强调了技术创新和人力资本的提升才是经济增长的持续推力，在一定意义上，内生增长模型以正式的理论回应了上述学说。

2.2.3　企业家才能配置相关理论

最早的对于企业家才能配置的问题的论述是可以追溯到凡勃仑在 1904 年的理论，Veblen 认为，社会上有一些人，非常机敏，使用一些创造性的方法来增加自己的财富权利和声望，这就是企业家，但是他们是利己的，也就意味着他们并不在意目标活动对于整个社会的利害（Veblen，1904）。Hobsbawm 和 Wrigley 在研究中指出，我们表面上看来私人企业是会选择自发地进行创新，这并不是他们的目的，他们的唯一目的就是盈利（Hobsbawm & Wrigley，1978）。

Baumol 发表了著名的企业家才能配置理论，该理论包括以下内容的：生产性、非生产性和破坏性这三种看似矛盾的特性其实是企业家才能的三种不同活动形式。Baumol 认为，作为人类行动的特征，企业家才能在任何情况下，无论何时何地都能够发生。但是，对于企业家的评判必须客观地进行，他们是利己的，也就意味着他们并不在意目标活动对于整个社会的利害，企业家并不在意整体的建设性和创新性，只期待盈利的企业家有时候甚至对经济具有破坏性。从这个意义上讲，企业家才能看似矛盾的三个方面：生产性活动（创新）、非生产性活动（寻租）、破坏性活动（有组织犯罪），也可以很好地理解了。企业家的生产性活动契合了熊彼特的创新者的理论，甚至还可以将生产性活动推广到如何有助于增加消费者所喜欢的产品和服务产出的活动，即使该产品没有得到社会的认可。企业家总是能够找到非生产活动的各种方式，包括诉讼、接管、逃税和逃避努力、寻租等活动。Baumol 对于所谓的企业家才能的配置主要集中于以上的生产性和非生产性活动，而对于破坏性企业家才能则并没有做出详细的论述。

很多学者仅仅就破坏性一词便下定论认为这样的活动是坏的，加上 Baumol 对于破坏性的定义较为模糊，也造成了很多学者对于什么是企业家的破坏性活动缺乏足够的了解。这对于企业家才能分配框架的政策含义产生了很大的局限。到了 2007 年，Desai 和 Acs 提出了三个假设作为前提，即效用最大化、创业供给的固定以及政治经济的不确定这三个关键性的假定，以假定为基础提出了真正意义上的企业家破坏性活动的模型（Desai & Acs，2007）。两位作者认为，生产性活动代表的真正意义是租金创造，非生产性活动对应为寻租行为，而破坏性活动则代表着租金破坏，破坏性活动对于 GDP 是负的影响；一个地方的租金创造可能因为情境的原因在另一地方造成了租金破坏的结果，在此基础上对于企业家活动如何在三者间分配有一个最优组合。而其中良好的制度有一个要求，是不应当激励企业家的寻租行为。

2.2.4 企业家才能配置与经济发展的联系

Jones 对于不同国家贫富差距的原因主要归结于两方面的因素：经济生产能力的差异和资源分配的差异（Jones，2011）。在同一时期，Hsieh 和 Klenow 提出了资源错配对于全要素生产率的负作用（TFP）（Hsieh & Klenow，2008）。Banerjee 和 Moll 认为资源配置的程度差异越大，全要素生产率差异也越大（Banerjee & Moll，2010）。Hsieh 和 Klenow 采用制造业较为微观的数据来比较了中国、印度相较于美国之间潜在的资源错配程度，并得出结论：如果中国和印度的资本和劳动力分配的边际生产率提高到美国相同水准，那全要素生产率将会分别提升30%～50%和40%～60%（Hsieh & Klenow，2008）。

庄子银考虑前提为克鲁格曼的南北贸易的情况，在内生性经济增长分析当中套入了南方企业家的各种模仿活动，分析的结果显示，多的企业家也对应着高的经济增长率（庄子银，2003）。综合大量文献，企业家被作为经济核心资源的观点基本成为共识。

经济增长和制度水平的质量有着关系，也与由制度水平质量决定了企业家才能在生产性和非生产性活动中的配置有着关联。唐国华的研究显示，生产性企业家和非生产性企业家才能配置若增加1%，地区层面的人均国民收入分别将会增长0.11%和下降1.59%，最具有代表性的例子则是以重工业为支柱产业的东三省地区和以创新创业为支柱的长三角、珠三角地区，前者的人均收入远低于后者（唐国华，2012）。

Veblen 和 Hobsbawm 的研究已经注意到企业家活动的类型和企业家才能的配置问题，但并没有意识到制度在企业家活动中的作用（Hobsbawm & Wrigley，1978；Veblen，1904）。诺贝尔经济学奖得主 Ostrom 在其研究中指出，保持市场机制为新古典经济学的情况下，人民并不会把所有的资源都用在生产性活动当中，或是科技发展层面内，寻租活动必然会带来足以使企业家从经济层面向政治企业家转变的利润。事实上，经济企业家和政治企业家最大的不同就是，前者追寻的是利润，后者则是寻求租金，Ostrom 已经指出企业家在寻利和寻租活动上的配置问题，在她看来，企业家面对的诱惑只是利润，没有考虑到制度因素（Ostrom，1998）。North 建立了对于组织和企业家活动的相关制度发展的一个演化分析所用的框架，他认为社会的博弈规则在社会制度环境的基础上自发形成，可能是正式的也可能是非正式的（North，1990）。

鉴于创新在主流经济增长理论中的地位，很多经济学家关注如何才能获得持续的创新，创新背后有哪些重要的驱动力。正是由于对创新活动的关注，而企业家才能的激发又是公认的创新的主要源泉，很多经济学家开始关注企业家才能的配置问题，思考了怎么样的制度环境才能更加有利于企业家才能配置的进一步优化发展。Baumol 的文章是这方面研究中的一篇重要文献，尽管他没有构建正式的理论模型，但是他给出了很多命题与结论，引用了大量翔实的历史史实佐证文中的结论（Baumol，1990）。简单讲，Baumol 认为企业家富有建设性和创造性的活动对经济增长至关重要，有时候甚至起到"决定性"的影响。

2.2.5　影响企业家活动的因素：从报酬到制度

Baumol 总结了制度对于企业家活动总体水平和企业家才能的配置两方面都具有影响。在一个国家的制度层面上形成的游戏规则孕育出了相对报酬率，对于这个国家的企业家才能在生产性、非生产性和破坏性活动三方面的配置水平有至关重要的作用。对于这一基本判断，随后大量的国内外学者进行了理论上的补充和模型上的完善。总的来说，Baumol 之后的理论研究大致沿着三个方向展开：一是阐述某一或某些具体的正式制度安排（如产权制度、法律体系）对企业家活动配置的影响，主要强调物质激励对企业家活动配置的作用；二是论述社会信任和社会价值规范等非正式制度对企业家活动配置的影响，主要强调精神激励对企业家活动配置的作用；三是建立微观模型，从报酬结构方面来解释制度对企业家活动配置的影响，这些模型经历了报酬结构外生到内生这一发展过程。

陈明生通过企业家才能的马克思主义分析框架指出：企业家才能的价格其实也就是企业家的报酬所在，市场通过供求关系在基于企业家才能的使用价值基础上决定了企业家才能的价格，这个价格和企业经营业绩有着紧密的对应关系（陈明生，2007）。同时，通过马克思主义分析框架总结了中国的企业家才能的定价公式，并根据该定价公式给每一位经营国有企业（先要建立现代企业制度）企业家的才能定价，对企业家激励约束最完美的方式就是按照这样的定价给予企业家报酬，最大限度地促进了企业家的工作努力性，这也恰恰意味着企业家创造价值在社会主义经济体系中得到了承认。

吴义爽认为报酬相对于比较优势而言更能影响到企业家才能的配置。换个角度思考，报酬通常分为物质和精神两个层面（吴义爽，2010）。马斯洛发表的需要层次论认为，企业家在资本的原始积累时更注重物质报酬，而当财富值达到一定的临界值的时候，精神报酬更加重要。企业家们往往倾向于在创业初期对于第一笔收入"第一桶金"的挖掘不择手段，而企业家们拥有了一定的名望和地位之后常常会有"原罪"倾向。很多不发达国家深陷"寻租"的泥潭，全球范围内有 90% 以上的 R&D 支出是发生在 OECD 国家的，在这当中超过 35% 由美国完成，最重要的原因是企业家才能的报酬是内生性的，社会制度的制定有着重大的影响。制度的改变不是那么轻易完成的，其中又有一定的惯性，不断变化的制度安排很快通过内生性的企业家才能报酬的方式，反映到 R&D 投入和技术创新在国际范围内的巨大差异中。

Acemogl 认为不同职业之间的相对回报是人才配置的关键因素，因此一个社会的奖励结构十分重要，Acemogl 建立了一个生产性和非生产性活动（如寻租）之间的人才配置均衡模型，未来的薪酬分配影响当前的奖励，以及社会可能会陷入"寻租"的稳态平衡，同时还讨论了非金钱奖励的结构对人才配置产生的影响（Acemoglu, 1995）。

Baumol 的研究指出，社会中的制度安排决定了社会的博弈游戏规则，这个游戏规则衍生了内生性的企业家行为的相对报酬。制度的改变不是那么轻易完成的，其中又有一定的惯性，不断变化的制度安排很快通过内生性的企业家才能报酬的方式，反映到 R&D 投入和技术创新在国际范围内的巨大差异中（青木昌彦，2001）。

黎常认为，在发展中国家，政策集中于如何通过支持新企业、规范现有企业来提高经济中正式企业的比例，但正式的创业活动是解决发展问题的假设值得怀疑，因为，破坏性活动在单个经济中所占企业家活动的比例可能比当前所知道的要大（黎常，2012）。因此，需要从制度存在和变化的历史过程来理解制度对破坏性活动发生的影响。企业家才能配置影响的因素有人力的资本。企业家破坏性活动作为一个动态过程，和经济发展水平有关。

2.2.6　企业家寻租：错配成本

国家最有才华的人通常会组织别人的生产，所以他们可以在一个更大的规模上传播他们的能力优势（Murphy, Shleifer & Vishny, 1990）。当他们创建公司，会带来产业创新和经济增长，但当他们成为寻租者，他们只重新分配财富从而不可避免地减少了经济增长。在大多数国家，对于寻租的回报比进行经济生产更大，因而导致经济停滞。文章证据表明，注重科技、工业的国家经济增长要快于注重法律法典的国家，例如 19 世纪、20 世纪的英美等发达国家的经济增长要显著高于中国。

寻租从根本意义上而言没有任何生产性，仅仅是一种再分配的过程。作为本应该创造大量价值的优质企业家，却花费资源和精力将企业家才能分配在寻租上，社会会因此蒙受巨大损失。Baumol 对比了工业革命前夕英国和中国的发展状况。他指出很重要的一点是企业家们的创新通过专利保护可以保证企业家们的报酬，从而达到社会精英的吸引效果（Baumol，1990）。而中国此时社会精英和潜在的企业家都进入科举考试官僚系统，商人只有低下的社会地位，有钱不如有权，这样的社会制度使得寻租的回报是极大的，从事农工商业并不能得到可观的报酬，正是这样的人才错误配置导致了差距。

当然的，从事寻租可以取得高于经营的回报结果的话，能力高的人都会被吸引到寻租的方向当中去。寻租活动会导致很大范围的吸引效果，在这里 Murphy 等给出了三个原因的解释，第一是寻租活动收益是规模递增的；第二是寻租活动可以进一步强化寻租活动的新创造；第三是寻租活动盛行会在数量上自我加强（Murphy & Vishny，1993）。寻租活动越来越高的规模收益会进一步吸引大批的人才进入寻租活动，引起人才错误的配置。

李世刚、尹恒的研究中，通过模拟异质性的个体，运用内生化人们选择职业等方法对于企业家才能错误配置造成的社会成本进行评估，得出了寻租造成的企业家才能错误配置的成本占到产出的 10% ~ 20%（李世刚 & 尹恒，2014）。但是如果制度前提下寻租的收益更大，魅力到足以吸引整个社会的优秀企业家才能，那么社会成本将是灾难性的。从这方面考虑，英国通过专利法对于创新的保护，确实是有助于其工业革命的进行的。法律确保了企业家通过从事创新活动的收益得到了保障，使得社会的企业家才能配置得到了正确的引导，带动了英国经济的飞速发展。近 30 年来，值得注意的是，中国对于顶尖一流人才的流失是很严重的，甚至达到了世界第一，这当中，科学和工程领域方面人才的滞留率平均达到 87%。人才在世界范围内流动是很正常的现象，由发展中国家向发达国家流动也是趋利所致，我们也更要对此加大关注。

2.2.7　制度对企业家活动的影响

如何保障企业家才能的正确没有太大的误配，最重要的方面就是对于激励结构的把握，作为最基础的制度安排要合理妥善的处理。应该让游戏规则进一步的偏向生产性导向而不是寻租导向。具体的安排方式当然是对于私人产权的保护，对于寻租行为和寻租部门腐败可能的完善监督。这当中最为重要的是寻租职业吸引力的削弱，切实杜绝寻租能够带来优异的社会地位特权等收益。保证优秀的企业家才能更多地被配置到生产性活动上，以提升全要素生产率，依此来推动社会经济发展。

不同的游戏规则（实际就是制度环境）对于企业家的创新活动影响重大。Murphy 等建立正式的理论模型（后文简称 MSV 模型），证明了 Baumol的前一个观点（Murphy 等，1990）。Acemoglu 也是持续关注国家财富积累路径的一位重量级学者，他的文章通常是探讨企业家才能的配置，重点探讨了薪酬结构和企业家才能配置之间的双向的因果关系，从双面层次上拓展分析了这部分内容，它融入产权与腐败等因素后构建了一个一般均衡模型。上述理论的推断获得了不少实证研究的支持，Hsieh 等利用美国的数据证明了企业家才能配置的优化对美国 1960 年以来经济增长的贡献率达到 14%（Hsieh，Hurst，Jones & Klenow，2013）；Hall 通过分解 GDP，用实证数据证实了物资资本甚至教育水平这些公认的重要因素仅仅只能解释一小部分收入差异，文章通过仔细分析"索洛剩余"证实了经济体制以及政府政策才是最重要的影响因素（Hall & Jones，1999）。

本章关注的问题是相关的，并且与 Murphy 等的文章存在明显互补关系（Murphy et al.，1990）。具体而言，Baumol 提出了两个重要观点，第一是他认为制度环境是影响企业家才能配置的关键因素，比如产权保护、公正的法律体系、良好的契约执行与监督等；第二是企业家才能的优化配置可以带来更快的经济增长，更高的生活水平。虽然通过收集历史史料对这些观点提供了例证，但没有正式的理论模型多少还是有些缺憾（Baumol，1990）。与此同时，反腐对企业家活动也会产生影响，当产权深化保护时，可能会抑制企业家创造财富的动机。

2.2.8 如何优化企业家才能配置

Sobel 强调了产权保护、司法体系、合同执行和政府规制等正式制度对企业家才能配置的作用（Sobel，2008），声称富有企业家才能的个人可以选择把他们的努力投入私人部门以创造财富，也可以把努力投入财富的再分配（通过政治和法律舞台）。做出的选择受到这两种活动的回报率的影响。如果制度水平保障了产权的安全和公平公正的司法，并且国家财富转移能够受到有力约束的情况下，非生产性企业家才能回报会较低，更多地从事生产性活动。而当制度缺陷比较大时，非生产性活动回报很高，优秀的企业家才能通过非生产性的政治企业家活动来转移财富。保持制度的公正和有效性，能够有力地约束政府转移财富的能力，抑制非生产性的企业家活动，鼓励生产性活动以创造社会财富实现个人目标。

李晓敏在《制度质量与企业家活动配置——对 Baumol 理论的经验检验》的研究论文中，使用多国和跨国数据对 Baumol 的论断进行了检验：制度水平的质量好坏，可以影响企业家才能在生产和非生产活动两方面的配置，因此，应该通过设定更好的激励机制来保障制度的质量（李晓敏，2011）。Baumol 理论暗含着政府应当做的工作是设法提升社会制度的质量，不要专注于提高企业家数量而提升各类补贴，而是应该吸引更多的企业家才能配置到生产性活动中。同时，发展中国家相对更缺乏的是将优秀人才吸引到生产性活动和转变为优秀的企业家才能的能力。

Asoni 分析了产权对经济发展的不同理论机制，认为产权保护的缺乏将通过以下渠道降低经济的增长速度，包括：私人财富的征收，公务员的腐败，过度征税和采用新技术的障碍等因素（Asoni，2008）。Amoros 通过对 2002～2007 年 60 个国家 GEM 调查数据的研究，对社会制度质量水平与企业家才能在各个活动类型中分配的关系进行了检验，结果显示，生产型企业家活动的所占比例和社会制度的质量水平呈现一个 U 形相关（Amoros，2009）。Sobel 通过对使用美国 48 个州 2002～2007 年的数据进行检验，得到的结论是相似的（Sobel，2008）。实证研究表明：制度的质量情况与非生产性企业家才能配置相关性为负，而与生产性企业家才能配置相关性为正，各类数据和经验证实了 Baumol 的理论：制度结构的质量优秀与否，对于企业家从事生产性市场活动，还是非生产性市场活动有着重要的影响；优秀的制度能够配置更多的企业家才能到生产性活动中，维持经济高速增长。

第 3 章　中国国有企业改革进展

本章将回顾中国国有企业发展的历史进程，阐述当前重点国企的现状，以及中国国企改革的进展及存在的问题。

国民经济总产值中，国有资产所占的比例一直处于动态调整中。在最早的时候，工业总产值中国有经济的占比高达80%。但随后几年国有企业体制僵化，亏损面加大，反过来限制了自身发展。20世纪90年代起，国家开始对国有企业进行改革，主要集中在实现经营权与所有权的分离，进而深化到建立现代企业制度的方向上，这一阶段国企在经营压力和外力竞争下，资产规模占比大幅下降。国资委成立后又大幅度缩减国有企业数量。虽然国企数量减少，但同时进行的国企的改组和并购使得国有企业资产规模稳步上升，资产总额同比增速屡创新高，进入扩张时期，由此引发资产占比的反弹。新阶段，国务院发文要求继续深化国有企业改革，由此预计国有持股比例将会下降，国有控股企业数量有所缩减。与之对应，国有企业资产占比也将下降。但与民营企业相比，国有企业资产占比仍处于领先地位。国有企业的改革发展中我们需要搞清楚几个问题，首先是政企分离问题，政府对于国有企业的态度不应该是什么都不管，因为国有企业的所有者是国家，政府必须加强对国有企业的管理，国有制下，政府需要加强对企业的监督；非国有制下，要求政企分离。其次是党政分离问题，国有企业是党的基层组织，政企分离需要涉及党政分离问题，国企改革之后需要妥善处理党委的问题。再次是拨改贷问题，政府办企业的成本来自银行贷款，无须自己出钱，但企业的所有权在于政府，这样，政府在没投入成本的情况下拥有了企业，也就没有动力去努力提高企业的成本。

3.1 中国国有企业发展历程

中国国企的发展历程大致可划分为国企形成、国企成长、国企彷徨、国企停滞、放权阶段、权利分离阶段、现代化阶段、股份制阶段、混合所有制改革阶段等9个阶段，本节将逐一进行描述。

新中国成立初期，中国开始着手创办国有企业，进入国企形成期。国有企业的前身主要包括4个方面：当初在抗日根据地，为支援战争、保障供给而兴办的公营企业；被没收、已实施民主改革的官僚资本主义企业；被接管的敌伪企业，包括帝国主义、伪满和汪伪政权在内的工业；被改造的民族资本主义工商业。国有企业逐步形成并迅速成为中国国民经济命脉的重要基石。1952 年，中国进入社会主义建设的过渡时期，国有企业进入成长期，大力发展工业，稳步推进三大改造，国有企业队伍不断壮大。1957 年底，中国国有企业进入彷徨期，政府开始调整企业隶属关系，着手下方权力，但依然牢牢掌控着国有企业，不仅未做到增添企业的活力，还助长了企业管理、隶属关系的混乱。1960 年初，中央收回下放到地方管理的企业，"下放权力"的试验暂告失败。1963 年，中国试办托拉斯组织管理形式，以经济办法取代行政办法，国有经济得到改善，1965 年底国有企业固定资产总额达到 1 446 亿元，国有经济产出的比例超过了国民生产总值的一半。1966 年开始，受"文化大革命"影响，国有企业发展濒临崩溃，进入国企停滞期。1970 年，为扩大地方计划权，中央彻底下放国企的工业、企业、事业单位，地方的管理权不断扩大，但其效果却不理想，国企工业值占比下降严重。总体来说，1966 ~ 1978 年间，中国国企的发展基本处于停滞状态。

改革开放之前，中国实行计划经济体制，国家统一指导规划企业发展，国企的灵活性受到限制、活力未能彰显，资源难以优化配置、生产效率低下。1978 年，中国进入改革开放阶段，经济建设再次成为国家建设的重点。受小岗村承包责任制的启发，国企改革开始实行经营责任制。1978 年 12 月，中共十一届三中全会提出"应该有领导地大胆下放权力，让地方和工农业企业在国家统一计划的指导下有更多的经营管理自主权"，标志着中国的国企改革进入"放权阶段"。1979 年 5 月，8 家国企进入自主权放开的试点阶段；1979 年 7 月，国务院颁布文件，允许企业经营者参照市场情形调整经营策略，自此双轨制诞生。为调动积极性，国家允许企业自行支配部分利润，鼓励将其投入再生产活动，但国家下放的利润并未能转化为真正的生产力。国企改革进入第二个阶段：利改税阶段，上交利润改为上交所得税。利改税的举措有效地改变了"政企一家，内部调整"的局面，具有长期性和可行性的特点。

1988 年 3 月 25 日，七届人大一次会议审议通过《中华人民共和国全民所有制工业企业法》，首次以法律的形式确立了企业的法人地位，实行政企权责分开制，进入权利分离阶段。国有企业所有权与经营权分离，国有企业享有财产的占有权和使用权，走上自主经营、自负盈亏、自我发展、自我约束的道路。1991年5月，国务院发布《全民所有制工业企业转换经营机制条例》，进一步简政放权、减税让利。1992年10月，中共十四大会议确立了中国经济体制改革的新目标——建立社会主义市场经济体制。1993年11月，中共十四届三中全会通过了《中共中央关于建立社会主义市场经济体制若干问题的决定》，提出建立"产权明晰、权责明确、政企分开、管理科学"的现代企业制度。1993年12月，全国人大会议审议通过了《中华人民共和国公司法》，为国企进一步改革奠定了法律基础。

1993～1995年，中国国有企业三角债负担持续增加，对经济产生巨大危害，国有企业开始出现亏损。1994年，国务院和地方政府共同拟定了2 500家试点企业，建立现代企业制度，实行"抓大放小"策略，中国国有企业进入市场化改革阶段。1997年，中共十五大提出：对国有企业实施战略性重组，"实行鼓励兼并、规范破产、下岗分流、减员增效和再就业工程，形成企业优胜劣汰的竞争机制"。1998年，国企私有化浪潮大规模涌现，国有资本撤出164个竞争行业，并在能源性行业中形成了垄断格局。1999年9月，中共十五届四中全会审议通过《中共中央关于国有企业改革和发展若干重大问题的决定》，阐述了国企改革的基本方向、主要目标及基本方针，对于国有经济布局进行了战略性调整。国有企业开启公司制和股份制改革，完善企业法人治理结构并上市，使得国有企业逐步脱离困境。2003年10月，中共十六届三中全会审议通过《中共中央关于完善社会主义市场经济体制若干问题的决定》，为建立归属清晰、权责明确、保护严格、流转顺畅的现代产权制度提供政策支持。

2003年，国有资产管理委员会成立，管理196户中央企业近7万亿元的国有资产，中国国有企业进入产权改革阶段。国有企业间兼并重组，国企数量缩减至11多万家，央企减至113家，但是在重要行业及关键领域的市场份额超过了80%。在新的管理体制下，国有企业进入了现代产权制度改革的全新历史时期，此次改革主要以股份制改革为主。2007年10月，中共十七大报告提出"加快建设国有资本经营预算制度，完善各类国有资产管理体制和制度"，主要包括国有资产出资人制度，国有资产监督管理委员会制度。2005

年 5 月 23 日,国务院颁布了《企业国有资产监督管理暂行条例》,以法律的形式确立了"分级代表、分级监管"的国有资产监管体制,明确了国有资产监督管理委员会不属于国家行政机关,不纳入政府序列,但是代表政府履行国有资产出资人职责的地位。2008 年 10 月,第十一届全国人大五次会议审议通过了《中华人民共和国企业国有资产法》,为国有资产监管提供了更加明确的法律依据,国有资产监管告别行政法规层面,有了具体的法律条文作为规范。

2013 年以来,中国国有企业进入混合所有制改革阶段。2013 年 11 月,中共十八届三中全会提出要"积极发展混合所有制经济,国有资本、集体资本、非公有资本等交叉持股、相互融合的混合所有制经济,是基本经济制度的重要实现形式",同时"完善国有资产管理体制,改革国有资本授权经营体制,组建若干国有资本运营公司,支持有条件的国有企业改组为国有资本投资公司"。2014 年 7 月,国家开发投资公司等企业被列为首批"四项改革"的试点企业。2014 年 8 月,中共中央政治局通过了《中共管理企业负责人薪酬制度改革方案》和《关于合理确定并严格规范中央企业负责人履职待遇、业务支出的意见》,正式拉开了中央企业负责人薪酬制度改革的序幕。2015 年 9 月,《中共中央、国务院关于深化国有企业改革的指导意见》成为国企改革的纲领性文件,规划了国企改革的指导思想、实现路径,设定了国企改革的目标。2015 年 10 月,国务院组建国有企业改革领导小组,主要职责是贯彻落实党中央、国务院关于国企改革的工作部署,协调解决改革中的难点问题,跟踪督促国企改革的进展情况。2015 年 12 月,国务院国资委、财政部、国家发改委联合发布《关于国有企业功能界定与分类的指导意见》,立足国有资本的战略定位和发展目标,优化资源配置,加大重组整合力度,推动转型升级。2016 年,国企改革进一步扩大了试点范围,由原来的"四项改革"拓展到"十项改革"。与前几轮相比,此轮国有企业改革主要以现代企业产权制度为基础,以混合所有制改革为手段,通过使国有企业形成良性竞争,吸收民间资本实现资本证券化改革,进一步完善公司法人结构,加强信息披露工作,分清政企边界,通过法律规范保障投资者权益,从而落实国企深化改革的政策,实现国企良性发展。

3.2　国有企业现状

3.2.1　国有企业整体情况

国企改革同中国整个经济体制的改革休戚相关，在过去的30余年中，国企改革在完善社会主义市场经济体制方面发挥了重要的作用，焕发了经济活力、增强了国家对于中国经济的把控程度，同时也提高了中国经济的竞争力。通过研究上市公司中国企资产占比情况发现，国有企业数量巨大，以其强大的实力背景和影响能力在各行各业发挥作用，并且取得了良好的经济效益。此外，就整体国企数量而言，地方国资国企数量略高于中央国资国企数量，虽然经济实力相比后者稍逊，其发展和改革面临和央企不同的情况和环境，需要单独做出分析和探讨。

1. 中国上市国企资产占比情况研究

本部分的主要数据来源为 Wind 资讯数据库提供的沪深股市全部 A 股上市公司披露的年报数据，时间范围是 2005～2014 年。剔除掉部分不完整数据，最终得 2 687 个有效样本观测值。剩余少部分数据摘自国家相关行业官方网站的统计年鉴等。本书中提到的国有企业特指国有及国有控股企业，包括中央部门所属企业、中央管理企业和地方国有及国有控股企业。

接下来，本部分将对上市国企的数量、就业人员、经营效益、行业分布等进行描述性统计分析，以得到相关结论。

（1）国企数量巨大，肩负人民生计。

从数量方面看，在全部 A 股上市企业 2 687 家中，国有企业数量达到了968 家，占比为 36%。其中中央国有企业为 335 家，地方国有企业为 633 家。越来越多的国企经改制重组后上市，在资本市场的影响力越来越大。各种所有制企业分布情况如图 3 - 1 所示。

数量巨大的上市国企也带来数量巨大的就业机会。在民营企业发展的强劲势头下，上市国企员工数占所有上市公司员工数比例有所缩减，绝对数量从开始的 574 万人到现在的 1 073 万人,员工总数在十年翻了一番。以员工人数排名第一的中石油为例,根据其年报显示,2014 年正式员工人数为534 652 万人,但是这仅是正式工的数量,若包括临时工等,中石油实际提供的岗位多达 150 万个左右。与上市民营企业平均提供 2 900 个工作岗位相比,上市国企的平均提供岗位为 1.1 万个,远高于前者。国有企业员工及数量占比如图 3 - 2 所示。

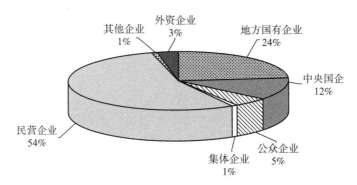

图 3 - 1   上市公司不同所有制企业分布情况

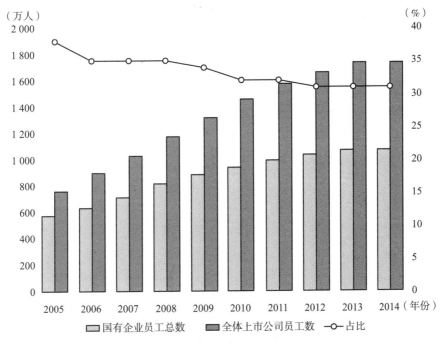

图 3 - 2   国有企业员工数量及占比

虽然国有企业在促进社会安定，在提供就业岗位方面具有巨大作用，但是仔细分析可以发现：第一，国有企业的数据中包括了非编制内人员和临时工，数据对于国有企业对就业的贡献度反映程度不高；第二，国有企业员工总数虽然在绝对数量上一直增加，但占全体上市公司员工总数的比例不断下降，反映其就业吸纳能力不断降低；第三，民营企业总数在上市公司总数中所占的比重要高于国有企业，其中除了私营企业，还有许多个体户以创业带动就业，为大量城镇无业人员、农村剩余劳动力、高校毕业生等群体提供了大量的就业岗位。所以可以得出的结论是，国有企业对于就业的贡献度远没有想象中的那么高。

（2）经营效益日益凸显，市场影响巨大。

企业的经营绩效主要体现在总资产、总营收、净利润这几个方面。

从总资产这一指标来看，上市国企总资产规模巨大且稳步上升。2006年时仅有27万亿元，经过十年增长了3倍，达到88万亿元。就占全体上市企业的比例而言，2006年上市国企占比高达39%，但随着改革的深化，"国退民进"，国企总资产占比逐步降低并稳定在30%左右，如图3-3所示。

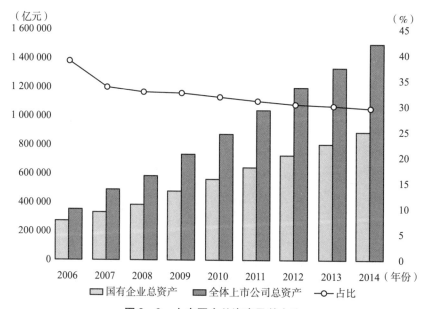

图3-3 上市国企总资产及其占比

从资产规模增长率来看，除了在 2007 年所有上市企业资产增长规模远超上市国企资产规模增长外，随后几年，两者基本保持同步增长，速度相当，逐步稳定在 11% 左右，且每年均高于当年 GDP 增长水平。图 3 - 4 可以明显反映这一趋势。而国有企业资产占比的下降直到稳定，侧面显示了非国有资产以比国有资产更快的速度增加，在经济建设中所发挥的作用可能超过国有企业，而上市国资的占比维持在一定的水平上，可能是因为国有企业的经营到达了临界值或者出现了国有资本的增长"瓶颈"。

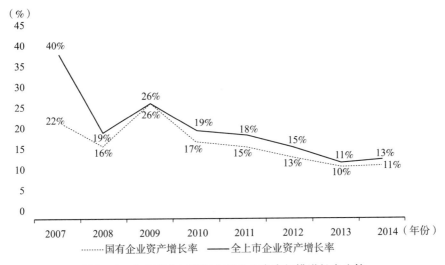

图 3 - 4 上市国企与所有上市企业资产规模增长率比较

此外，2014 年总资产过万亿元的有 18 家上市企业，18 家中仅有中石油和中石化两家属于采矿业，其余均属金融业。资产规模过万亿元企业中，上市国企占 8 家，还有其他公众企业虽然不属于国有企业，但是股权结构中也有相当比例的国有股份，可以说国有企业在资产规模比较中占有绝对优势。资产排名如表 3 - 1 所示。

从营收增长来看，与资产规模增长相吻合，上市国企营业收入同样在十年内增长了 3 倍。除了 2008 年由于全球性的金融危机导致营收增长率产生大幅下滑，紧接着 2009 年国家为应对危机划拨 4 万亿元救市使得营业收入回暖以外，其余年份营收增长基本稳定。此外，随着其他类型企业数量的大幅增

表 3-1   资产规模排名   单位：亿元

排名	公司名称	公司性质	所属行业	总资产	总营收	总利润
1	中国工商银行股份有限公司	中央国有企业	金融业	206 100	65 889	2 763
2	中国建设银行股份有限公司	中央国有企业	金融业	167 441	57 047	2 282
3	中国农业银行股份有限公司	公众企业	金融业	159 742	52 086	1 795
4	中国银行股份有限公司	中央国有企业	金融业	152 514	45 633	1 772
5	交通银行股份有限公司	公众企业	金融业	62 683	17 740	660
6	招商银行股份有限公司	公众企业	金融业	47 318	16 586	560
7	兴业银行股份有限公司	公众企业	金融业	44 064	12 490	475
8	上海浦东发展银行股份有限公司	公众企业	金融业	41 959	12 318	474
9	中信银行股份有限公司	中央国有企业	金融业	41 388	12 472	415
10	中国民生银行股份有限公司	公众企业	金融业	40 151	13 547	456
11	中国平安保险（集团）股份有限公司	公众企业	金融业	40 059	46 288	479
12	中国光大银行股份有限公司	中央国有企业	金融业	27 370	7 853	289
13	中国石油天然气股份有限公司	中央国有企业	采矿业	24 054	228 296	1 190
14	中国人寿保险股份有限公司	中央国有企业	金融业	22 466	44 577	325
15	平安银行股份有限公司	公众企业	金融业	21 865	7 341	198
16	华夏银行股份有限公司	公众企业	金融业	18 516	5 489	180
17	北京银行股份有限公司	公众企业	金融业	15 244	3 688	156
18	中国石油化工股份有限公司	中央国有企业	采矿业	14 514	282 591	489

注：交通银行股份有限公司和兴业银行股份有限公司的第一大股东分别是中央财政部和福建省地方财政部。

长，以及市场持续扩容，上市国企营收占比从 2006 年的 41% 下滑到了 2014 年的 37%，政策调整和经济结构的转变是这一现象的主要成因之一。大幅度的下滑一是因为中国的宏观刺激从积极变得相对稳健，变化贯彻了逆周期政策工具的特点，积极的宏观政策出现了阶段性反弹，宏观政策的力度逐渐减缓，变为积极的财政政策和稳健的货币政策的框架，所以企业的营收增长率出现了一定放缓；二是中国逐步开始去产能，化解过剩产能的过程中会影响一些国企的营收；三是在完成经济转型之前，一些在改造中的国企可能会经历阶段性的业绩下滑。上市国企营收总量和增长率的变化分别如图 3-5 和图 3-6 所示。

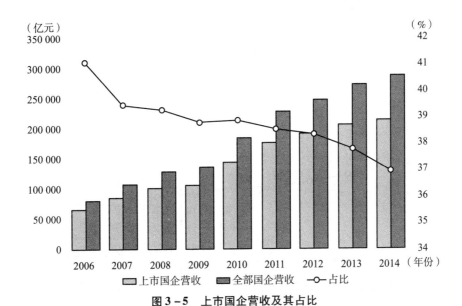

图 3-5　上市国企营收及其占比

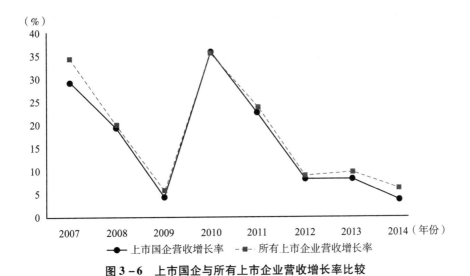

图 3-6　上市国企与所有上市企业营收增长率比较

同样以中石油和中石化为例，虽然两者在资产规模中排名较为靠后，但是从营收来说，两者分列 1、2 位，营收规模均达到 20 万亿元以上，远远超过其他企业。

净利润方面基本同营收保持一致，增长率在 2008 年和 2012 年短暂下降，出现亏损，其余年份均保持稳定增长。上市国有企业净利润占到全上市企业净利润的 32%。净利润占比情况和增长率变化分别如图 3－7 和图 3－8 所示。

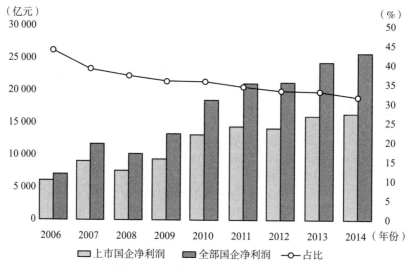

图 3－7　上市国企净利润及其占比

仔细分析可以发现 2008 年和 2012 年的亏损是因为整个业绩受到"两桶油"（中石油、中石化）业绩下滑的拖累，而中国原油进口需求一直居于世界前列，"两桶油"对于国际石油的依赖性很大，所以最终原因是国际油价的剧烈震荡。2008 年金融危机爆发，投机性资金转移进入原油市场，导致原油价格一路暴涨，在 2008 年 7 月 11 日创下 147.27 美元/桶的新高。之后油价投机资金撤离等综合因素影响，暴跌至 47 美元/桶。持续的异常油价和国际油价的剧烈震荡拖累了两桶油业绩。中石油 2011 年业绩报告显示，其炼油板块业务亏损超过 600 亿元，日均亏损 1.64 亿元；而中石化在 2011 年炼油板块也亏损达 348 亿元，这样巨大的亏损不仅影响了"两桶油"在 2012 年的自身业绩，也拖累了整体维度的国企业绩数据。

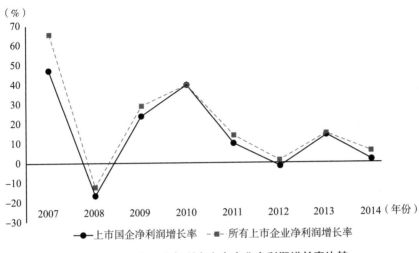

图 3 - 8　上市国企与所有上市企业净利润增长率比较

（3）各行业差距巨大，金融一家独大。

所有上市企业中，制造业中企业数量最多，占全部上市企业数量的 55%。但是国企在该行业中占比并不高，只有 29%。相比较而言，国企在行业中占比最高的四位分别是：①电力、热力、燃气及水生产和供应业；②交通运输、仓储和邮政业；③住宿和餐饮业；④采矿业，这其中部分分布情况是由其所在行业的特殊性决定的。特别地，在金融行业中，共计 50 家上市企业，其中有 24 家是国有性质的。其他还有诸如平安银行等公众企业虽然也存在国有持股，但因属于混合所有制企业，并未算作国企。上市企业行业分布及在各行业占比情况如图 3 - 9 所示。

从各行业上市国有企业的资产规模来看，金融业无疑是最大的。24 家上市国企资产规模达 63 万亿元，占所有上市企业总资产规模的 42.4%，平均每家上市金融业国企资产规模为 2.6 万亿元。与此相对，527 家制造业国企资产总规模仅为 7 万亿元，平均每家上市制造业国企资产规模仅为 140 亿元。金融业国企资产规模是制造业国企资产规模的 188 倍，差距悬殊，两个行业间产生了巨大的"剪刀差"。以工农中建交为例，仅这五大国有商业银行的

利润就超过了全部制造业上市企业创造的利润。这种局面是一种扭曲的经济
关系。

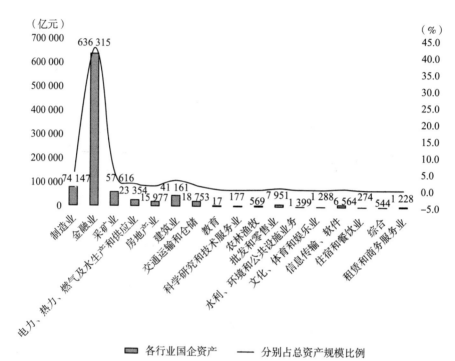

图 3-9　上市企业行业分布及上市国企数量占行业比例

从各行业上市国企净利润看，净利润最多的仍为金融业，高达 8 285 亿
元，占所有上市企业净利润比例为 32.2%。其次是采矿业，为 2 338 亿元，
占比为 9%。制造业紧随其后，净利润也接近 2 000 亿元。但是从平均角度来
说，金融业为 345 亿元，采矿业为 51 亿元，制造业仅为 3.7 亿元，制造业的
净利润仅为金融业的 1/100，如图 3-10 所示。

金融业在前述的数据分析中占据的绝对性优势，说明中国的国有资本对
于金融业有很强的控制能力，甚至在很多领域，比如银行业出现行业垄断，
不利于市场机制的有效运转，并且还可能产生扭曲作用，因此，可以看出中
国存在严重的金融抑制问题。

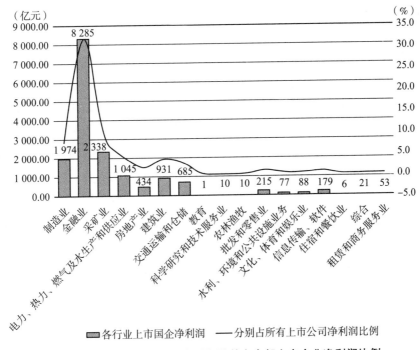

图 3 - 10　各行业上市国企净利润及其占全部上市企业净利润比例

2. 以能源行业为例，深化理解工业行业国企改革现状

因为行业封闭性强、行业结构较为复杂，能源行业国企改革一直都被看作是国企改革的难点。

中国的能源行业国企经营体制存在三个缺陷。首先，能源行业的资产流失非常严重。自 1979 年国企改革开始，并没有取得成功也没有令人瞩目的成果，个人获利更多而国家得到的利益远小于前者，这就不能实现国资让全民得利的初衷。其次，高额利润多靠行政垄断实现，而这种高额利润的可持续性很差。相比于世界上的其他国家，同等能源价格水平上，中国能源国企的盈利率远低于其他国家的同类型企业盈利率的水平。最后，能源企业难以解决自身的投资缺口。长期存在于能源企业的投资短缺问题，每年要花费国家的巨额补贴。

探究体制缺陷的原因可以总结为以下三点：第一，资产流失根源于企业自身掌控过多资产管理权。能源国有企业掌控着企业大部分资产管理权，包括能源资源和非能源资源、经营主业和大量非能源类辅业，所以资产链条很长，国家难以进行有效监督，以至于腐败滋生使得能源行业国有资产严重流失。第二，生产的高成本拉低了盈利率，从盈利情况看，能源国企的平均利润水平显著低于国际平均利率水平，例如，中国石油企业的盈利率长期维持在5%~8%，国家电网更低，只有0%~3%甚至于亏损，高成本带来的后果是非常直观的。虽然中国的油价已经实现和国际接轨，但盈利率低于发达国家也侧面印证了高成本带来的危害。第三，资产管理制度有着严重的缺陷，进而导致投资短缺。能源企业外部行政管理体制监督的弱化，内部利益链条不断增长和延长，使得企业重复投资、低效投资，导致投资成本升高，特别是能源企业进行的大量辅业投资，拖累主业，进一步拉大了主业投资的资金缺口。

目前，能源国企改革的探索主要集中在主辅业分离、混合所有制改革以及放开价格等方面，一些国有企业发生的问题反映了对于能源国有企业改革的需求。目前提出的改革构想可分为以下几类：

第一，倡导进行主辅业分离。辅业成为腐败交易的隐蔽场所，能源行业国有企业通过辅业进行利益输送的案例屡见不鲜，国有资产大量流出。2010~2012年间，吉林油田下属单位和一些民营企业合作套用高标准工程定额，多支付了155万元。进行主辅分离的难点在于能源国企不顾国家指示在辅业领域仍旧进行大量投资，掌握资产过多；还有难以界定主辅业的因素存在，主业不能对辅业进行直接管理，因此遇到突发事件也难以处置其中滋生的腐败问题。所以国家应当完善机制增强对于企业资源的控制。

第二，倡导能源价格市场化。但是这种方式存在的问题是一旦实现市场化，很可能造成能源价格的飞涨，因此需要非常谨慎。能源领域投资额巨大，高投资成本极易转嫁给消费者；另一方面居于垄断地位的企业一旦操控了价格，就会进行提价。这种情况出现在德国和苏联私有化能源国企之后。

第三，混合所有制改革。这种提议的初衷在于引入社会资本加强外部监督，杜绝腐败滋生，同时还能积极使用社会资金。但问题在于中国的能源领域长期由政府定价，主要目的还是提供生活保障等，这样的价格下社会资本要求的回报难以达到，从而削弱社会资本介入的积极性。国际上混合所有制改革的国家基本上都能做到同时实现合理的利润率和国家对能源的控制。政策调控保障合理的盈利水平,能缓解利润要求和国家管控之间的矛盾。中国目前的经济消费水平来看,要提高价格解决投资不足难以实现;而剥离辅业,可通过降低成本提高盈利率,满足社会资本获利要求,从而使得能源领域混合所有制可能性增加。

因此,能源企业的改革应该考虑剥离主辅业或者合并主业、精简机构,依据能源企业真实的账面利润来核定如何以及在何种程度上稳定和影响能源价格,最后要注意国家对国有资产的管理、控制和使用监督。

值得一提的是,前述国有资产在行业中的比重和其他数据分析中显示了中国存在严重的金融抑制问题,政府对于金融市场和金融体系干预过多,一定程度阻碍金融市场运作,又因为金融市场发展受阻拖累整体经济。所以,在金融市场中有着强大影响力甚至垄断能力的国有企业,如果不积极参与到国有企业的改革中去,终有一日也会面临和石油业等能源行业相似的困境,出现垄断拖累行业发展、扭曲价格、国有资源流失等问题。

3.2.2 中央和地方国有资本现状

1. 中央和地方国有资本的对比

国有企业会计指标显示,全国国有企业整体运行状况良好。2014 年,国有企业共创造了 26 444.0 亿元的利润,盈利面在 58.1% 。但是部分国有企业的亏损数额并不低,造成亏损的原因值得关注,扭亏过程中待解决的问题可能会成为国企改革的突破点。全国国有企业资产盈利和亏损状况如表 3 - 2 所示。

表 3 - 2 　　　　　　　　全国国有企业资产盈利和亏损状况

企业户数 (万户)	利润总额 (亿元)	盈利面 (%)	盈利企业盈利额 (亿元)	亏损企业亏损额 (亿元)
16.1	26 444.0	58.1	40 969.2	14 525.2

资料来源:《中国会计年鉴 2015》。

国有企业不仅在全国经济发展的过程中体现了其重要作用,在地方经济发展中,国有企业改革也体现了强大的经济活力。

从会计数据分析角度看,中央国有资本有着强大的经济实力。2014 年,中国国企数量达到 16.1 万户,总资产规模为 1 184 715.0 亿元。其中,受中央国有资本控制的企业为 54 142 户,是地方国有资本控制下企业数量的一半左右,但其资产总额为 539 776.0 亿元,达到同年全国地方国有资本控制下企业资产总额的 83.7%,可见,中央国有资本的经济实力雄厚,在市场中的力量相较于地方会更为强势(见表 3 - 3)。而在所有者权益方面,中央国有企业的所有者权益只占到了全国所有国有企业所有者权益的 44.2%,约占地方所有者权益的 79.2%,大致可以看出相较于中央国有资本,地方国有资本的总体回报率可能较低,这需要在之后的财务数据分析中予以证实(见表 3 - 4)。

表 3 - 3 全国国有资产总额

全国		中央		地方	
汇编企业户数 (万户)	资产总额 (亿元)	汇编企业户数 (户)	资产总额 (亿元)	汇编企业户数 (户)	资产总额 (亿元)
16.1	1 184 715.0	54 142	539 776.0	106 373	633 939.0

资料来源:《中国会计年鉴 2015》。

表 3 - 4 全国国有企业所有者权益总额

全国		中央		地方	
汇编企业户数 (万户)	所有者权益 总额(亿元)	汇编企业户数 (户)	所有者权益 总额(亿元)	汇编企业户数 (户)	所有者权益 总额(亿元)
16.1	418 759.1	54 142	185 050.2	106 373	233 708.9

资料来源:《中国会计年鉴 2015》。

大企业的市场影响能力一定程度上可以说明其背后资本的市场影响力,而国有企业尤其是央企在全国市场及重要行业中的龙头地位不容置疑。通过 2015 年世界财富 500 强排行榜数据来看,中国上榜公司数量为 106 家,和之

前的数据相比体现了上升的态势。在上榜的中国企业中，中石化位居整个排
行榜第二，超过了一直居于排行榜前列的美国知名石油公司壳牌公司。而在
中国企业 500 强排行榜（2015 年）来看，排名靠前的企业大部分都是央企，
其中第一位是在 2015 年拥有 2.8 万亿元收入的中石化。同时，工商银行实现
利润 2 758 亿元，成为中国企业 500 强排行榜上最赚钱的公司。由此可以发
现央企有着强大的经济实力并在国内外经济上有着一定影响能力。

2. 地方国有资本概况

地方国有资本在数量、资产等方面和央企基本相当，在中央和地方力量
对比部分中可以看出地方国有企业的数量超过中央国有企业，和中央国有资
本共同影响中国市场。地方国有企业在国企改革过程中面临的环境和挑战也
不同，因此有必要对地方国有资本进行单独讨论。

各省的国资差异较大。以地方国有企业资产总额为例，表 3 - 5 为全国地
方国有企业资产总额，可以看出国资企业和地方经济有着密切的联系。资产
排在全国前 10 的省区市，其国有资产的总额基本上都超过两万亿元。

表 3 - 5　　　　　　　　各省区市国有企业户数和资产总额

地区	户数（户）	资产总额（亿元）
北京	7 541	41 801.9
天津	4 065	35 088.1
河北	2 404	13 188.0
山西	5 235	21 554.7
内蒙古	931	8 236.4
辽宁	3 438	13 918.0
吉林	807	3 818.9
黑龙江	2 723	8 857.9
上海	9 219	48 240.9
浙江	6 856	37 048.2
江苏	5 082	64 677.9
安徽	2 916	23 955.0

续表

地区	户数（户）	资产总额（亿元）
福建	4 848	20 517.3
江西	2 113	12 056.4
山东	5 830	35 317.2
河南	3 700	15 411.8
湖北	2 384	16 987.2
湖南	2 282	12 965.2
广东	9 259	46 302.3
海南	589	2 182.5
广西	3 571	16 088.6
贵州	2 455	17 795.4
四川	3 794	26 516.5
重庆	3 019	39 542.4
云南	3 253	20 842.0
陕西	3 664	21 270.8
甘肃	1 558	8 701.5
青海	568	4 270.0
西藏	397	718.9
宁夏	488	1 525.3
新疆	1 384	5 542.3

资料来源：《中国会计年鉴2015》。

地方国有企业的特征和发展趋势相对明显。首先，地方国企主要定位是民生服务、城市建设以及拉动地方经济发展。中央和地方企业的行业定位的侧重有所不同，就中央企业而言，保障国家安全和经济把控是第一要务，所以央企牢牢控制着包括石油石化、烟草、通信、金融和军事工业等与国计民生休戚相关的经济命脉。而地方政府侧重于本地的经济建设和多种发展目的，国企的分布范围更加广泛，主要分布在原材料（钢铁、有色金属、建材）、交通航运、运输设备、能源资源（电力、煤炭）以及供水、供气、供热、公共交通和公共设施等基础行业领域。地方国资企业的行业分布格局存在多种成因，包括历史沿革、当地资源禀赋、地方政府发展经济和财政平衡等。其次，相比于中央国资，地方国资总体回报较低，佐证是前一部分论述的央企和地方国企的力量对比，地方国企的力量稍弱。不同省份的国有企业力量也不相同，2014 年全国国企盈利面平均水平为 58.1%，超过平均水平的较为强势的国有企业主要集中在北京（59%）、上海（63%）、浙江（59.3%）、江苏（58.9%）、安徽（59.8%）、福建（58.9%）、海南（40.7%）、四川（58.8%）等地，这和不同省份的经济基础、发展历史以及国企改革的成效相关。最后，作为地方国资融资平台，国有投资公司在地方国资国企的改革与发展中同样占据着重要地位。为了刺激国民经济，由地方国有投资公司投资成立的"城投公司"或者"平台公司"成为地方国资的主要载体，经过多年的发展，地方投融资平台资产庞大，所占比例超过地方国有企业总资产的一半，个别省市甚至超过 80%（黄群慧，2015）。例如，四川省省属国有资本主要集中在 2 家平台企业，占比超过 80%；湖北省省属国有资本中，78%的份额集中在 6 家平台企业；北京市市属国有资本中，45%的份额集中在 14 家平台企业；天津市有超过 51%的市属国有资本集中在平台企业，武汉市的比例亦接近 80%（中国社会科学院工业经济研究所课题组，2014）。

3.3 国企改革的进展

3.3.1 国企改革进程概览

顶层制度设计提供基础架构。中共中央、国务院于 2015 年 8 月 24 日通过了《关于深化国有企业改革的指导意见》。该《意见》确定的主要目标是到 2020 年，中国要在国企改革重要领域和关键环节取得决定性成果，形成更加符合中国基本经济制度和社会主义市场经济发展要求的国有资产管理体制、现代企业制度、市场化经营机制，国有资本布局结构更趋合理。《意见》出台以后，又出台了多个专项改革意见或方案，其中包括新一轮国企改革中方方面面的内容。在行政审批方面，主要是取消下放监管事项，宣布废止和失效规范性文件；在完善公司治理方面，做出了包括从规范董事会到薪酬管理等方面的一系列改动；在央企的整合重组方面，国资委直接管理的央企总数得到了一定程度的削减。这一国企改革的纲领性文件确立了最近一轮国企改革"1＋N"的顶层设计规划，"1＋N"体系中，《关于深化国有企业改革的指导意见》是"1"，在国企改革中起到了引领和导向的作用，而制定的"N"个配套方案，有利于加强各项改革之间的协同作用和相互配合。在顶层设计方案的指导下，各地在2016年下半年的国企改革重点目标和任务放在重组整合、混改、资产证券化等方面。

除了分类改革国有企业，《意见》还指出还要完善现代企业制度，包括推进公司制股份制改革，在少数特定领域探索建立国家特殊管理股制度；健全公司法人治理结构；建立国有企业领导人员分类分层管理制度、薪酬制度和内部用人制度等。该《意见》对国有企业管理体制的内容进行了重点强调，要以管资本为主，包括转变监管机构职能、改革国有资本授权经营体制、经营性国有资产集中统一管理、混合所有制改革、引入非国有资本参与国有企业改革或国有资本入股非国有企业和探索实行混合所有制企业员工持股等。还对反腐制度化建设、鼓励创新等内容进行了说明。

关于国有企业功能界定为国有企业改革具体工作提供划分标准。2015年12月，国有资产监督管理委员会、国家发展改革委员会、财政部联合发布了《关于国有企业功能界定与分类的指导意见》，提出立足国有资本的战略定位和发展目标，结合不同国有企业在经济社会发展中的作用、现状和需要，根据其主营业务和核心业务范围，将国有企业划分为商业类和公益类。商业类国有企业的主要目标是增强国有经济活力、放大国有资本功能、实现国有资产保值增值，因此要按照市场化要求实行商业化运作，依法独立自主开展生产经营活动。对于处于关系国家安全和国民经济命脉行业的国有企业，鼓励创新并实现经济效益和社会效益的统一；公益类国有企业的主要目标是保障民生、服务社会、提供公共产品和服务，因此必要的产品或服务价格可以由政府调控，同时强调要积极引入市场机制来提高公共服务效率和能力。此外，鉴于商业类和公益类企业在推进改革、促进发展、实施监管、定责考核方面存在差异，因此要根据分类适用不同的办法分别管理。

试点工作在多地和重点行业国企中展开。2016 年 2 月 25 日，国企"十项改革试点"落实计划推出。此次试点的内容涵盖十个方面：落实董事会职权试点、市场化选聘经营管理者试点、推行职业经理人制度试点、企业薪酬分配差异化改革试点、国有资本投资运营公司试点、中央企业兼并重组试点、部分重要领域混合所有制改革试点、混合所有制企业员工持股试点、国有企业信息公开工作试点、剥离企业办社会职能和解决历史遗留问题试点。这些试点工作具体包括：一是中央企业兼并重组的试点，包括中国建材和中材集团、中电投集团和国家核电以及中国海运和中远集团等三组重组企业，同时供给侧改革的重点行业，比如钢铁行业的央企或将面临重组。二是国有资本投资运营公司试点，中粮集团、国投公司要将 21 项权利归位于或授予企业。国有资本运营公司试点包括诚通集团、中国国新等公司；国有资本投资公司试点包括神华集团、宝钢、武钢、中国五矿、招商局集团、中交集团、保利集团 7 家企业。三是董事会职权试点，仍在新兴际华集团、中国节能、国药集团和中国建材等 4 家企业展开。四是进行中粮集团、中国建筑等央企试点的信息公开工作。在整体试点的规划上，2016 年内进行了企业办社会职能的剥离。在 2016 年上半年总共开展的国企国资改革试点有 147 项，说明试点工作的开展力度相对较大。

3.3.2　国企改革的重点内容

1. 国有资产管理体制改革

（1）从"管资产"到"管资本"的概念转变。

国有企业从"管企业"到"管资本"为主，是新一轮国企改革的重点，也是现今对于国企改革讨论的热点。改革内容主要是要求国有资产监管机构要履行出资人的职责，职能要转变成以管资本为主，并建立监管权力清单和责任清单，推动以管企业为主向以管资产为主的转变。应该管理的部分要切实管理、不能缺位，重点管好国有资本布局、规范资本运作、提高资本回报、维护资本安全；原本不应该管理的部分要依法放权、不能越位，将应由企业自主经营决策的事项归位于企业，延伸到子企业的管理事项归位于一级企业，公共管理职能交由相关政府部门和单位管理。而现在对"管资本"的理解方式存在两种，第一种理解认为首先国有资产的实现形式，要由实物形态的"企业"转变为价值形态的"资本"，监管对象从"企业"转化为"资本"。第二种理解形式是不改变顶层国有企业的整体改制和监管对象，而将监管扩大到未转制企业可以运作的资本上，实质上是扩大了监管范围，然而后者强化了原本的监管模式，所以第一种理解形式更为符合改革的本意。

"管资本"的范围边界目前还比较模糊。解读《意见》，"以管资本为主"说明还是需要在某些领域"管企业"，具体来说，就是要在有充分竞争力、市场起到决定性作用的领域实现"管资本"，国有资本的政策性功能，即为政府特殊公共目标服务的资源，不应超过市场失灵的范围，并在充分论证后将其列入"负面清单"，负面清单不能随意更改。而在某些战略性和市场失灵领域的国有企业，保持政府足够的控制能力，因为不涉及竞争，政府的充分干预不会对市场有过度的影响。管理的范围只能到国有投资公司和运营公司层面，不能延伸到这些机构投资的混合所有制公司中，而在管理范围内要实现政资分开，所有权和经营权分离，国有资本的功能和效益主要通过可以管理的两类公司的运作完成。

地方层面，上海在完善国有资本管理体制方面的改革对于全国的国企改革中国有资本委托代理体制建立具有一定的借鉴意义。上海先于全国成立了国盛、国际两个国资流动平台，不仅帮助转变监管方式，也有助于提升国资证券化比例、实现专业化运营。在推进业态升级方面，国资流动平台模式是一个解决途径。通过在国盛和国际两大国资流动平台的前期运营，上海国有资本实现了重组、优化和提升，并使得上海的一些国有企业实现了整体上市或者核心业务上市的目标。细化到区级层面，在国资改革"20条意见"颁布以后，区级国资流动平台也取得了一定的发展，设立区级国资流动平台，包括上海浦东投资控股（集团）有限公司和上海金山资本管理集团有限公司。然而，区级国资国企改革的推进相对于市级的改革推进来说显得参差不齐，主要表现为资产规模较小、业务分布较散、国资的整合重组难以充分有效发挥。

企业层面，一个典型的例子是中粮集团计划改组成为国有资本投资公司。2014年7月，国有资产监督管理委员会发布了首批四项改革试点的企业名单。将国家开发投资公司和中粮集团有限公司作为改组国有资本投资公司的试点企业。其中，中粮计划按照"小总部，大产业"的原则来放开资本经营和资产管理经营，压缩管理层级，形成"集团总部资本层——专业化公司资产层——生产单位执行层"的架构，在此基础上下放资产经营调度权，直接管理管理专业化公司，从而实现中粮集团总部向"管资本"的转变。2016 年 7 月 4 日，国资委宣布中粮集团可以自主决定五年发展规划和年度投资计划，而中长期发展战略和规划由中粮集团研究决定，只需报备国资委备案。从"审批"到"备案"，是向"管资本"深入的表现之一，标志着在试点中将所有权和经营权分离进入了实质阶段。在实现集团的整体上市后，中粮集团的不同业务将会出现不同的状态：农粮业务会保持绝对控股地位，从而发挥国有资本的功能；食品业务保持相对控股或者第一大股东的地位，吸引其他资本进入；金融业务可以通过产融结合继续服务主营业务；地产业务通过混合所有制改革，优化资本结构并且提升盈利能力，同样服务于主业。此外，中粮集团的投资活动也是典型的国有资本投资的例证。例如中粮集团联合中国投资有限责任公司（简称中投）成立中粮国际，通过这个平台的运营在 2014 年先后控股荷兰谷物经销商尼德拉（Nidera）和来宝农业。

在"管企业"向"管资本"的转变过程中，混合所有制改革是否成功，深刻影响产权制度改革的成败。

（2）混合所有制改革。

混合所有制是新一轮国企改革的核心内容，也是国企改革进入深水区后需要集中攻克的"难点"。中共十八届三中全会上通过的《决定》中首次提出要"积极发展混合所有制经济"，同时还明确指出要将国有资本、集体资本、非公资本等的交叉融合、相互持股的混合所有制作为中国基本经济制度的重要实现形式。

国资委的数据显示，国资系统企业中公司制企业的比例为 89%，混合所有制的比例为 52%；上述公司制企业中，国有股份达到 50% 以上的比例达到 92%，国有资本一股独大。国资委积极鼓励和引导中石化、中石油等央企不断探索"引入市场机制，引入所有者"的混合所有制改革，同时将中国建材、国药集团等作为混合所有制改革的试点。2014 年 2 月，中石化开始实行混合所有制，重组油气销售业务并引入民营资本，同时授权董事长在社会、民资持股不超过 30% 的情况下行使权力，这一举措被视为混合所有制改革的破冰之举。

整体混改表面上顺利推进，事实上，现在央企展开的所有制改革，在诸如中粮集团、中国医药集团等国企中，多数停留在央企的三级以下公司，距离真正的产权制度改革尚存在较远距离。衡量表面上实现混合所有制的企业，实际上国有股份还是占据了绝对地位，因此有更多话语权，更为强势，实际上并没有改变原先国有企业的体制和机制，产权制度改革并没有真正实现。政府在国企改革方案的过程中也考虑到了现实情况，从十八届三中全会到 2014 年 9 月出台的一系列文件中，对于混合所有制改革的描述，经历了"积极发展混合所有制经济"——"有序实施混合所有制改革"——强调混合所有制改革要"稳妥"的转变，包含了对于混合所有制经济改革在试行过程中遇到一些矛盾的考量，语气更加谨慎，防止过度的"混改"活动产生。

部分混合所有制改革的潜在参与者对"混改"持观望态度。一方面，民营企业家对于参与到混改中企业之间的力量对比有所顾虑。依据《意见》划分的商业类国有企业都需要实行公司制和股份制改革，通过整体上市实现股权多元化，但在此过程中面临一些问题，比如国资合作中的权责界限不清晰，部分事项在法纪问题上难以分辨清楚，导致政府对于国资间合作态度不积极。而本应积极参与的民营企业担心在合作中处于劣势地位，被合作的国企挤出市场。2009 年山西省政府启动的煤矿企业兼并运动，由于力度过大，没有清楚考虑当地现实情况，强制进行公私合营，从煤炭行业挤出当地许多煤炭民企，破坏了当地煤炭行业市场。类似的"前车之鉴"是民企对于混合所有制改革缺乏信心的原因之一。另一方面，国内担心实行"混改"，国企所在领域对外开放会造成国有资产的流失，和"混改"的初衷背道而驰，因此对"混改"的并没有达成共识。混合所有制经济处于产权私有和公有之间，稳定性和方向性在控制上都有难度，不仅共识难以达成，执行上可能还存在一定风险。在混改中出现的问题和争论可能会拖慢整体国有资产管理体制改革，甚至是整个国企改革的进度，所以"混改"中出现的问题成为亟待解决的问题。

混合所有制改革在能源行业企业中的开展有声有色。前述提到的中国石油化工公司通过引入社会和民营资本参股的方式，提升了市场化运作水平。

2012 年中石化集团将下属的 8 家公司重组成立中石化炼化工程（集团）股份有限公司，并在 2013 年于香港完成上市。重组工作将中国石化分成了中国石化、炼化工程和石油工程三个企业。这三个企业分别推出了混合所有制改革，并在难度较大的行业上游中取得了一定改革成效，例如和地方国有资本以及民营资本合作开发新疆油田的部分区块，中石油所占比例不少于 51%。此外，中石油还为部分项目成立公司，通过产权交易所公开转让项目公司股份。电力行业中，非国有的投资主体在参与混改的过程中多通过出资入股、收购股权、股权置换和认购可转债的方式，协助国企改制重组或者国有控股企业上市公司增资扩股。南方电网采取在部分项目中引入非国有资本，而国电集团和华电集团坚持整体上市，对旗下符合上市的资产提供资金支持，鼓励上市。在能源行业和其他行业中，将会鼓励非国有资本和投资人以独资、特许经营、合资等方式参与国有企业的改制和运营。

2. 国有企业改革

（1）现代企业制度改革。

公司制、股份制改革成果显著。一方面要求国有企业引入各类投资者，实现股权多元化，推动国企改制上市，实现集团公司的整体上市。另一方面，公司制、股份制改革要和混合所有制改革联系起来，依据各个国企不同的功能定位，逐步调整国有股权的比例，形成股权结构多元、股东行为规范、内部约束有效的经营机制。此外，在吸引非国有资本参股时，允许将部分国有资本转化为优先股，在少数特定领域探索建立国家特殊管理股制度。截至目前，全国国企改制的覆盖面已超过 80%，央企改制的覆盖面已超过 90%，股权多元化率达到 67.7%。

董事会建设是国企制度改革中的另一个关键环节。董事会建设的重点在于解决部分企业虚设董事会、国有资本一家独大的问题，努力保障企业管理层的自主经营权利，在法未授权的情况下，任何政府部门、机构不得干预公司的规范治理。对于建立董事会内部约束机制和董事会监督和评估，亦在董事会建设方面有所论述。2016 年，完成规范建设董事会的央企数量达到 87 家。宝钢、中国节能、中国建材、国药集团、新兴际华集团等 5 家企业成为董事会选聘高级管理人员的试点企业，采用市场化方式对总经理和副总经理

等职位进行了选聘。中国建材、国药集团等央企初步建立了"周期管总额 +
年度定水平"的工资管理体系。而地方企业改革也在董事会制度建设方面做
出反应，例如四川在 24 户监管企业中推行在市场中选聘高级管理人员、在管
理中以契约来规范，转变所有现有经理层成员为职业经理人。

薪酬改革配合企业用人制度建设等内容开展。2014 年，国资委强调"国
企领导人的选聘、任用、考核、退出机制"是国有企业改革的核心，国企薪
酬制度改革成为改革重点。2014 年 8 月，中共中央政治局审议通过了《中央
管理企业负责人薪酬制度改革方案》《关于合理确定并严格规范中央企业负
责人履职待遇、业务支出的意见》等文件。最新一轮的改革主要强调企业应
该依法决定薪酬，薪酬和绩效奖励应该平衡激励和约束、效率和讲公平、兼
顾市场规律和国企特殊条件。根据市场化机制对市场化选聘的职业经理人进
行薪酬分配，另外还要探索完善中长期激励机制。此轮调整覆盖 72 家央企，
即国务院国资委履行出资人责任、组织部门任命负责人的 53 家央企，包括中
石油、中石化、中国移动等；及金融、铁路等其他 19 家央企。

（2）去过剩产能。

控制产能过剩问题取得一定进展。产能严重过剩的行业里，主要是央企
和地方国企问题比较严重，而其中又以垄断性央企情况最严重。原因之一是
这些国企一直以来受"做大央企规模"原则的影响，企业规模的确得到了快
速的扩张，但财富增长的背后往往是巨大的亏损。另一个原因是国企的体制
僵化，尤其垄断性央企在充分竞争的市场上缺乏积极性，还有一些地方出现
"僵尸企业"。

压缩产能的任务整体来看是平稳进行的。在 2016 年《关于推动中央企业
结构调整与重组的指导意见》出台后，"三去一补一降"即去产能、去库存、
去杠杆、降成本、补短板同时被强调，并明确之后的改革重点在于"结构调
整与重组"。国资委提出要用 5 年的时间减压重点钢铁、煤炭企业的现有产
能，减缩目标在 15% 左右。截至 2015 年 7 月，全国累计退出煤炭产能 9 500
多万吨、钢铁产能 2 100 多万吨；2016 年计划继续压缩钢铁产能 719 万吨、
煤炭产能 3 182 万吨，3 年中要处置 345 家僵尸企业。截至 2016 年 5 月底，
全国央企的粗钢产量、玻璃产量、电解铝产量分别同比下降 5.9 个、17.0 个
和 24.1 个百分点，分别高于全国平均水平 4.5 个、17.4 个和 22.4 个百分点。

除了直接压缩产能，改革还通过组建中央企业煤炭资产平台公司，化解煤炭企业产能过剩问题。另外，2016 年央企还通过股票市场和产权市场处置低效无效资产，盘活存量，获得了 321.68 亿元的转让收入。

东北是去产能过剩和"僵尸企业"问题最为突出的地区。随着经济下行的压力增大，东北地区的央企面临艰难处境。整个东北地区一共有包括子公司在内的央企 3 000 多家，资产总额超过 4.6 万亿元，关系着 200 万人的就业，这些央企的发展和东北地区的经济密切相关，仅辽宁一省中，无资产、无生产、无偿债能力的僵尸企业就达到了 830 家，一旦这些企业被关停，将会导致 16 万余人的大规模失业。作为传统的老工业基地，东北一向实行重化工业先行的策略，即使因为生产效率低下和技术落后导致众多国企效益每况愈下，政府考虑到这些央企是地方经济支柱，改革将会付出较高成本，包括因大批失业引起的地区性社会问题，所以地方政府仍旧用补贴和银行贷款去扶持许多僵尸企业，这不仅造成了金融抑制，还是公共资源的浪费。黑龙江龙煤矿业控股集团有限公司（简称"龙煤"）是东北地区最大的煤炭企业，黑龙江省政府为地方安全和稳定一直在支持龙煤集团，但出现了地方财力难以继续补贴此类大型国企的困局。2014 年黑龙江省政府安排了 300 亿元缓解龙煤集团的流动性资金困难，然而这样的补助相对于龙煤集团不断下降的效益只是杯水车薪。黑龙江省每年的财政大概有 300 亿元，而龙煤集团如果出现资金链断裂被迫停产，100 亿元的员工工资也是政府财政层面无法承担和兜底的。东北在 2014 年就开始了钢铁和煤炭央企的去产能，东北地区的特大型央企中，大庆油田减少原油生产近 150 万吨、鞍钢减产钢铁 276 万吨，去产能力度逐年加大。

从各地去产能的实践中可以看出，去产能问题不可能一蹴而就，许多产能过剩的国有企业需要经历漫长的转型期，才能摆脱这种困境实现健康发展。

（3）解决历史遗留问题。

国有企业"办社会"拖累国企改革速度，增加了国企改革的难度。国有企业"办社会"是中国经济发展过程中特定历史时期留下的产物，特定的发展阶段内确实促进了企业和地区的经济发展并且通过保障员工生活提高了员工的积极性。但国有企业涉足医疗、教育等原本应交由公共部门管理的工作，承担了公共管理职能，超出了企业的能力范围，增加了国有企业的包袱，不利于其参与激烈的市场竞争。现代国有企业办社会的职能主要集中在"三供一业"（即供水、供电、供气和物业），分离移交"三供一业"意义重大，意味着企业分离这些业务后可以逐步公平地参与到市场竞争中去，这项举措有利于国有企业精干主业提升核心竞争力、使公共服务更加专业化。因此，从企业层面剥离国有企业的"三供一业"是国企改革中的重要一步。自2000年开始中石油中石化以主辅业分离的形式对集团下医院进行剥离再到国资委宣布剥离国企"办社会"职能工作要在2018年年底前基本完成，2019年起国企不再以任何方式为职工家属区"三供一业"承担相关费用，"办社会"的剥离经历了长时间的探索和尝试，并且即将完成。

地方和企业都在国有企业"办社会"职能的分离中积极实践。以重庆市为例，2014年4月，国务院国资委在重庆市召开工作会议，开始国有企业"办社会的"分离移交工作，"三供一业"移交工作也被列入工作要点。央企实践"三供一业"的移交也在积极展开。中国兵器工业集团公司驻黑龙江省企业自2011年起开始利用国资委在黑龙江省试点政策进行分离移交"三供一业"工作，预计在2016年内将完成剥离工作。而集团公司驻渝子集团铁马集团将按照集团公司的部署，也加快剥离"三供一业"的速度。四川在2015年成为中央企业"三供一业"分离移交工作的试点地区，中央38个集团公司在省域内有150余个"三供一业"机构，近2万名工作人员，涉及供水30万户、供电25万户、供气18万户、供热1万余户、物业服务33万户，资产总额23亿元，设施改造费概算33亿元。四川省预计在2018年底完成"三供一业"的剥离工作。

国有企业"办社会"的职能和去产能的情况有相似之处，庞大的国企体系涉及了大量当地人口的就业，"三供一业"范围内的机构改革可能要付出高昂的成本，还要面临这些"办社会"的和哪些机构对接以及如何移交和对接的问题。因此，国有企业"办社会"的剥离并不能毕其功于一役，而需要结合企业自身情况参考国家整体规划，不能一味图快，而是要借鉴十几年来剥离工作的经验，逐渐剥离，完成企业减负和转型。

3.3.3 对国企改革进展的简要总结和评述

从2014～2016年的国企改革进展梳理我们能够看出，国务院国资委和地方国资委对于国企改革作出了许多工作部署，之前年度的国企改革计划也取得了相对积极的进展。但是大众集中关注的问题有部分尚待解决、对地方和中央国企改革内容还需分开论证、对于国企改革的成效还要继续观察。

集中关注的问题。在观察国企改革的现状和进展过程中，大众的疑虑主要集中在以下几点：一是采取组建资本投资营运公司和改革国有资本授权经营体制，是否能够完成从"管资产"到"管资本"的转变。事实上解决问题的关键不在成立机构的数量，而在于这种模式是否能够使得国企真正走进市场，受到市场接纳；是否能够真正实现政资分开、政企分开；还有淡马锡模式是否真的和中国国企改革的要求相适应，能否帮助达到目标。二是如何健全国有企业法人治理结构。国务院和相关部门显然也注意到了这一点，在前文提到的《关于深化国有企业改革指导意见》中将其作为深化国企改革的一项重要内容，需要攻坚克难。三是供给侧结构性改革是否对于国企改革的成败起到决定性作用。事实上，国家政策导向转为围绕供给侧结构性改革进行结构调整、转变企业的增长方式，强调去库存、去产能、去杠杆等问题，是针对之前经济运行中地方政企不分、地方债务增加和金融存在隐患的现状经过深思熟虑提出的，应该坚持贯彻。如果供给侧改革不能够实现，产能过剩和结构持续失衡，可能会给国民经济发展留下隐患，同时损害国企改革的成效。

讨论地方国企改革进展，并不能总是和央企改革同论。中国的企业数量庞大、规模不一，面临的经济情况和经济现实不同，如果都套用央企改革的模板，不能达到改革的最好效果。央企、地方国企的改革一向都是由中央的大政方针指导，根据企业的投资、产权关系，由国务院、地方政府两个层次，在相对独立的两个运作体系中进行的。国务院有关部门和地方政府分别承担改革的主体并相应地分别承担责任。长期实践证明，这种分两个层次开展改革的模式，一方面可以适应地方情况、调动地方的积极性、激发地方承担责任的动力，另一方面还为央企改革提供了良好的借鉴和经验。但目前这种格局也发生了一些变化。在每项具体的改革方案、改革意见出台的同时，国家层面都会要求地方按照要求出台相应的相关方案和文件，因此国企改革的推动还需要因地制宜地考虑各地间的差异。基于各地国企改革的实际情况，地方政府层面应具备一定程度的自主权和相对独立性。

总体而言，国企改革的顶层设计出炉不久，国企改革整体架构的完整性有待加强，许多规划并没有配套提出系统和可操作性强的文件、计划、措施和设施。目前大多数的计划和部署还不具有现实意义的进展，只有薪酬改革方案有一定的成效，其他部分还处在进展过程中或者在开展的过程中遇到了一些阻碍和问题；另外，大规模的改革行动数量有限，其效果更是需要在往后的年份中慢慢观察。目前，国企改革的"深水区"主要是混合所有制改革、兼并重组、员工持股等方面，一些构想性的计划和建议还未实践，而已经开展的试点其改革长期效果也尚属未知。还有在各个试点开展工作的进程中，对于失败或者成功的经验并没有详细的总结，这可能在一定程度上减缓了国企改革的速度，削弱当前采取措施的成效。只能说中国的国企改革目前仍旧处在积极推进和探索阶段，不能轻易地定调论成败。

3.4　国企的问题

3.4.1　国企问题的背景

纵观整个国际，经济全球化已成趋势，对于中国而言，开放水平也在不断提高，国企不仅要面对国家内的种种压力，还要接受国际市场的考验。加入 WTO 以前，国有企业的改革都是根据中国国情本身来考虑的，相对封闭，相对简单。而加入 WTO 后，中国企业不仅仅要接受世界浪潮的洗礼和检验，更重要的是要肩负起"走出去"的使命，要代表中国走向世界。但是由于国企本身就带有浓厚的政治色彩，有些国家处于国家安全的考虑，对中国国企开展的合作和项目都实行严格审查制度，国企压力巨大。从国内经济形势来分析，中国已经走向了工业化后期，GDP 高速增长也降低成中高速增长，为防止进入中等收入陷阱，中国的经济模式必须进行转型升级，要素驱动型经济必然要发生转变。然而，过去几十年，国有企业实现自身增长和发展都是通过一味做大、不断增加投入的扩张政策进行的，但是进入工业化后期，国企再难扩张，若不想被历史所淘汰，必须深化改革，实现产业转型，提升创新能力，这样国有经济才能可持续发展，然而经济转型任重而道远。自 1978 年中国改革开放以来，虽然市场化水平不断提升，但并没有建立起完善成熟的社会主义市场经济机制，国有企业一直作为独立的市场主体而存在着，而且存在着通过行政垄断中饱私囊的问题，对于社会经济效率来说是巨大的问题，更会引起非国有企业乃至群众的强烈不满，对法治社会所讲求的公平正义也是一种不容忽视的挑战。国企的这些问题涉及方方面面，非常复杂。然而到目前为止，很多国有企业还没有彻底完成公司制、股份制的改革，国企结构复杂，很多母公司在股权多元化改革这个问题上还没有明确的改革计划，对于自然垄断企业的改革更是难上加难，学术界及企业界都还没有完善有效的方法，除了涉及国家安全和经济命脉的重要行业外，其他竞争性行业依然存在长期垄断、破坏竞争的国有企业，一些国企还借着自己的政府背景，盲目借贷，然而企业实力并不能跟上其扩张规模，不仅断了非国有企业的活路，还给自己造成了高负债率和低利润率。一方面，国有资本流动性很差，不能做到进退自如、流动顺畅，所以也无法达到资本动态配置最优化，在一些制造业中，国有资本过量滞留，造成产能过剩；另一方面，对专注于民生、有利于国家长远健康发展的国有企业来说，国有资本还没能达到合理有效的应用，显然，这对社会效率也造成了严重伤害。从企业家角度来看，对于国企经营管理者来说，激励机制还不完善，道德风险问题严重，相应的约束法规也不完善，经济案件不是个例。

　　总之，目前，很多国企都表现出大而不强的特点。首先，资产资本收益开始呈现出边际递减的趋势；其次，权益报酬率等比率指标都在下降；再次，经济增加值指标为负值的国企数量不断增加。国企改革几十年，成效卓著却还存在着很多问题。但是，时至今日，国有企业的发展还是受益于过去的改革，但当改革进行到实施改革的部门成为最大利益集团时，改革就失去了动力。但尽管国有经济存在诸多问题，中国国有企业的地位仍然是无可替代的。中国社会主义初级阶段的基本经济制度已经明确说明，必须坚持"以公有制经济为主体，多种所有制经济共同发展"的主导经济制度，明确了国有经济在很长一段时间内都将继续在中国经济中发挥主导作用。而且客观上来讲，中国仍是出于转型时期的发展中大国，中国经济市场配套的法律法规不完善，市场机制的建立也不成熟，需要国有企业的存在。所以，无论是主张消灭国企、全部进行私有化改革，还是拒绝市场化改革，都是不正确的，在理论上与中国特色社会主义理论要求并不适应。而且上述这种操作方式在实际中也是难以实施的，国企改革的目的是要完善社会主义市场经济体制，为中国社会经济可持续发展保驾护航，实现公有制为主体、多种所有制经济共同发展的经济目标。因此，清晰认识国有企业仍将长久存在这一事实是十分必要的。

3.4.2　垄断

对于国有企业而言，垄断行业依然占据很大的比例，而且过去几十年以来，这种趋势一直在不断加强，铁路、民航、石油、石化、天然气、邮政、电信、电力是垄断的主要行业，几乎占有了新增利润的80%以上，虽然这些垄断行业大多是自然垄断，但更多是由行政力量造成的，而且虽然国企垄断关键行业保证了国家根基稳固，但是不可否认，消费者抱怨高价格和低服务质量，民营企业家批评国企的不公平竞争，百姓不满国企通过关系网谋取利益、行贿受贿等行为，甚至要求分配国企的垄断利润。中国经济的活力，主要是民营企业互相竞争带来的，很长一段时间以来，中国的民营企业主要分布在产业链的下游，国有企业则处在上游位置，造成这种局面的原因是所有处于经济下游的国企都没能在竞争中存活，而民营企业又没有资格进入产业链的上游，但是处于下游的民营企业发展壮大以后，对能源、原材料、电力、电信等上游国企的产品和服务不断增加，这也巩固了处于上游国企的发展和地位。为了改善这种垄断局面，2012年，国务院颁布了关于发展民营企业的新"三十六条"，首次允许民营企业进入所有行业，并以"负面清单"和"事后监管"取代了"事前全面审批"。但是，仍然存在着很多法律和行政的壁垒，而且国企"改革疲劳症"是一个普遍问题，因此改变国企垄断关键行业的局面依然任重而道远。但对于垄断我们仍然需要辩证地对待，大致可将国企分为两大类别：商业性国有企业和兼有政策性功能的国有企业。对于具有政策性功能的国有企业我们没必要也不可能去改变其垄断地位，但也要不断地引入竞争来提高其质量。但对于商业性国有企业，尤其是通过行政手段达到垄断目的的企业，就需要打破垄断，强化竞争，使市场机制充分发挥作用，实现资源配置最优化。

3.4.3　低效率

一般来讲，很多国企的利润都比较高，一是因为垄断，二是因为过去几年资源价格上涨，三是因为国企经常可以使用免费的资源，实际上，大量研究表明，国企没有民企更有效率，而且现在中国经济增长速度放缓，国企过度扩张、廉价信贷的问题开始凸显，不仅利润下降，甚至负债累累。提高国有资产质量，提高国有企业经营效率，必须让国有资产真正回归市场，在市场压力和竞争中不断成长。20 多年前，国内家电行业几乎被日本品牌垄断，政府放开市场竞争后，海尔、格力、长虹等家电企业发展迅速，在世界中也占有一席之地，正是在市场竞争中获得了发展和成长。然而国企对于市场化改革反应迟钝，股权改革步伐缓慢，内部关系复杂，执行能力不强，企业运行效率较低。而且，国企资本结构复杂，企业的盈利目标和政府提供服务的目标总混在一起，也造成了国有资产监管部门的管理难题，因而国有企业难以在短期内改革成功，但可以引导国有资产进入竞争性市场，建立起市场化的组织架构，遵循现代产权制度和现代企业管理制度，不断转型升级，加强体制创新，才可逐步改变国有企业低效率的问题。

3.4.4　国有资产流失

一般来讲，国有资产流失分为交易性流失和体制性流失。少数企业不评估、故意少评估、低价格让利资产等不良行为会造成国有资产的流失。与体制性流失相比，这种交易性流失的危害还更小一点。如果国企不改制，那么不管贪腐、浪费或是失误、低效中的哪一项都会给国企乃至整个社会带来严重的资产流失。在现实中，许多问题都是同时发生的，可见国有资产流失问题着实应该引起管理层的注意。但是必须强调的是，国有资产资本化、证券化与国有资本流失并没有必然联系。国有资产资本化是指将国有企业拥有的实物资产和货币资产转换为公司的股权，改变的是企业的产权结构，使国有资本具有流动性和可交易性，通过兼并重组、股份制改造，完成产权结构的调整转型，向着建立现代企业的目标不断向前。国有资产证券化实际上是使国有企业对接资本市场的一种手段，通过实现国有企业上市，利用资本市场有利于国有企业进行战略布局，增强资本的流动性，提高资本创造价值的能力。因此，当前国有资本流失问题不是改制造成的，还需要进一步深化改革。

3.4.5　市场结构不合理

所谓资本，是指大量积聚的"货币"和劳动力商品，货币购买劳动力商品从事增值活动，货币转化为"资本"，但前提条件是劳动者和货币都要摆脱封建附庸，具有独立的市场要素身份。然而，企业是资本所有物，是资本市场运营的组织架构和存在形式，所以企业是否独立要看该企业是否有独立的资本。事实上，中国国有资本至今都不具有独立身份，因此国企只能算作相对独立的市场主体。中国国企改革经历过"政企分开"的阶段，这是国企从计划经济向市场经济跨出的第一步，政企分开之前，国企只是国家的行政附属物，政企分开的改革是对国家与企业计划型关系的否定，对于国企改革初期来说是正确且必要的，否则市场化改革无法进行。然而，政企分开的重点在于企业，而非资本，这是有局限性的，政企分开，企业的所有者被撇开了，企业的资本本性也被否定了，在商品交换和资本运营过程中，国企既有市场逐利的资本属性，又有依靠政治权利的靠山，国企参与市场竞争，可获得国家支持，可获得垄断价格，还可获得政府补贴，完全不是正常的市场行为主体。而政资分开才可能找回国企本身该有的资本的本质，才能作为资本和企业有机统一的市场活动主体，推进建立真正的市场经济体制。

国企改革持续很长时间，改革深度也在不断加大，管理权与所有权分开的经营方式已不可改变，但目前国内经理人市场还没有形成，若想形成一个完整有深度、信息基本对称的市场必须要有足够的参与者，还要有合理的竞争规则。但当前中国国有企业的管理者基本都是上级派出的，没有经理人选拔的过程，管理者因任何原因被解雇或调整工作岗位后，也不存在一个有效的经理人市场进行对接。虽然实行"抓大放小"政策后，资本市场竞争不断加强，但资本市场还不够发达，行政干预仍时有发生，资本市场的兼并机制、破产机制还没能得到有效利用。而且虽然非国有企业不断进入市场，对国有企业形成了压力和竞争关系，促使国有企业开始转型升级，但由于产品体系不完整，国企依然拥有非国企无法获得的资源，难以通过企业的业绩评判。

3.4.6 结构复杂问题

过去几十年，企业控制权可以说是行政权力，随着不断深化改革，所有权与管理权分开，国企的控制权逐渐由职业经理人掌握，但改革需要过程，这种管理权的转换还没进行彻底，"内部人控制"和"职位消费"等问题依旧存在。一部分国企已经进行了公司制改革，但由于国有股权比较集中，而且绝大多数不能流动，国企决策通常都由管理层把控，股东话语权十分有限，更有一些国企，兼任董事和经理层职位，管理混乱，常常由几个人把握企业全局的发展，企业法人结构的不完善，国企经营管理者的难以约束，激励机制更是无法建立。在政企不分的时代，政府在行政上是完全控制，在产权上则鞭长莫及，有些管理者为了谋取私利，就会利用这一点，形成内部人控制的局面。目前中国国企控制权机制同样存在问题，控制权和所有权的分离可通过这种机制得到有效减弱，但国企收购成本巨大，职工的安排就是很大负担，而且中国股权复杂，包括 A 股、B 股、H 股、国有、法人、内部职工等，其中还有一部分股权不能实现自由交易，因此国企收购只能通过协议的方式进行，而不能仅通过二级市场就可以完成。

国企深化改革的一项重要内容是改变国资监管模式，也就是由"管资产"转型成为"管资本"。对于具体国企而言，需要构建与之对应的资本运营平台。具有较大市场份额的国企应当带头成立一家或多家产业投资运营平台公司，集团下属的股份公司或者竞争性经营公司交由资本运营平台公司管理，在此过程中，集团公司可将其全部或部分股权注入所成立的资本运营平台公司。此外，资本运营平台公司存在的本质意义就是发挥资本杠杆功能，引入社会资本和战略投资资本，推动国企健康良性发展。而对于已上市的国有企业而言，新成立的资本运营平台公司可以不断地推动集团企业完成整体上市。值得注意的是，资本运营平台公司成立之后，国有企业的股权关系将会随之改变。因此根据产权制度，明确集团公司与下属股份公司之间、集团公司与投资运营平台公司之间以及投资运营平台公司与股份公司间的组织关系就显得尤为重要。

3.4.7 与改革配套的相关政策滞后

首先，传统计划经济体制遗留下了巨大问题。尤其是债务、冗员和社会负担这"三座大山"曾把社会压得难以喘息，这也是造成国有企业缺乏活力的原因之一。对此，国家推动了一系列改革，包括实施减员增效、下岗分流、债转股、剥离企业社会功能等在内的诸多减负政策，和进行社会保障体系、劳动就业制度和住房制度等涉及民生问题的配套改革。1997~2006年，国企职工由6 975.6万人减少到4 025.5万人，有效缓解了国企的部分负担。但不可否认，国企依旧存在严重的政策性负担问题，主要包括社会性负担和战略性负担。所谓社会性负担是指国有企业有很多冗员及退休职工；所谓战略性负担是指大多国有企业分布在没有优势的资本密集型产业，但这个问题通过战略性改组已经在得到缓解，亟待解决的问题仍然是国企的社会性负担问题，原因在于，若要有效解决这个问题，就要有包括就业制度改革、社会保障改革、住房制度改革等一系列配套制度。但现在中国的社会保障制度还存在着较为严重的问题。首先是社会保障覆盖面比较小，社会保障覆盖面的大小是社会保障制度是否健全的明显标志，也是社会保障的核心问题。中国目前的养老保险状况是城镇基本养老保险容纳了非公有制企业、城镇个体工商户和灵活就业人员。但医疗保险的覆盖范围只包括城镇单位的职工，并未包括城镇个体劳动者、私营企业就业人员、农民工和灵活就业人员；失业保险的范围也只包括城镇企事业单位的职工，而不包括城镇个人经营户和自我雇用者及灵活就业人员。这样一来，由于国有经济部门与非国有经济部门的社会保障政策存在差异，且社会保障覆盖面偏小，中国的劳动力没有向非国有经济转移和流动的动力，下岗及待业人员宁愿选择在家，也不愿意到非国有经济企业就业，国企冗余人员的安置困难重重。

其次，社会保障化程度较低。当前中国的社会保障体制并不完善，社会保障更像是企业保障，资金筹集渠道基本来源于企业，而不是个人负担，财政投入有限。对于企业来说，较高的社会保障缴费比率带来了一定程度的成本压力。而中国目前老龄化已成为不可回避的问题，单一的筹资方式会让企业陷入困境，社会保障体系的资金难以为继。关于养老金实现社会化发放问题还有待完善，目前仍有很多地区是由企业管理职工的保障项目，这对职工对养老金的保险意识是有很大程度妨碍的，养老金也经常难以保证按时足额发到员工手里，这也减少了社会保障能力。

再次，社会保障统筹不到位，目前，中国社会保障还没有形成省级层面的统筹，更没有形成全国统筹。这样一来，处于不同地区的企业缴费标准不同，对企业来说，成本不同，对职工来说，保障水平不同。对于社会保障基金来说，管理层次太多，结构负责，不利于信息透明化和有效管理，容易成为贪污腐败细菌滋生的温床。对于行业之间来说，各地区社会保障制度不尽相同，跨地区的社会保障关系难以转移，在一定程度上给人才流动带来了阻碍，再就业人员往往要到异地才能实现有效就业，而社会保障账户转移困难也造成了国企分流人员的各种不便，为国企减少冗余人员、实现资源有效配置造成了一定的阻碍。而且，社会保障财务体制存在一定问题。虽然目前几种主要的社会保险都面临一定的财务风险，但养老保险的处境无疑更艰难了一些。在过去的几十年里，中国养老保险始终是现收现付机制，没有资金积累，直到 1997 年，养老保险才推出个人账户机制，但对于新机制建立前的退休人员、新机制建立前已经参加工作还未退休的人员来说，以前没有养老金的积累，对这部分数量庞大的人群，养老金的支出缺乏融资渠道，资金缺口巨大。对于新体制建立后参加工作的人员来说，养老负担沉重。

最后，社会保障法律制定还不完善。长期以来，中国在社会保障方面的法律法规建设一直不够完善，直到 2010 年第十一届全国人大常委会第十七次会议才通过《中华人民共和国社会保险法》，于 2011 年 7 月 1 日起正式实施，关于社会保障方面中国终于有了层次较高处于核心地位的法律。但是关于社会救济和社会福利方面的法律还有待完善，总体来说，中国还没有关于社会保障的完备法律，现行法律间大多联系不是很紧密，而且多以行政法规为主。总之，国企的社会性负担依旧沉重，深化改革之路依旧任重道远。

3.4.8　腐败、寻租问题

国有企业因为其特殊的地位和长时间的盈利无竞争发展状态，不可否认腐败问题一直存在。过去几十年，由于某些国企所处的行业有关国家安全和利益，政府一般都通过行政手段给予特殊保护，有学者称之为"创租"，而后来经过一系列改革，国家想要改变垄断局面时，已经习惯了"特权"的国有企业开始纷纷"寻租"意图维护自己的垄断地位。然而这种行为不利于有效配置资源，对消费者福利和社会福利都是一种伤害。

3.4.9　人才激励问题

国企不断深化改革，向着现代企业不断迈进，所有权和控制权不可避免地要分开，这就存在着信息不对称问题，国企所有者对职业经理人的了解存在信息壁垒，因此有必要建立对职业经理人的激励约束机制，从而尽力保证国有企业的所有者选到合适、高效的职业经理人，也可以避免由于管理者与所有者利益目标不一致而造成的损失。西方国家对于职业经理人的激励约束机制主要包括四个方面：报酬机制、控制权机制、声誉机制和市场竞争机制。然而中国现在依然是企业政府化模式，致使国有企业的人力资本才能难以得到发挥，国企领导人的政治任命体制也难以给国企提供企业家成长和企业家创新精神发展的空间，造成所谓的"国企没有企业家"局面，但企业家才能恰恰是国企创新不可或缺的动力源泉。目前，国企在人力资源的管理方面仍旧存在着许多问题：

首先是报酬问题，过去国企的管理者均是有一定行政级别的国家领导人员，不需要建立专门针对经营管理者的报酬机制。如今混合所有制改革过程中，配套的报酬机制还没能跟得上，整体来看报酬偏低，经营管理者的薪酬接近普通员工的薪酬，主次管理者之间更是差别不大。这很容易造成道德风险，事实上国企管理者的平均消费是其收入水平的数倍甚至数十倍之多，显然国企管理者的主要收入来源来自于灰色部分，这对于国企健康发展显然是非常不利的。其次是激励问题，国有企业的激励方式通常是工资报酬和奖金报酬，很少有采用年薪加期权的报酬形式，而恰恰期权激励是激励管理人努力工作，达到管理人与所有者利益统一的重要手段，薪酬机制的不完善也难以选到合适的企业家管理企业，更加难以发挥企业家才能。再次是业绩评价体系问题，对于当前国企来讲，报酬与贡献很多时候是不匹配的，员工的工资也无法真正反映人力资本的价值，"企业富员工穷""企业穷员工富"的现象大量存在。最后是声誉机制问题，在政企合一的时期，政治声誉是对国有企业管理者的最好约束，声誉的增加会带来仕途的顺畅，然而随着国企改革的不断推进，政企分开的局面弱化了政治声誉约束，而新的声誉机制还没能得到有效建立，经营管理者获得的声誉不能带来实实在在的、看得见摸得着的收益，从已有的激励机制来看，企业也更多强调的是精神激励而不是物质激励，但随着社会生活压力的加大，这种激励正在逐渐失去作用。尽管困难重重，但不可否认，国企人力资源管理改革是非常必要的，要进行职业经理人队伍建设和人才队伍建设；要对核心人才队伍设计激励约束方案，应该以增量利润分红、股权激励方案等中长期激励方案为主；除此以外，还要重视企业培训管理体系建设。

即使国有企业仍然存在诸多问题，但与过去"摸着石头过河"相比，中国特色社会主义理论体系已经建立起来，国有企业改革的目标和任务也是非常明确的，只是需要完善具体政策，平稳转变经济发展方式，与中国国情紧密结合起来，不能把目标局限在国有经济内部，应该将眼界放在世界上，放在未来上，实现国有资本的有效配置，发挥国有经济和非国有经济之间的配合作用，实现公有经济和非公有经济的有效结合，是中国经济在全世界范围内更加具有竞争力，更加具有可持续发展的特质，为实现中华民族的伟大复兴和实现"中国梦"积累正面能量。

3.4.10 关于国有企业改革的建议

对于兼有政策性功能的国有企业，这类国企是代表社会公众利益的，往往带有特殊的使命：比如弥补市场缺陷，提供公共服务，保障国家安全等其他企业无法替代的职责。这样的国企不多，但一定是国企中的支柱企业。而且这类企业基本是国有独资的，治理手段复杂，法律法规独特，管理更加严格，主要追求社会公共利益。虽然其治理成本高，但由于它的不可或缺性，又是非常必要的。

对于商业性国有企业，是国企改革的重点目标。所谓商业性国有企业，多指竞争性国有企业，其存在的追求是实现国有资产保值和盈利，其在全部国有企业中大约占比60%～70%。目前中国进行深化改革的主要方向是实现此类企业的资本化和市场化，放开企业投资主体，使此类国企的商业活动可以更加彻底地融入市场。将国有企业尤其是国有企业的母公司改造成混合所有制企业是大势所趋，这些企业可以充分融入市场，不用过多考虑社会目标和社会福利。要加快对这类国有企业的改革，真正做到政企分开，做到行政化清理，达到与非国有企业公平竞争的局面。否则，不融入市场竞争的国有企业终将成为国家和社会的包袱，索取无度，消耗甚多，贡献微小，国家应淘汰这类企业，这样既可以遵循经济效率最大化和公平市场竞争的要求，也能有效缓解国有资产管理压力，提升国有资本的运营效率，有效降低偏高的制度运行成本。

对国有企业改革而言，我们必须充分认识中国国有经济的复杂性和动态性，它既是一个复杂的企业，又掺杂着公共性业务，既扮演商业角色，又扮演社会角色。而且，现在看来非常重要不可替代的国有企业可能随着时代的发展重要性发生变化，一些竞争性的商业性国有企业也可能被国家赋予新的责任，因此，所谓国企改革不能一概而论，根据特点分类改革是非常科学且必要的。根据这个思路，新时期下，国有企业改革要考虑满足未来国际间竞争的需求，要根据时代变化及时调整经济布局，要高瞻远瞩地进行战略规划。对于商业性国有企业，应充分考虑让其充分融入竞争市场，鼓励自主经营，鼓励良性竞争，放开行政优势，遵循优胜劣汰的市场机制。对于兼有政策性的国有企业来说，要强化其为国争光的思想，有效消除道德风险，并且要紧跟时代变化，逐步退出战略重要性下降的行业，不断创新，关注国际形势，利用国家优势进入更加具有价值的领域。

总之，对于国有企业改革，无论是商业性国有企业还是政策性国有企业，都应该注意有效去除企业冗余管理人员，争取制度框架更加简单，并且应该在管理成本的精力和资源上达到更少投入，提高效率，具体情况具体分析。还有更为重要的问题是人才激励制度，国有企业中更应该充分发挥企业家才能的作用，上市公司可以通过定向增发引进人才，形成良好的股权结构和公司治理结构。员工持股也并非是指人人持股，而要以经营管理者、核心技术人员、业务骨干为主，实行"二八"原则，20% 的人持有 80% 的股权，另外 80% 的人持有 20% 的股权，使国有资本、民营资本、员工资本结构合理，相互制衡，从而达到稳定状态。之所以要鼓励员工持股，从理论上来考虑，价值论分为三个阶段，第一阶段指的是劳动价值论，第二阶段是资本价值论，第三阶段是资本与劳动共创价值论，其中第一阶段考虑不完善，第二阶段指的是谁出资，谁所有，谁收益，其本质是有才能的人要寻找有财产的人。第三阶段的理论最为先进，也最适应当代的发展要求，让有才能的人和有财产的人互相选择，从而实现匹配效率最大化。员工持股，也就是员工的利益甚至是命运已经与企业紧密相连了，员工一定会挑最为信任的人当选经营管理者，这种被选举出来的人往往是最有才能，人品最佳，最有奉献精神的人，往往是能够将企业带向更好发展的最佳人选。经营管理者选好以后，由于国有企业改革要引入民营资本，所以投资人的选取也非常重要。选取投资人，应该主要考虑战略投资人，这类投资人是看好行业及企业的长期发展，是可以陪伴企业成长的投资人，而非短期的投机者。而且要始终遵循"谁负责、谁投资"的原则，要保证权益、责任、利益保持一致。对于人才激励方面，虽然科技部、财政部都出台过相关政策：如果科技人员研究出科研成果，可以发放奖金，但现金激励远没有股权激励更具有科学性，对于这点，国务院总理李克强特意指出，要给科研人员分配股权。只有尊重发明专利，承认科技人员及其发明团队的产权，才能鼓励科技人员不断创造，而且科技是第一生产力，对第一生产力给予经济补贴是正常、公平且必要的事。对于管理者而言，也要增加其持股比例，这样对于股权融资中的道德风险可以起到一定程度的抑制作用，比如不够努力、非经营消费、投资不合理等道德风险都可以得到规避。对于股东和管理者而言，股利政策操纵、资产替代、负债累累、投资不恰当等行为也时有发生，如果发行可转换债券、优先认购权债券、可赎回债券等产品的配置并慎重选择合适的期限结构等方法对于规避股东和管理者的这些道德风险还是具有一定效果的。其实投资者在选择有潜力的项目和真正有才能的企业家的时候，存在严重的信息不对称问题。对于投资者而言，他会把债务性融资作为企业未来业绩好的一个信号，会认为有管理者持

股的项目是风险较低收益较高的项目。可见，企业的资本机构对于方方面面
而言都非常重要，要彻底对国有企业进行深化改革，一定要充分发挥资本结
构的作用，债务和股权不应仅仅作为融资工具，还可以用进治理机制，设计
好基本结构对于解决国有企业效率低下的问题，完成国有企业混合所有制改
革意义非凡。国有企业改革之路任重而道远，但我们依然应该充满信心，紧
跟时代调整步伐，全面深化改革，从国家利益、社会利益、人民利益出发，
以公有制为基础，多种所有制经济共同发展这一社会主义初级阶段的经济目
标为导向，以过去国有企业改革的成果为基础，以其他发达国家国有企业改
革的方法、进展、结果为经验教训，形成中国鲜明特色的、科学的、有序的
国企改革道路，为早日实现中国民族的伟大复兴、实现中国梦这一历史性目
标集聚正面力量。

3.5 总　　结

根据上文的描述性统计，我们可以得到：

第一，国有企业关乎民生，为社会提供了多个岗位，对 GDP 的增长做出
了巨大贡献。

第二，国有企业对经济的巨大影响力，尤其是垄断性国有企业对所在行
业发展走向具有决定性作用。

第三，国有企业虽然涵盖各个行业，但是各行业中国企地位不一，发展
前景也大相径庭。国有企业具有特殊地位和作用，同时受到政府和市场的双
重制约，是保障中国经济持健康发展的关键一环，国有企业中存在的痼疾必
须得到重视。就目前而言，国有企业主要受到两个方面因素的制约。其一是
大量资金流入金融业和非创造性行业，实体经济出现"钱荒"现象。金融业
作为虚拟经济，需要对实体经济起到支持作用，而不是反过来向攫取实体经
济的资本用以发展自身。如果不对这种现象予以遏制，很有可能会发展成为
流动性陷阱，这对于国家整体发展来说是很不利的。其二是动力不足，增长
进一步放缓，引发了整个经济体疲软。对此，我们给出的建议有：一是地方
企业因势利导，充分利用创新创业的政策优惠和导向作用，引导国有企业合

理投资，加大在研发经费上的投入。同时继续推进国有企业市场化改革，明确产权，进一步释放国有经济活力。二是重视企业家才能的正确配置。正确的企业家才能的配置将会极大促进企业的发展，继而推动经济的发展。而所谓正确就是将企业家才能应用于研究、开发等生产性活动中，通过技术创新来创造财富。同时要避免将企业家才能应用于寻租、犯罪等活动，这些活动仅仅是在转移财富，对创造财富没有丝毫贡献。

总之，国有企业在中国处于重要地位，一切改革均无法绕开国有企业。因此，论证企业家才能对经济增长的重要性就必须从国有企业出发，若国有企业的企业家才能得不到合理配置，将会对经济增长产生巨大的不利影响。而且，近十年来，中国经济持续增长，而国有企业在其中起重要的推动作用。国有企业关乎国家命脉和民生大计，必须放在重要位置，给予足够重视。只有充分地意识到国有企业的重要性及其与经济增长、企业家才能的内在关联，才能更好地深化改革，创造社会财富。

第4章　国有企业改革国际比较研究

本章内容主要讲述国有企业改革的国际经验，具体包括美国、日本、俄罗斯、部分欧洲国家以及东南亚国家的国企改革，就这些国家的国企改革经验、历史遗留问题和国企改革的现状进行深入的分析。

4.1 法国的四次改革

当今的发达国家中，法国的国有化程度最高，但历史上法国的国有企业同样出现过各种问题。第二次世界大战后，法国国有企业出现效率低下、创新能力不够、企业家才能配置不充分等问题，经济发展速度的排名逐渐后移，竞争力不断下降。为重振经济，自 20 世纪 80 年代起，法国开启了漫长的国企改革进程。

4.1.1 法国国有企业的发展历程

20 世纪初，受国家干预主义的影响，法国诞生出一批国有企业，随后的两次世界大战对法国的国有企业产生了巨大的影响。在第一次世界大战中，为了摆脱经济困难和促进经济复苏，1919 年后法国将工业部门收归国家管理。1929～1933 年的世界经济危机中，法国对濒临破产的私营企业给予帮助，由此产生了混合所有制的国家工商企业。在第二次世界大战中，法国被德国占领后，德国为了控制法国的经济命脉，傀儡政府对绝大部分与工业相关的部门按照国家参股的形式进行管理。第二次世界大战结束后，法国深受凯恩斯主义和社会主义的影响，开创了具有法国特色的"计划市场经济"。20 世纪 50～80 年代的数十年间，在法国国有企业的带领下，法国经济一路高歌猛进，跃居世界第四。

20 世纪 80 年代初，法国的民间资本主义同样得到了较大的发展，尤其是金融机构的发展，这使得金融业对国有资本的需求变得越来越小。其次，一大批高新技术产业不断兴起，致使传统产业开始衰落，最终导致一大批国有企业濒临停产。同时，官僚主义和国有垄断效率低下，法国认识到必须对国有企业进行改革才可能减轻经济负担，释放经济活力。

4.1.2　法国国企改革方案

法国国企改革的基本目标是：改善国有企业运营效率，减轻国家财政负担，更好地适应欧盟对进一步开放市场协议的相关要求。总体而言，法国国企改革主要遵循从易到难，经济状况较为良好的国有企业通过并购重组直接上市，负债巨大、长期亏损的国有企业在国外大资产的注资改造后再上市。

具体而言，法国国企改革主要有针对产权管理、管理方式、经营方式以及监督机制等方面的措施。

首先，是理清产权关系，法国的国有企业主要可划分为三种类型，即国有独资公司、国有控股公司和国有参股公司。对于公益性和关乎国家命脉的行业，大多采用前两种类型，对于竞争性的行业，一般选择第三种类型甚至直接退股。在股权转让的过程中，法国政府逐渐完善法律法规体系，将转化过程透明化，及时将转化结果公之于众，接受国民的监督。

其次，是从政府是否出资国有企业来行使所有权的方面来看，法国政府成立专门部门来承担相关的责任和义务。此时，法国的财政经济和预算部门在国有企业实行所有权上有着较大的权力，包括但不限于：任免或者决定董事长的人选，选派代表去参加董事会议，向国企派遣调查组和代表，与企业谈判制订计划，对控股公司的经营活动进行审计和考察。另外，专门部门却又希望可以建立一个高效的董事会，避免政府和部门对于企业的经营活动进行过多的干预，能够在企业家才能配置方面发挥自己最佳的效果。

从经营方式上来看，法国的国有企业同样可划分为三大类，分别是非法人的公共事业或者带有行政色彩的公共部门、具有法人地位的公共部门和公营企业、竞争领域的混合所有制经济。在此基础上，法国国有企业的经营方式存在三种创新：一是采用"计划合同制"，国家和国有企业之间签订项目合同，从法律上规定双方的义务和责任，在保证国企收支平衡的条件下，以企业的身份参与社会经济活动，同时企业也需要承担社会义务，国家给予补偿；二是部分国企和民营企业联合，将民营化作为改革方案，将国际上优秀管理经验的经营方案引入法国国有企业内部，并进行深入地学习和内化；三是将国有企业组合成集团公司，政府只管理总部，分部由企业家自行管理，最大化地配置企业家才能。在这三种创新之处下，企业既有自己需要遵循的义务和规范，也可以选择最适合自己发展的道路，最大化的竞争，最优化的配置企业家才能。

从国有资产的经营监管方面来看，为了防止国有资产的损失，法国采取了内外结合的两种方法进行监督，一是外部监督，建立专门部门监督，并且建立审计监督的议会制度，保证外部监督的完善；二是内部监督，向国有企业派出监督员，从企业的内部进行检查，确保企业遵循各种财务制度，保证企业账目的正确，并可以对外向政府提供信息、对内可以向企业提出经营意见。以上两种措施在去除内部腐败影响的同时，有力地提升了企业的竞争力。

4.1.3 法国国企改革的效果和启示

自1986年开启国有企业改革进程以来，法国不断地取得阶段性成果。首先，是国企自身的活力被激发，经营效果有了显著的提高。法国国有企业逐步摆脱政府的干预，将企业的重心重新放回竞争性的经济活动中来，自主性和灵活性得到较大改善。虽然释放了企业的自主经营权，却也有着一定的制约，企业可以更加科学地配置自身的资源。从实际效果的角度来看，国企改革完成后，绝大部分国有企业的经济效益得到了明显的提高，盈利能力显著增强。其次，在国家财政上，企业转化了产权，减少了国家在国企方面的支出，而同时也增加了国家的收入，如此对比可以增加中央的宏观调控能力。一方面，国有企业退出竞争性的行业，使得大量民营资本进入竞争行业，激活了整个行业的竞争力；另一方面，国有资本的转化使得新兴企业得到更好的发展，而夕阳企业也安全转化存活，经济结构得到极大的调整。

虽然中国和法国的社会制度、经济结构存在较大差异，但仍然可以从法国国有企业的改革之路中得到启示。

一是建立健全改革的法制和法规，按计划并且依法规地进行企业改革。法国国企改革对于法国经济体系的深远影响与其改革有条不紊地进行是密切相关的。在改革的过程中，有法可依，使得国家、企业、职工三方面都受益。二是充分发挥社会上相关事务所的作用，产权和股权的转化如此之多却很少诉诸于法庭，这与社会上的审计事务所、投资银行等中介公司的介入是分不开的。这些事务所使得整个转化过程清晰明朗具有调理，不会出现纠纷方面的问题。三是提高企业的竞争力。不论哪种改革方式，法国国企改革的最终目的都是增强企业的竞争力。目前中国社会主义市场经济体制尚在不断地建立健全，要避免出现热门项目重复开展从而浪费资源配置的问题。四是优化企业家才能配置，法国国企的变革过程中，都在不断地增加董事会的自主经营权，通过人治来达到企业的最优发展途径（杜晓宇，2006；杨海波，2016）。

4.2　英国的私有化浪潮

自第一次工业革命之后，英国就成为世界的金融中心和海上霸主，从19世纪到第一次世界大战之前，号称"日不落帝国"的英国一直遥遥领先于其他国家。可是自从第一次世界大战之后，英国经济增长逐年降低，为了改变这一切，撒切尔政府在20世纪中期出台了一系列政策，本节将对此进行详细讲解，并总结对中国国企改革的几点启示。

4.2.1　英国遇上"英国病"

英国曾是金融市场和海上贸易的双料霸主，但是在20世纪初，英国发展逐渐减速，随后发展停滞不前，被人称为患上了"英国病"。这其实是一个颇为漫长的过程，从第一次世界大战之前，新老帝国因为利益的冲突已经开始有所交锋，同时英国国内也因为第一次工业革命后的快速发展而出现产能过剩的问题，因此在第一次世界大战之后，英国失去了自己当时第一经济体的地位，海上的统治实力也不复存在。随后，由于1929~1933年的经济危机，英国内部经济体制动荡不安，无数人失业导致社会矛盾加剧，同时英国属下的大多数殖民地纷纷宣布独立，英国进一步受挫。到改革前夕的20年内，英国由于经济放缓，科技减速、人才纷纷离开英国的问题不断出现，导致经济增长速度一度远低于其他资本主义国家（郭放、孙玥璠，2015），1961~1980年英、美、日三国GDP增长率如表4-1所示。

表 4－1 英、美、日三国 GDP 增长率对照 单位：%

年份	英国	日本	美国	年份	英国	日本	美国
1961	2.57	12.04	2.3	1971	2.02	4.7	3.46
1962	1.33	8.91	6.1	1972	3.57	8.41	5.52
1963	3.96	8.47	4.4	1973	7.13	8.03	5.91
1964	5.04	11.68	5.8	1974	−1.36	−1.23	−0.52
1965	2.79	5.82	6.4	1975	−0.63	3.09	−0.2
1966	2.05	10.64	6.5	1976	2.64	3.97	5.42
1967	2.31	11.08	2.5	1977	2.39	4.39	4.64
1968	3.98	12.88	4.8	1978	3.24	5.27	5.63
1969	2.05	12.48	3.1	1979	2.69	5.48	3.15
1970	2.46	−1.02	0.2	1980	−2.09	2.82	−0.29

资料来源：全球宏观经济数据。

可以看出，从 1960 年甚至更早开始，英国的经济增长率变已经开始逐渐走低，特别是这 20 年的经济增长率平均下来也只有 2.6%，导致整个英国经济停滞不前。对于这样的情况的出现，究其原因有四点：一是两次世界大战对于欧洲的影响极其巨大，特别是第一次世界大战之后，英国失去了经济霸主和海上霸主的地位，国力受到的影响尤其大；二是自第一次工业革命开始，英国率先完成工业革命后，整个英国发展迅速，拥有了许多当时领先的技术、投资理念和管理经验，但是随着海外殖民地获取和其他经济体的兴起，大量国外财富涌入英国，导致资本家开始将重心转移到国外投资项目这样的金融运作，使得英国本身的经济发展速度减速，科技水平也逐渐落后，未能及时跟得上第二次工业革命的步伐；三是在第一次工业革命后，英国福利方面的财政支出负担变大，究其原因是其远远领先当时其他国家的福利政策和制度，虽然这一切降低了社会的动荡，却也让英国政府负担加重，社会速度放缓；四是在世界大战后，英国殖民地纷纷独立，自身人才也逐渐外流，导致了这一切症结的发生。

4.2.2 英国国企的国有化和私有化进程

第二次世界大战后，工党执政的英国曾经有过两次国有化的浪潮。其原因是受到凯恩斯主义的影响，在宏观上加强了政府的经济职能，增强了财政政策对于市场的影响，在微观上，掀起了大规模的国有化运动，从各个行业增强政府对于微观经济的作用（余斌，1997）。

第一次国有化浪潮是第二次世界大战后 1945~1951 年，这期间英国政府将一大波与国家命脉相关的行业收归国有，诸如英国银行、民用航空、铁路、邮政、电气、钢铁、煤炭等等。第二次国有化浪潮是在 1975~1979 年，对于新兴产业的国有化，分别涵盖了航空航天产业、宇航产业、飞机制造等。1979 年，英国的国有化达到了顶峰，建立了英国煤炭局、英国航空公司、英国港务局、英国邮政局、国家货运公司、英国运输局、英国钢铁公司、英国制造公司等大型国有企业和国有部门。当时，英国国企固定资产投资额占据全国的 20%，就业劳动人数高达 175 万人。

英国国企的经营活动是由政府和议会所制约的，但是依旧按照市场经济来进行生产和竞争，拥有国家所有权，同时也拥有自主经营权。国家来制定国有企业长期发展目标和重大经营活动，国企企业家则根据企业自身状况来安排企业生产活动、拟定企业详细发展方案、确定员工工资和福利，在一定的约束下，企业也有着极大的自主经营权。同时，政府对国企的监督力度也是十分巨大的：首先，议会对企业有着极高的权力，企业的设立、撤销等都需要议会通过专门的法令才可以实施。其次，对于不同的企业，英国采用不同的部门去进行管辖，管理变得条理清楚。另外，国企的财务同样受到国家审计部门的监督，避免企业内部腐败的产生。英国国企发展 30 余年，对于英国经济的恢复起到了一定的作用。第二次世界大战后，如果没有国家资本的投入，单凭市场经济中已经受到影响的私营企业和民间资本是很难去适应战后的市场需求和技术革新。同时，因为国家资本的投入，稳定了英国的经济市场，也稳定了英国社会。

但是，随着国有资本的故步自封，英国经济发展速度也开始逐年下降，对于英国的经济改革已经是势在必行了。1979 年，撒切尔夫人上台，随即为了医治前文所描述的"英国病"，开始对国有企业实施私有化改革，其改革原因主要有如下三点：

第一，是撒切尔政府包括后来的梅杰政府所奉行的都是货币主义的经济理论和政策主张。20 世纪 70 年代的石油危机使得英国出现了严重的经济滞胀，这是前工党政府所信奉的凯恩斯主义难以解释的。撒切尔政府认为，凯恩斯主义过度强调国家干预市场经济，使得政府财政负担加重，又损害了国家繁荣的基础，导致高失业、高通胀的发生。在此基础上，撒切尔政府认为货币主义的经济理论反而更切合实际一些。

第二，是英国国企的效率低下，缺乏创新和竞争力。20 世纪 70 年代之后，第二次世界大战之后建立起来的国有企业已经不适应当时时代的发展，究其原因是之前的国有企业是为了经济复苏而成立的工业初期产业，随着第三次工业革命，这些产业已经成为夕阳企业逐渐衰落，而政府的财政负担极重，却也无法对这些企业进行扶持和改造。随着石油经济的兴起，这些企业内部也慢慢出现问题，导致 70 年代后期，这些企业已经不是促进英国经济的发展，反而不断增加政府的财政负担，成为英国经济的绊脚石。

第三，是政府的财政困难，英国经济停滞不前也继续丢下这样的包袱。从 1952 ~ 1968 年，英国政府一直处于财政赤字的状态之下，特别是在 70 年代，由于英国受到石油危机的影响以及国企效率下降，财政负担进一步加重，赤字尤为严重，同时也使得通货膨胀不断恶化。为了缓解这样的问题，撒切尔政府也在上台之后决定对国有企业实现私有化，他们认为出售国有企业一方面可以减轻政府的财政负担，缓解政府的财政赤字；另一方面可以获得一大笔可观的财政收入。一加一减之下，对于政府的帮助要远远优于继续持有这些国有企业。

针对不同的企业，英国政府采取了不同的改革方案。从年限上来分，改革主要分为两个阶段，第一阶段是针对一些处于竞争性行业的国有企业，第二阶段是针对那些非竞争性行业的国有企业。整个改革措施则一般分为三种：

第一，是将整个企业出售给某一家私营公司或者民间资本，例如英国造船公司。英国造船行业在 20 世纪 60 年代陷入了困境，当时的工党政府选择在 1975 年对造船行业进行国有化，并且在 1977 年成立了英国造船公司对此进行统一管理。随着保守党的上台，1983 年通过"英国造船法案"重新规定了造船公司的职责，方便后来的英国造船公司的私有化。其后，在 10 年左右的时间，造船公司的下属工厂和子公司纷纷出售给私营企业和民间资本，最后除去必要的军事造船厂，英国国有资本已经完全退出造船行业。

第二，是将股票出售给本企业的雇员。私有化的阻碍之一是原国有企业员工的反对，为了照顾员工利益，英国政府采取员工购买股票的政策，使得员工成为企业股东，利于企业后续发展的同时也消除了矛盾。英国电讯公司采取的便是这样的方案，在公司成立后经济效益比较差的时期，政府便开始考虑对其私有化。1984 年，英国政府将该公司 50.2% 的股份向个人出售，并有序地减少职工人数，同时在各地成立地区性的小型通信公司，使得电信公司的行业垄断消失，最后在 1993 年，将剩余股份全部向社会出售。随着电信公司的私有化完成，其公司效益有着显著地提高。私有化之前，电信公司从未向政府缴纳过税款，而私有化之后，每年可以向政府缴纳 10 亿英镑的税款，并且由于竞争的出现，公司的服务态度也大大提高，受到各方面的欢迎。

第三，是在股票市场上公开招标出售，英国政府在决定采用这个方案进行私有化的时候，首先会对投资银行进行招标，各投行会确定自己的方案来展开竞争。银行也会对企业进行资产的评估，并且对股价作出预测。最后银行和企业会签订股价合同，公司上市，对公司的估值也会相对准确。我们所查询到的英国钢铁公司和英国铁路公司都采取的这种形式。先是英国钢铁公司，钢铁公司在成立后受到石油危机的影响，生产量下降，公司陷入危机。撒切尔政府上台之后，对于钢铁公司进行精简，使得钢铁公司扭亏转盈，其主要采取关停低效率工厂，裁去富余的员工，虽然钢铁产量不曾上升，但是经济负担变小，公司开始盈利。随后，在公司开始盈利之后，撒切尔政府开始将钢铁公司的股份向社会出售，使其成为公众公司。到现如今，英国钢铁公司已经是世界第四的钢铁公司，并且在世界上是成本最低、竞争力最强的企业，英国政府这个私有化改革可谓是精髓。对于英国铁路公司，作为英国最早成立的行业垄断的国有企业，每年都需要政府大量的补贴。保守党上台后，将其细分成几个小公司，并且制订生产方案和计划，然后以招标的形式将这些公司对外出售，在降低政府补贴数额的同时增加了政府的税收。

私有化浪潮之后，政府也成立了相关的管理机构，对这些私有企业的价格、效率进行调查和监督。先是完备法律法规，对企业定价、公众服务和效率提出要求，然后是在原先的垄断行业成立公共机构，促进竞争。另外也颁布了反垄断法，对于涉及垄断的企业进行审议和督促整改。

4.2.3 英国私有化的成果和启示

从 1979 年撒切尔政府上台开始，一直到 20 世纪的结束，20 年间英国对国有企业进行了大规模的私有化运动，在这期间，英国经济也拜托了石油危机的影响，经济活力重新被激发，经济增长率也跃居到欧盟的前列。同时，改革之后原国有企业私有化之后的公司，经营效率也不断地提升，其原因是国有化使得商业目的和社会目的混淆、行业垄断导致的竞争力低下、长期依靠政府带来的活力不足等在私有化之后都已经消失。同时私有化带来的财政盈余使得英国对于宏观经济的调控更为有力，行业发展健康。

相比而言，中国国企改革还在进一步深化的道路中探寻，相比较英国已经结束的国企改革，中国还需要寻找自己的特色社会主义道路。不过，我们也可以从英国改革中找到几点有益于中国自身的启示：

第一，采取必要措施，尽量降低改革成本。在改革的过程中，撒切尔政府和梅杰政府都选择让市场自由发挥作用而不采用政府干预的方式。由于英国比较完善的社会福利制度和保障系统，付出的成本显然是可以接受的。相比之下，中国的国有企业改革虽然和英国企业改革不一样，却依旧面临着精简的问题，如何能够在减少富余员工的同时，保障员工的利益不受到损害，这才是应该考虑的重大问题。

第二，在英国改革之后，绝大部分学者认为英国钢铁公司和电信公司的改革是成功的。这两个公司都是政府对其做出一定的改革后，让其按照市场原则进行经营，而不对此进行干预。从最开始，政府对其进行干预开始，这两个公司就一直处于盈不补亏的状态。例如，钢铁公司在工党执政的时候所要求的第一个原则就是就业岗位的数量，如果达不到目标，那么企业家就会被换掉。保守党上台之后，这一切就发生了变化，其前提变为"盈利"，其余却没有过多的干预。同时，英国政府也对企业家才能进行优化配置，保证取得盈利为第一目标。在国有资本阶段钢铁公司就已经取得盈利，可见，不论是国有企业还是私营资本，在保证企业家才能配置最优的情况下，企业总是可以找到自己盈利的机制。

第三，国有企业改革一定要引入竞争的机制。不论是英国还是法国的国企改革，都是在改革的过程中引入竞争机制。英国在改革电信公司的同时，建立起大量的地区性的电信企业，就是在行业内引入竞争，防止垄断的同时也在督促国有企业变得更好。

第四，国有企业改革的过程中需要保证充分的投资来源。英国国有企业改革的过程中，都纷纷采取内部融资或者招标出售的方式，究其原因是英国的银行和企业的关系以及福利政策不能够保证企业所需要的技术投资。英国银行业是世界范围，不会仅仅局限于英国内部，所以企业得到的投资不够充分，同时英国金融机构也是追求短期效益，不会将企业利润用于技术发展后再追求分红，因此英国国企的改革过程中资金来源仅可能是外部。在这一点上，中国国企改革则可以避免出现这样的问题。

4.3 德国统一下的改革

德国的国有企业改革始于 20 世纪 50 年代，而后在 80 年代末德国实现统一，德国政府对原民主德国地区的国有企业实行了效率颇高的改革。在整个德国国企改革中，很多措施都取得了很好的效果，本节将对此进行阐述，希望可以得到国企改革的借鉴。

4.3.1 德国统一使政府走向改革

1989 年，在德国统一之前，民主德国曾是一个计划经济体系下的国家，当时民主德国有 8 000 多个国有企业，国企员工占据整个就业人口的 40%，其中大型企业有 200 多个，是世界上第十大工业国。但是，民主德国当时的企业有着较大的缺点，具体为：企业规模大，但是专业化水平很低，管理理念落后，很多行业仅仅是将企业放在一起形成联合，而没有其他细致的管理。民主德国企业还需要管理自身员工的福利，企业办学校、医院、食堂、运输队、邮局等，导致整个企业冗杂，富余人员往往是其他国家同类型企业的数倍。由于企业垄断性和计划经济的特性，企业设备老化，技术落后，缺乏创新，同时企业自身生产单一，经营过于死板，缺乏竞争力。企业家也局限于计划经济的体制内，经营观念淡薄。

德国统一之后，原民主德国突然步入社会市场经济，缺乏竞争力和技术创新的原民主德国企业纷纷倒闭，工厂停产，员工下岗，引发了一大批社会问题。这样的环境下逼迫着德国政府对这些企业进行改革。

4.3.2　德国改革的基本思想和做法

德国政府在改革的过程中遵循的主要思想就是政府必须要从经济领域中退出来，用市场来调节经济活动。政府主要制定市场竞争准则，建立良好完善的社会保障体系，为投资者和企业创造良好的外部环境，用市场来提高企业的竞争力，使企业尽快增强自身在全球市场的竞争力（胡庆波，1996）。

为此德国政府采取了六条改革措施：第一，去除原民主德国的企业建立社会的义务和职能，让企业自身成为经营主体。首先，是原民主德国国企下的学校、医院等从企业中分离出来，并且将这些交给地方政府，由地方政府对其进行接管和改造，为企业减少负担。其次，将企业的生产经营部门独立，组建股份公司，并且将辅助部门和后勤部门也进行分离，使之成为独立的经营个体，并且将技术研发部门交给高等院校，这样的精简过程后，庞大的企业分成了几个小公司，运转和经营都不再冗余。第二，调整企业的产品结构和组织架构。合并前的民主德国 8 000 多个国有企业被德国政府分成了18 000 多个独立企业，企业经营活动更加富有效率，管理者也更加容易专注。第三，建立统一的社会保障制度。民主德国在统一前，一直都是企业管理员工的福利政策，但是在社会市场经济体制下，企业受到冲击，造成职工得不到保障，社会动荡不安。为了加快企业改革、减少社会不稳定因素，德国政府将原民主德国的社会保障体制并入原联邦德国的社会保障体系内，为原民主德国居民提供更为良好的保障。按照德国法律规定，每一位有工作的居民必须缴纳保险金，而当年为了将原民主德国社会保障体系纳入全德国，政府支出高达 1 200 亿马克的保险金。因此德国的社会保障体制很快统一起来，降低了社会的不稳定因素。第四，通过其他行业来分流企业富余人员。前文所提，原民主德国企业的富余人员大多都是同类型其他企业的 3 倍左右，为了优化产业结构、迅速对企业进行整改，德国政府将企业富余人员从企业内部分流出来，去往一些新兴行业和其他紧缺行业。第五，为了加快企业改革，德国政府还支付出巨额资本。在德国国企改革的过程中，德国政府一共支出了 2 560 亿马克用于原民主德国企业的改革。其中为了支付企业的债务花费 990 亿马克，企业整顿费用花费 430 亿马克，其余 1 140 亿马克均用于企业出售的过程当中吸引投资者而给予的投资补助。可以见得，为了加快企业的改革，德国政府也花费了巨额的成本，所谓壮士断腕也不过如此（陈晓，2003）。第六，颁布了四条政策来吸收国内的投资：一是给投资者 35% 的资金支持；二是对于投资者所购买的设备，5% 免税；三是对于东部企业的项目，提高折旧率来进行扶持；四是从国家预算中花费一部分资金来激励对落后地区的投资，同时对国有企业进行技术改造。这四条政策直接帮德国吸引了 2 100 亿马克的投资，大大减小了政府的压力。

4.3.3 德国改革成果和启示

电信和邮政是德国改革中最为成功的案例，1898 年，在德国统一之后，电信和邮政服务以及邮政银行等就与政府脱钩，并且在 6 年后成立为独立的股份公司。此后，联邦邮政通过招标来选择项目合作伙伴，因此省下了近 30% 的费用。电信公司在脱离了政府之后依旧占据了电话和电视行业的绝大部分份额。为了防止垄断的出现，德国政府成立专门调查机构来进行约束，截止到今天，这个机构已经将德国电信数千次的告上法庭。但是这一切也使得德国的电话费下降，避免了垄断的产生。

另外，德国铁路系统的改革也是值得我们注意的教训。1994 年，德国铁路系统被解除负债，并且分离出来的运输企业、铁道系统和火车站成为股份公司。但是由于自身的复杂性，1999 年德国铁路总裁依旧将这些企业合并为一体，只是分为 5 个不同的部门。2006 年，德国国企进入私有化阶段，并预计在 2008 年公开募股，却因为金融危机影响，这次公开募股取消，因此直到现在，德国铁路公司依旧是国有独资公司，但是铁路市场却已经对外开放，自由竞争的局面已经形成。

总的来说，德国的国企改革是成功的。国企改革之后，德国在当时成为仅次于美国和日本的第三经济体，生产力得到大幅提升，职工的福利也得到提升，社会居民生活也有了进一步的保障。就市场经济而言，德国的国企改革的经验和教训是值得我们借鉴的。

第一，是必须要从全球经济的角度来看待国企改革，从最开始的改革，德国政府的目的就是希望企业在世界市场中拥有足够的竞争力。国企改革是考虑长期经济效益的决策，必须要从全球经济出发。中国现在大部分企业在海外市场上不具备竞争力，这在以后的经营活动中将会受到极大的限制。因此国有企业改革不仅仅是一个发展的问题，更多的是需要深化改革增强自身的竞争力，提高在全球市场的存活。

第二，是政企分开，将直接控制的企业变为间接控制来明确企业定位和提高企业的经营效率。要遵循"产权明晰，政企分开"的原则，来转化企业的定位。德国国企的私有化并不是将国有资产全部变为私有资本，而是改善企业的经营管理，将单一死板的直接管理变为多样的间接管理，给予企业家更多的经营权力，使企业家可以充分调动企业的资源，最大化自身的竞争力。

第三，是支付必要的改革成本。德国政府在推进国企改革的过程中，斥巨资来改变国有企业的运营问题和债务问题。这一步使得国企能够摆脱过去的包袱，在一两年间实现盈利，利于企业的私营化。中国国企改革中面临的"僵尸企业"的问题也可以采取这样的方式，改变过去的债务和经营问题，在提高盈利水平的基础上将企业私有化。

4.4　日本国企民营化

20 世纪 80 年代中期以来，日本对国有企业进行民营化改革，并且成果斐然。到如今，日本已经成为世界上国有企业最少的国家，现存的国有资产仅剩下日本邮政。20 世纪 80 年代之前，日本国有企业存在着诸如政企不分、资产负债率过高、经营效率低下等问题，与中国国企相似，因此研究日本国企民营化的问题，对国内国企深化改革有着一定的启示作用。

4.4.1　日本国有企业的发展

日本在第二次世界大战结束之后的身份是战败国，国内一片狼藉，为了更快的使得日本经济重新复苏，日本开始设立了国有企业，主要的目的有三个，第一，是为私人企业能够正常发展提供足够的基础设施，基础设施建设一般都没有企业愿意对其进行投资，只有非营利的国家资本来进行。第二，提供国内市场，第二次世界大战之后日本国内经济陷入萧条，只有国家资本先行创造市场，为外来资本和私营资本打下基础才可能伴随着经济较快发展。第三，是提供文化教育投资和社会保障体制，第二次世界大战后一切亟待复苏，如果没有国家资本的投入，日本经济也很难在短短数十年间跃居世界前列。

第二次世界大战以后日本开始建设的国有企业，根据其政府对于资产的占有程度分为三类：非独立法人的官厅企业、具有法人资质的企业、股份制的公司混合企业。并且国企的体制在当时也被称作三公社五现业体制。三公社即日本专卖公社、日本国有铁路工设和日本电信电话公社三大公社，五现业及邮政、林业、印刷、造币和酒类专卖五大类行业。除此之外的混合所有制公司还有数十家，特殊法人公司数百家，国有企业生产总额占据 GNP 的5%，国企投资额占据国内投资额的 10%。

20 世纪 80 年代前后，由于日本国企内部的公益性和企业性的矛盾，导致国企逐渐在业绩上与私营企业拉开了较大的差距。以日本国有铁路公社为例，1964 年之后，国铁便出现年年赤字，一直到民营化之前，累计亏损额达到 1 412 万亿日元，负债高达 37.2 万亿日元。企业的公益性和盈利性冲突是国企亏损的根本原因，其他原因也有诸如寡头垄断或者联合垄断抑制了竞争，政企不分导致经营自主权的缺失，日本法律限制国企不得参与行业外的其他产业，公共负担和财政约束较大。总体而言，当时日本政府已经面临着解决国企亏损这个大难题。

4.4.2 日本在国有企业民营化过程中采取的主要举措

按照类型的不同，日本的国有企业民营化主要分为三大类：由国有国营企业向国有民营企业转变、由国有国营企业向公司合资合营企业转变、由国有国营企业向民有民营企业转变。而采取的主要方式则是将政府持有的股份出售给民间。同时，在产权变动之前，将资产分割和债务处理，针对这一点笔者将在后文针对不同公司进行细说。最后，在产权转化之后，合理安排富余人员（马淑萍、丁红卫，2015）。

首先，是日本国有铁路公社的民营化过程，总的概括就是日本国有铁路公社从国有国营到混合再到民营（文明，1999）。在1987年4月，日本的国有铁路公社，通过分为六家客运铁路公司和一家全日本唯一的铁路货运股份公司来达到国有企业的民营化，各家客运公司之间共享铁路网并且都能从事客运服务，而货运公司向客运公司租借铁路开展业务。1993年，日本国有铁路公司进行了第二阶段的改革，将所有所持股份对外出售。在1993年、1996年、1997年、1999年、2002年、2004年、2006年分别出售了国有铁路东日本分公司、国有铁路西日本分公司以及国有铁路东海分公司的全部国有股份。剩余三家公司，因为诸多原因无法自负盈亏均由政府完全持股，没有上市。同时，日本政府也通过立法规定七家分公司的总经理需要由日本交通大臣认可，其公司的经营业务活动也需要交通大臣审批。日本国有铁路的民营化进程于2006年结束，从改革开始的高负债率到最后七家分公司效益都大幅提高，业绩全面盈利，已经大量缓解了日本的财政负担，并且提供了大规模的税收，促进了日本的经济发展。

其次，日本电信电话公社，它的民营化过程，实质上是从国有到混合的转变。事实上日本政府主要的改革政策就是通过民营化达到增加竞争力，使得国有企业能够有动力提升工作效率和服务质量。1985年，日本的电话电信公社民营化的途径是直接改制为股份公司，并未分割，随着民营化的进程，在一定程度上实现了电信的自由化，缓解了日本电信的垄断问题。为实现日本电信公司的民营化，日本在随后的十几年内一直在出售日本电信电话股份公司的股票，截止到2014年末，日本政府仅持有电信电话公司35.65%的股份，外国投资者持有27.92%的股份。

日本航空公司的改革则是一个从混合所有到完全民营的过程。日本航空公司于1953年成立，最初为民营企业，1953年，日本政府将航空公司认定为特殊法人，实现航空公司的国有化，使之成为混合所有制的企业。随后，日本政府一方面给予航空公司以一定的优惠政策，另一方面也不断干预航空公司的经营活动和人事任命，使航空公司成为受政府所左右的公营企业。随着时间的流逝，政府干预航空公司的弊端也显露出来，出现了诸如安全事故不断、公司管理观念差、员工义务观念差等一系列问题。因此，在 20 世纪 80 年代中，日本政府决定给予公司更多的自主经营权。随着民营化的浪潮，日本政府决定完全抛售航空公司的国有股份。1987 年，日本政府通过在证券市场上抛售的办法使得航空公司成为完全的民营企业。但是完全私有化的航空公司依旧在 2001 年申请了破产保护，除去经营策略出现的失误，最开始的日本政府对航空公司的过度干预导致公司内部官僚主义严重，缺乏经营理念也是公司破产的一部分原因（彭晓峰、孙海容，1998）。

4.4.3 日本民营化带来的经验

日本在国企民营化的过程中采取的措施大多都是成功的，而两国相似的企业特性也注定着我们可以从中借鉴到一些经验。

首先，是通过法律法规为规定进行改革。日本国企的每一次改革之前都会制定相关的法规条例，例如对于国有铁路的改革，日本政府在 1986 年通过了《国铁改革关联法》，2001 年对《关于部分修订旅客铁路股份有限公司及日本货运铁路股份有限公司法的法律》进行了颁布，通过法律的方式确定政府对于民营化企业的管辖范围，以法律的形式确定公司和国家的关系，有理有据，条理清楚，改革才不会出现混乱。同样的，针对电信电话公司的改革中，日本政府也曾在 1984 年间通过法案确定了政府最低持有股份额和外国投资者持有最高股份额，为公司的执行和管理提供了法律依据。

其次，是借助证券市场的作用来对公司进行改革。日本国企改革的主要途径是国有企业的混合所有制和完全私有方向转变。在改革完成之后，日本政府将国有企业的股份在证券市场上进行出售，来确保未来的混合所有制甚至完全私有化。一方面利用证券市场来最大化公司的价值并且反映出公司未来发展趋势。另一方面在证券市场之上进行交易抛售股票，可以避免私有化当中的一些"暗箱操作"，减少国有企业资产流失程度。

最后，是关注不同经济成分在改革当中的妙用。日本在国企改革的过程当中选用了不同的经济成分来应对不同的公司模式。例如国铁和电信电话公司改革的差异也在于此。对于六家国铁客运分公司，可以自负盈亏就将其完全民营化，不能自负盈亏就采用国有国营的形式。而对于电信电话公司，日本政府采用混合所有制的形式，也同样通过法律对所持股份进行要求，保证政府在公司持股的相对优势。在涉及国家信息安全方面的领域，政府可以直接对此进行干预，而引入外国投资者也可以保证电信电话公司按照市场规则进行经营，最大化经营效率。

可见，中国国企改革中，实现混合所有制股份制公司是最优化的路径，一方面混合所有制公司有着其他单一成分所没有的优势，另一方面在证券市场之上进行交易抛售股票，可以避免私有化当中的一些暗箱操作，减少国有企业资产流失程度。

4.5 韩国企业的新管理制度

在韩国的经济发展过程中，韩国国企是长期占据主要地位的，对于韩国的整个经济都有一个积极的引导作用。资本主义国家中拥有国有企业成分并不少见，但是在 20 世纪 80 年代之前，韩国国企的国有或者公营成分却支配了半个韩国的经济，这也是极为少见的。到了 90 年代，随着技术主导和金融经济规模的来临，韩国国企开始面临着一些资本性的难题，为了解决这些难题，韩国对自身国企采取了一系列的改革。今天，作为邻国的我们将借助过去韩国的改革路径，找寻属于我们自身的道途。

4.5.1 韩国国有企业的发展历史

韩国国企正式兴起于第二次世界大战后，当时，日本投降，大量日资公司回归，韩国政府在接受这些公司后对其进行了一系列的改造，使之成为韩国的国资公司。1948 年，大韩民国成立之后，美国将留下的日资资产与企业移交给韩国，当时移交的企业共计 3 500 余家。随着朝鲜战争的爆发，日资公司逐渐萎缩濒临破产，对此韩国政府将许多小的回归公司实行租赁或者变卖交给私人经营，同时也将一部分企业与国有企业进行兼并，包括当时的韩国银行。但是这一部分回归的资产并没有帮助韩国重振经济，所以在 1951年，朴正熙政府为了经济的发展，实行了五年经济发展计划。这五年内，为了促进韩国经济发展，政府也大规模的兴办国有企业，其中对于投资企业，政府一般投资超过公司的 50%，而对于出资企业则一般低于 50%，剩余部分由其他企业进行出资。在这个时期，韩国国有企业发展迅速，很快带领韩国经济走出困境。到 20 世纪 90 年代，韩国经济政策逐渐转化为以私营经济为主导，同时韩国国有企业也伴随着政府控制过强、国有企业被约束导致活动幅度较小，带来了一系列问题，包括董事会缺少经营意识、官僚主义严重、子公司富余等。1983 年，为了解决这一系列国有企业的问题，韩国政府出台了《政府投资机关管理基本法》，标志着韩国政府的国企改革正式开始了。

4.5.2 韩国国有企业的改革

韩国国企改革主要是多个策略的叠加效应。起先是通过改革建立新的管理体制，管理国有企业的机构转化为主管部门和审计与监察委员会以及国有企业经营绩效评估委员会。其职责分别为：主管部门的职责内容包括对国有企业的相关管理和进行控制；审计和监察委员会作为一个行驶监察作用的机构，仅仅对总统负责；国有企业经营绩效评估委员会则是对国企进行效益评估并且对政府上报。同时变化的还有国有企业内部的结构，企业的管理人员变成了由一位董事长、一位总经理和一位设计师在内的董事组成，权职明细避免了官僚主义，各司其职，减少了国企官僚主义的滋生。同时为了实现自主经营，政府也废止了韩国国企必须向国务会议审议和总统准许才可实行的规定，仅仅通过董事会的承认，预算便可以执行。除此之外，韩国政府还采用了多种方案来增强管理体制的改革，第一是竞争招标将国企委托给私企，第二是政府通过委托合同来限制国有企业的绩效，第三是对于合同不曾规定的范围由企业自行决定，增强了企业的决策权（金明星，2005）。

除了对管理制度的改革之外，韩国政府也决定对一些企业实现私有化，特别是在 1993 年，韩国对国企实行了大规模的私有化，并成为韩国经济政策的转折点。其基本方针为：转让国有企业的经营权给私营企业；对于当时证券市场的萎靡不振，韩国政府决定立即将持有的国有企业的股份私有化；为了保证公平竞争，韩国政府决定采用出售证券、一标多投的转让方式；因为通信和电子是韩国国有企业的重要命脉，所以不参与私有化（张婷婷，

2006）。改革开始之后，韩国经济摆脱了低效益的国营企业的累赘，减少政府财政负担的同时也增加了政府的税收。

4.5.3　韩国国有企业改革的启示

韩国国企的改革，标志着韩国政府职能的转换，国家经济效率的提高，其中对于管理机制的改革以及私有化道路都值得我们深思。

国有企业改革的中心是适应市场经济，是适应全球市场，两国之间国企的存在虽有差别，但也有共同特点，对此我们可以看到，国内企业改革必定是一条需要搜索的道路。从韩国的国企改革中，我们可以借鉴到：第一，国有企业发展的优劣和相关的管理者水平和权力自由度有很大的相关性。国有企业要给企业家足够的权力和能力的培养。第二，调整国有企业的经营范围，集中力量去管理一部分国有企业，而将其他国有企业所在的行业引入竞争，使之按照市场规律发展。第三，改善国有企业的经营机制，将国有企业的营运和管理分离，对于经营权下放到企业，对于监督权上升到专门部门。通过对国有企业进行的改革，达到促进中国经济发展的作用。

4.6　俄罗斯国有企业改革分析

苏联在解体之前一直是最老牌的社会主义国家，中国的社会主义制度的建立建设与苏联有着密切的关系，但是随着 20 世纪 90 年代初的东欧发生剧变，包括苏联和一系列的社会主义国家都纷纷解体。俄罗斯成为苏联最大继承人，研究俄罗斯近些年来的社会主义公有制到私有制过程将会对中国的国企改革产生很重要的借鉴与启示作用。

4.6.1　俄罗斯国有企业改革的宏观背景：经济体制改革的"休克疗法"

20 世纪 80 ~ 90 年代，苏联国家的计划经济积重难返，很多东欧社会主义国家纷纷抛弃了计划经济开始向市场经济转变，当时情况下的苏联在古典主义经济学理论基础下达成了国家经济转型的共识（丁汝俊，2005）。

（1）转型过程必须是包含体制制度和机制的全面改革，不能只进行局部的改变，那样反而达不到需求的结果。

（2）转型过程是利益的重新分配过程。转型过程中必然会对既得利益者造成打击，会遭受到反对。为了对抗他们暴风疾雨似的转型刻不容缓。这是因为唯有如此，才能快速确立起新的利益获得者群体的势力，以致不会因为反对派的阻挠而造成转型的失败。

（3）转型是规则的再造。在旧的体制消失的情况下如果没有新的体制迅速地应运而生，必然会造成社会的动乱与恐慌。

（4）新旧体制共存势必会造成更大面积的寻租情况的发生。为了杜绝于此，政府势必要抛弃局部的、缓慢的体制转型策略。

（5）新政府形象的树立需要尽可能快的完成，并且使大众能够接受变革。

盖达尔政府宣布开始实行"休克疗法"进行国有企业改革，实行紧缩的货币政策，保持宏观经济稳定的运行。主要包括以下的措施：

（1）充分落实经济自由化的方针。对于经济的自由化实施推进，这其中包括价格、企业经营、对外贸易和汇率的自由化。

（2）快速将国有企业改造成私有企业，实现经济制度的迅速转变，而从所有制的基础上消除了国家计划经济的基石。在所有制和实际管理当中都保证私有化的程度。

（3）消除计划经济中的残存的指令因素，使得市场快速起到调节经济的作用，并且成为唯一的调节机制。

（4）深化开放策略。在新建的自由经贸区给予相关的政策照顾来进行招商引资。降低贸易壁垒的设置，提升国内市场的竞争力。同时降低进口品的关税以及品种限制数量。通过与世界的经济合作深化并完善市场经济。

4.6.2 俄罗斯国企改革初期经历简述

俄罗斯国有企业改革的初期根据状态的不同，可以大致的分为证券私有化阶段、货币私有化阶段和个别私有化阶段。

证券私有化阶段，是处于 1992 年 7 月到 1994 年 6 月，国有企业改革为股份制公司，为公民发放了私有化证券。证券可以用于购买股票或是兑换现金。1992 年 10 月到 12 月大约每位公民得到了 1 万卢布的私有化证券。随后，各大型企业在 1993 年伊始纷纷上市，这些公司的股份大多数以低价卖给了该企业职工和该企业的管理者，剩下的小部分在拍卖会上卖给了外部的投资者。证券私有化作为一种"休克疗法"的具体表现，这其中出现了很多问题，包括了内部人的控制、资本投入和技术进步的缺乏，经营机制没有改善和生产效率低下（冉秉鑫，2002）。

货币私有化阶段，时间上处于 1994 年 7 月到 1996 年末，国有资产的转让方式不再是无偿的，而是按照市场价格。1994 年 7 月 22 日，相关的法令颁布决定将国家股的剩余以现金的方式在拍卖会上进行拍卖，收入分归于公司和政府。货币的私有化使得俄罗斯企业私有化向着股份制的规范渠道迈进，但是事实上股份出售的情况不太理想，国企改革速度明显变缓。

个别私有化阶段是 1997 年至 21 世纪初。为了防止国有资产流失严重，俄罗斯政府停止了大规模私有化的进度。政府主要采取两方面的政策（胡鞍钢、徐枫，2012）。一方面是公开开始出售股份制企业和大型企业当中归属于国有的部分，另一方面是重新对重要性的能源大型企业施以国有化控制。这使得俄罗斯政府对于石油、天然气等行业有了绝对控制，利用这种绝对控制俄罗斯政府获得了巨大的国际政治与经济的战略意义。

4.6.3　新世纪俄罗斯国企改革简述

到了普京开始执政的时间。普京上台执政后打破了传统的二元路线选择问题，他认为俄罗斯改革应该遵循这个原则"必须国家调控的地方就国家调控，必须市场运行解决的地方就交给市场"。俄罗斯突破了非"左"即"右"的极端观点走出了自己的第三条道路。

总的来说，普京采取的措施是区别对待的：对中小型非战略企业继续推行私有化；重新对重要性的能源大型企业施以国有化控制，同时对其进行扶持。

普京政府通过打击尤甘斯克油气公司等大型能源与金融寡头，取而代之以国有资本实现了提升国有化资本对于能源的控制力。这次国有化与以往不同的是政府不再是强行掌控，而是以市场价格购买能源公司的股票。

2007 年，俄罗斯国家集团公司初步建立起来。主要负责的职能和行业包括以下几类：主要负责国防和军工的集团公司；像原子能集团公司等职能与政府管理局相当的集团公司；公共住宅经济改革支持基金等为了特定目的建立起来的集团公司；金融机构，例如外景和发展银行（王立新，1999）。这些公司直接受到国家的权利指挥，对于国有资产的组织很快捷。通过国家集团公司作为桥梁过渡，连接了政治和经济、政府和社会、计划和市场。因而国家集团公司当然收获到一定的便利（陈满堂，2002）。

4.6.4 俄罗斯国企改革进程造成的影响

（1）俄罗斯因为推行全班私有化的速度和进度很快，实际上最获利的群体仍然是原先的各官僚和企业管理员，并且大规模地快速私有化对于俄罗斯经济造成了剧烈的动荡影响，根据国家杜马听证会的资料，"休克疗法"大约造成了 9 500 万亿卢布损失，达到 1996 年俄罗斯 GDP 的 4.2 倍。根据俄罗斯私有化研究组的报告，在私有化改革之中，90% 资产会由于制度和法律的欠缺而被"合法"侵占。美国学者大卫科斯也认为国有经济被匆忙地交到私人手中会造成严重的寻租事件的发生。"休克疗法"的设计者之一达盖尔也承认这次私有化改革会导致大量的寻租发生或者说是贵族阶层对于国家资本的分割侵占。

（2）在俄罗斯快速私有化过程之中，由于法律的不健全和过分地以低价卖出国有资产，这造成了国有资产快速流失与巨大损失。同时也滋生了大量寻租腐败的现象，使得国家两极分化迅速拉大，这使得大量人发改革财，他们过上了奢侈的生活。但与此同时，90% 以上的居民都受到损失，他们的生活每况愈下。大约 70% 的俄罗斯人仅能糊口。1990 年，成人的平均寿命还有 64 岁，而到了 1997 年下降到 59 岁。大量的人失去了生活保障，这造成了社会的动乱、治安的倒退。

（3）"休克疗法"进行的国有企业向私有企业的转化，俄罗斯的经济结构从根本上发生了变化，多元化的市场主体开始呈现。据统计，在"休克疗法"改革推行十年之后，俄罗斯的国有资产已经下降到10.7%，非国有资产经济已经达到了89.3%。这些非国有资产创造的国民生产总值（GDP）已经达到全部的70%以上（王开轩，2003）。

（4）尽管私有化经济已经成为俄罗斯经济的主流，但是国家还是最大财富的持有者，并且对国家战略资源与保障国家安全的领域有着绝对控制。如：铁路领域，民航领域，电力系统，天然气系统，石油输送系统。

（5）俄罗斯的非国家战略自然垄断领域在企业私有化后效率提高，私有化程度越高的企业往往企业经济效益和财政健康状况越好（张养志，2001）。

（6）私有化带来的并不是俄罗斯的民主政治而是金融工业的寡头进行的经济统治。在俄罗斯大规模私有化的过程当中，金融工业集团逐渐形成。实质上就是金融业和工业资本渗透融合的组织。很多原先的企业高管迅速在私有化进程当中崛起。俄罗斯的金融工业集团并不是由市场对于企业家选择和创新创业自发竞争的情况下诞生的，而是通过政府颁布的法规命令自上而下地建立起来的，因而具有极大的官僚资本的性质。它们控制的方面涵盖了很多类似国家石油和天然气等重要资源。这些重要产品的生产占据了国家国民生产总值的10%，但是对整个经济的控制与干预绝不仅限于此。俄罗斯的金融工业组织集团对于俄罗斯经济的控制是空前的，几乎达到了一半。金融工业组织带来了极大的危害：它是自上而下产生的官僚资本主义，它在实际运行与经营中带来了大量的寻租腐败的现象，对企业家的实际要求偏离了对企业家才能的要求（周新城，2011）。

（7）21世纪以来，俄罗斯国家战略对于自然资源垄断领域的再次国有化，从很大程度上提高了企业经济效益，对于国内资源的提供价格做了一个下调，在国际市场上帮助俄罗斯获得了巨大的经济政治利益（林汉达，1999）。对于国家战略意义的资源领域内，通过国有制来控制要比"私有化+保持距离型"的形式更加容易得到国家的调控。必须通过在国有制低效率和保证国家战略资源的利益两者中进行取舍的方式来保障国家的整体利益，从这个角度进行分析，未来俄罗斯国家战略产业的管理方式的完善是其发展方向。从全球开放的世界市场的竞争角度来思考的话，只是一味地打破壁垒引进竞争，不是必然的最优的选择（李将军，2010）。

4.7 新加坡国有企业改革：以淡马锡为例

1974 年成立的淡马锡公司，是一个由新加坡财政部负责监管和以其私人的名义注册的一家控股公司。淡马锡公司经营的范围内包含 36 家国有联合企业的股权经营，其中也包括了新加坡开发银行，据数据统计，淡马锡公司经营的股权总额达 7 000 多万美元。几乎整个新加坡最重要的和营业力最高的企业都被淡马锡掌控，其中包括新加坡电信、新加坡航空、星展银行、新加坡地铁、新加坡港口、海皇航运、新加坡电力、吉宝集团和莱佛士饭店等。甚至有这样一种说法：淡马锡控股股票的市价占到整个新加坡市场的 47%，这个企业甚至主宰了新加坡的命脉。因而国际上用"国家资本主义"来称呼这种模式，私人企业来投资，但是私人企业是受到国家控制的，国家主导了私营企业为主体的资本市场（杜晓君、李曼丽，2006）。

4.7.1 新加坡淡马锡成立背景

1965 年新加坡宣布独立。新加坡在独立之初面临的主要目标是经济增长和就业问题的解决，着力于劳动力密集型的制造产业发展。在一些基础性设施产业由国家出资完成，例如交通设施，船舶制造，电信通讯等等。这些基础性设施产业由于与国家资本联系在一起，所以它们在新加坡被称作是"国联企业"（袁境、白煜，2006）。

新加坡初期大力发展国有企业出于以下四个原因：首先，这是新加坡在工业化过程中的国情决定的。例如迫切所需的中央公积金管理局、建屋局等，这些国有企业的任务是私人企业无法完成的。其次，一些如发电、自来水供应、地铁、煤炭等自然垄断行业初始固定成本极高，而边际回报率很低，价格又要求稳定合理。这使得民营企业没有能力也不愿进入这些行业。但是这些行业关系到国民基本生活保障与国家正常运转，此时这些行业必须要政府来承担建设任务。再次，国有企业还起到引进与带动工商业发展的作用。国有企业有条件投资一些额度大、回报低、风险高的行业。例如宇航业、大型

钢铁、化工。这种行业私人公司往往在国有企业率先带动和一个阶段发展积
累之后才敢于进入。新加坡同时是一个小国，国有企业的这种做法往往能够
填补国家产业结构的空白。最后，国家战略产业，如国防、航天航空等高机
密、高战略意义的行业对于国家来说是不允许私人企业掌控的。

总体来说，新加坡早期的国有企业分两类：第一种是半国有企业性质的
法定机构；第二种是公司法设立的全部国有企业。

法定机构的设立依照法律程序，并且以合理的价格水平提供公共服务。
法定机构自负盈亏，机构编制不在公务员之列，以半公司化的方式进行经营。
法定机构的设立初衷往往是国家根据经济发展需要而设立的。例如，新加坡
政府为了设立居民中央公积金制度来保证员工退休后的医疗、住房、生活问
题成立了中央公积金局。按照规定，中央公积金局受到劳工部管理；新加坡
为了满足居民都有屋子住，在1960年设立了建房发展局。根据政府规定，建
房发展局受到国家发展部的统一管理。法定机构也有董事会和总经理的设定，
基本上由部长任命，大多是高级公务员兼任，也有从社会上招募人才的可能。
其他的管理者则统一都是从社会上公开招聘。每个法定机构都要自负盈亏，
不需要向自己的直属部长汇报经营情况。对于法定机构的监督，新加坡政府
如下安排：国家审计室要对法定机构进行年度审计，然后把结果汇报国会。
国会议员有权对法定机构经营与发展战略向部长提出咨询。法定机构的投资
主要来自国家，收益也自然为国家所有（李俊江、刘洋，2003）。

新加坡的国有企业是通过公司法设立的国家全部或部分拥有的企业。国
有企业以争取利润为目的，国家主要以控股的方式掌握。这些国有企业均隶
属于新加坡财政部。国有企业的董事长由财政部长任命，董事会大多数成员
都是高级公务员来兼职。总经理往往是公开招聘。董事会往往只对投资、定
价等大的经营管理业务插手，其余均交付给管理局来处理。国有企业的监督
类似法定机构。企业的经营和财务状况均由会计师进行审核。国会议员可以
就财政问题和发展状况向主管部长问责。在日常运行中国有企业和私营企业
一样自行招募员工。如果遇到财政问题，国家不予以帮助需要国有企业自行
去银行贷款。

在一开始，国有经济对于新加坡经济的增长效果是非常明显的，极大地
促进了就业和经济增长（夏国兴，1995）。到20世纪70年代中期，国有企业

越来越多。如何对他们进行有效的控制与监督、提高他们的市场竞争力，成为新加坡的当务之急。为了能够达到保护国有资产不受流失和不影响企业发展的目的，成立了淡马锡。淡马锡遵循新加坡公司法设立，在国家控制下由私人名义注册。1974 年成立的淡马锡公司，是一个由新加坡财政部负责监管和以其私人的名义注册的一家控股公司。淡马锡公司经营的范围内包含 36 家国有联合企业的股权经营，其中也包括了新加坡开发银行，据数据统计，淡马锡公司经营的股权总额达 7 000 多万美元（徐宝君、陈胜华和陈建光，2007）。

4.7.2 新加坡淡马锡营运模式

1. 政府对淡马锡的管理和淡马锡内部结构

淡马锡以最终股东的身份照顾政府的收益。①人事权：向其他国有企业一样，淡马锡的董事局董事长和其他董事包括总经理在内均由财政部任免，其中董事由政府公务员或者社会招聘人员来担任。在公务员董事中包含财政部、贸易发展局和金融管理局等法定机构的官员兼任。政府官员担任董事期间的报酬是由新加坡基金会统一制定而不再从公司收益中提取。②决策管理权：政府规定淡马锡公司可以自由投资，自由使用公司资金，自有开拓市场，不再受财政部的约束。③收益分配权：公司每年收益的 15% 上缴财政部，其余全部留下来自用（张鑫鸿，2016）。

总的来说，淡马锡是新加坡财政部单一控股，并且淡马锡的董事会成员或者总经理的任免或者是年度运营预算和任何交易的变动都要求经过总统的批准。但是，政府却充分尊重淡马锡的自主经营权，不予以直解介入淡马锡的运营。保障了淡马锡的自主权利，也同时设立了一套在不干预的前提下进行国家资本监管的程序（戴军、易澄，2014）。这和淡马锡本身的内外部监督机制有关（高颖鹃、郭纲，2008）。14 名董事组成了淡马锡董事会。他们中既有政府代表人也有来自私营企业的经验丰富具有企业家才能的企业家。

董事会下设立了三大委员会，分别负责执行、审计和领袖培养与薪酬。其中，执行委员会可以在董事会授权的范围内审阅并考虑批准有关监督与控

制、融资并购、股权变动、股息政策与重大业务决策的事项，它的会议记录
将会被汇总并交给董事会查阅。执行委员会通过决策和仿真引导淡马锡资源
的配置；审计委员会对于财务报表等内容和内外系统进行审计，关注其是否
符合法律要求和道德准则；领导培育与薪酬委员会负责关键职位的相关领导
与继承计划制定政策与指导方针，同时还要负责薪酬相关事项的方针制定。
非执行董事来担任委员会的领导，并且独立于管理层，其委员也是其他董事
担当。这三个委员会彼此之间信息渠道独立，通过不同的分工来协助董事会
处理各种各样的事项。这样的安排很好地解决了当一个公司过于庞大后，董
事会不能及时地掌握必要信息，做出有效决策，即董事会与高层信息不对称
的问题（王灏，2011）。

2. 淡马锡控股公司对下属公司的管理

淡马锡公司对于其控制的公司通过以下的方式进行管理。第一，是进
行股权处理，控股公司首先采取绝对控股、相对控股、交叉控股、分层控
股等多种形式来保持国有企业的控制地位，而政府对于控股公司的运作进
行管理的同时达到了管理国有企业的目的；第二，是进行人事处理，控股
公司向国家特别委员会提名一名董事，经过审查后这名董事就能够到子公
司进行管理。子公司的其余非国有股东的董事也要报告国家特别委员会备
案。第三，是财务管理与监督，政府规定淡马锡应当履行对其子公司的监
督职责。具体过程为：淡马锡控股供公司的子公司每年要主动地向财政部
提供自己的财务报表。财务报表经由注册会计师审计后上报给公司注册局
和税务局。此外，无论是财政部还是社会公众均有权对这些国有企业进行
审查监督。淡马锡通过其在子公司的董事表达意见。子公司的日常经营不
受淡马锡的影响。只有子公司出现重大失误时，淡马锡才会主动更换它派
出的董事进行纠正。

3. 淡马锡的激励企业家发挥企业家才能的办法

为了有效激励核心管理层人员发挥出自己的价值，淡马锡的核心管理
人员的薪资制度是与时俱进的。官员董事一开始在淡马锡成立初期还是存
在的。针对这些官员董事，政府采取了官员董事与淡马锡公司的利益相分

离的方针，规定官员不得从淡马锡公司收益中获得奖励回报。政府规定官员董事的官员职位与淡马锡的经营业绩挂钩，即淡马锡经营良好，官员就会得到更多的升职机会。从 2011 年开始淡马锡董事会中不再有来自政府的人员。

目前来说，淡马锡的企业家的薪酬主要来自于四个方面：一是基本薪酬；二是年度现金红利；三是财富增值红利储备；四是共有长效奖励。

为了吸引全世界最优秀的企业家，淡马锡的基本薪酬是十分可观的。但是，在高管得到的实际薪酬体系中，基本工资只是很小的一部分。例如：外部董事的基本薪酬为 3 万~5 万新元，二期绩效奖金常常会高达 50% 以上。董事会下的领袖和薪酬委员会拥有考察高管管理绩效的职能。该机构评定原则为：兼顾董事以及其他高管的贡献与该行业市场的具体情况和可接受程度。这反映出淡马锡薪酬的市场化特色。

2004 年以来，淡马锡就强调长期回报应置于短期利益之上。统筹安排不同经济周期内的员工利益与股东收益相结合。

短期的激励计划是年度现金红利计划。它规定企业根据公司经营状况、团队成绩以及个人表现来激励员工。然而，年度现金计划又不仅仅局限于财政目标，它还涉及一些价值观的因素，比如员工是否符合淡马锡的道德价值观，员工完成业务的时候是否合规等等。

中期的现金激励计划是财富增值红利储备。淡马锡公司投资的回报，高于调整风险后的资本回报的部分，被称为财富增值。故若所投资的行业是低风险的，那么经风险调整后的要求回报率也低。其中，根据员工的个人表现，财富增值奖励计划中奖金的一部分是当期发到该员工的名义财富增值红利储备账户中的，而不论公司的红利储备账户是否为正。公司的财富增值红利储备账户结余是正的情况下，高管层将实际获得其财富增值账户里的奖励，但是这个奖励不超过总的财富增值账户结余的 $\frac{1}{3}$；中层管理人员 $\frac{1}{2}$，普通员工 $\frac{2}{3}$。

与中期计划紧密联系的是共有长效激励机制。这种机制下，财富增值奖励计划中剩余的部分奖金可能会推迟 3~12 年发放。这个延迟时间是由公司业绩以及淡马锡的回拨机制决定的。员工可以获得以业绩或者服务年限为兑现条件的联合投资单位。联合投资单位的价值不是固定的，它随着股东总回报变化。淡马锡给予员工的联合投资单位分为三种：第一种是 T－Scope，为淡马锡公司联合投资单位。该联合投资单位的红利派发有两个条件，首先，T－Scope 投资组合满足了公司制定的多年业绩条件，其次，财富政治红利储备为正。此时，部分财富增值红利储备将作为该投资单位的红利在 5 年内派发给员工。第二种是 U－Scope，U－Scope 是一种以时间为基准的联合投资单位。公司里的任何储备结余一般都根据投资单位逐年发放并且在 5 年内兑现。第三种是 S－Scope，S－Scope 是一种以时间为基准的员工联合投资单位奖励。一般从派发后的第 3 年起，总共要历时 5 年的时间兑现。而淡马锡的回拨机制常常会直接影响到红利的派发。如果当淡马锡控股公司本年度经营业绩糟糕，那么员工不仅不能拿到 T－Scope 等投资单位，将来能取得的部分增值红利还要被回拨回来填补当下的差额。淡马锡在 2013 年度出现了财富增值红利储备为负的情况，在那一年淡马锡公司不但没有给员工发放该年的淡马锡联合投资单位，还把来年即 2014 年的财富增值红利回拨回来填补 2013 年的红利储备差额。据统计在 2005 ~ 2015 年这十年内，淡马锡公司共发生了 6 次财富增值回拨的情况。

淡马锡的短期激励机制、中期激励机制、长期激励机制有效配合、互相弥补的措施，是淡马锡运营效率提升的重要原因。同时，将短期激励机制、中期激励机制、长期激励机制结合起来的做法也有利于将员工行为和利益取向调整为与股东利益达成一致。这是因为，当淡马锡员工完成年度计划时能够得到短期激励的红利。进一步地，淡马锡当年业绩很好的话，公司的增值红利会是正数，那么员工又将得到一部分的增值红利储备。但是我们也可以看到剩下的增值红利部分发放的缓慢，这其中一部分是和今后淡马锡后期投资相联系在一起的。如果后面的几年投资表现良好，那么这一部分红利就会以投资单位的形式发放给员工。剩下的一部分则会被作为公司整体的储备，若淡马锡之前没有发生投资亏损而不需要资金回填，那么这部分红利才会被发放给淡马锡员工。因此，可以看出淡马锡是将公司业务所取得的红利在时间上重新分配，达到两个目的：其一是激励员工尽可能地发挥自己的才能让淡马锡盈利；其二是让员工时刻担心投资计划会令淡马锡公司亏损而损失自己未来的红利（陶俊清，2009）。

4.7.3　新加坡淡马锡营运模式特点

1. 淡马锡和政府的权利边界不存在含糊不清、模棱两可的情况

国家在进行国有资产管理的过程当中，政府的社会管理职能与国有企业相关的资产管理职能分离非常困难。人们常常把它概括为"政资不分"。如何做到有效合理地限制政府不必要的干扰，做到合格的财产拥有者而不是企业的行政管理者，是国有资产管理所要面临的现实问题（张正勇，2009）。

概括起来，新加坡的国有资产管理的特点表现为三个层次和三个分离。三个层次分别是政府部门、法定机构和政府控股公司以及国联公司。三个分离指的是政府部门与法定机构、控股公司的分离；行政管理与产权管理的分离。淡马锡作为新加坡的政府控股公司处于三个层次中间的位置，一方面淡马锡要代表着国家所有权，另一方面要以独立法人的身份管理国家拥有的股份，在政府与企业之间直接承担了纽带的作用，割断了政府对企业的直接控制，防止政府过多以及没必要的对企业的控制，是一道置放在政企之间的隔离带。同时淡马锡也通过资本控制引导企业的方向，是连接政府与企业的传动器。

2. 充分有效的监督机制

淡马锡的监督措施十分完善，总的来说分为内外两部分的监督体制。

外部监督主要包含四个方面：一是政府直接派遣人来参加董事会；二是淡马锡的经营和决策是通过财务报表和项目审批进行监督的；三是不定期地到公司来了解其概况；四是让媒体拥有充分的监督空间。

内部的监督机制主要在于董事会下属的独立于执行董事与经理团体的审计委员会。审计委员会不定期地对下属公司财政状况进行检查。

3. 完善的奖励与激励机制

由淡马锡的短期激励、中期激励和长期激励相结合的方式，我们可以发现这样使得企业运营者有了短、中、长期的全方位思考。一般的企业往往只存在短期激励措施，这往往使得企业家过于关注于短期利益，而缺乏了长远的眼光丧失了企业家的高瞻远瞩的战略思维（张静、陈美燕，2006）。

4. 市场化的运营激发了淡马锡及其下属国企的活力

新加坡政府在确保对淡马锡监管的前提下，尽最大可能尊重淡马锡的自主经营的权利。同时，淡马锡也对其下属的企业管理上严格地遵守市场规律的商业化运作模式。淡马锡投资产生一级子公司，一级子公司又进行投资活动控制着更多的公司，规模达到 500 多家。这样形成了一个政府到母公司，母公司到子公司，子公司到分公司等多层次的产权结构体系。这种多层次主要是在产权投资领域的产权关系上有所体现。而中国是在国家所有权层面一级级的政府机构层层代理。淡马锡对其下属投资国企也实行着充分信任与自由的策略。根据《淡马锡宪章》的规定，淡马锡是一个完全按照《商业法》的要求去决策执行的市场化投资法人，淡马锡与其下属的企业，法律上就是因为股东出资而对出资企业形成的权利义务关系。淡马锡与其他民营企业主体作为其投资企业股东相比并不有着更大、更广的权利。这就使得新加坡政府的意志不是像中国一样能够贯彻到底。新加坡的市场有着更大的自由性（杜丹阳、郑方，2007）。

4.7.4　新加坡淡马锡营运模式的成果

事实证明，淡马锡集团已经成为世界上最杰出的企业之一。它已经成为世界国有企业的模范。自成立以来实现了年度评级报酬 16% 的奇迹。与此同时，淡马锡分别获得评级机构穆迪和标准普尔所授予的 Aaa/AAA 整体企业信贷评级。堪称国有企业的奇迹（张波，2005）。

4.8　世界各国主要国企模式比较

目前的国际社会中，企业运营按照制度划分可分为四大模式。这四种企业的经营模式分别为美英公司治理模式、日德治理模式、东亚治理模式和新加坡的模式。

1. 美国企业治理的特点

美国建国之初还是以农业为主的国家。伴随着铁路业的崛起，美国股市借以迅速发展。铁路业的崛起使得美国的物流能力极大增强，各州之间贸易加大，商业高速发展。随后，商业社会中的创新型企业在股市的推动下迅速崛起。美国的市场经济高度发达并率先产生了世界第一批现代化公司经营模式。

美国股份公司的崛起极为迅速，国家的经济力量在很短的时间内聚集到少数几个大公司手里。与此同时，公司所有权的分散和经济力的集中是同步进行的。伴随着股份公司所有权分散，掌握着"有意义股权"所需的股份额同时逐步下降。这带来的影响是现代股份公司总是被最少量股份所有权来行使支配权。甚至有不拥有股份的经营者行使支配权的现象。美国在 1982 年持有上市公司股票的股民达到 3 200 万人，算上间接持股人，那么这个数字达到了 13 300 万人，占到了全美人数的 $\frac{3}{5}$。上述的统计中并未包括非上市的股东。事实上，上市公司的数量仅占总的股份公司的不到 5%。如此高度发达的股市是世界上任何国家都不能与之媲美的。将经营权和所有权进行分离会产生代理成本，所以如果股权的状况很分散的话，代理成本会很高。要减少这些代理成本就需要合适的制度去激励和约束经营者。由于美国的股份公司的股权结构复杂、分散，直接监督成本高，由此由资本市场间接监督成为美国公司监督体制的选择。

美国的国有企业在问世之始的作用就是去接受私人无法或者做不好的产业，因此在美国国有企业占比十分之低。这些国有企业主要分布于如下行业：邮政、军工、电力、铁路客运、空中管制、环境保护、博物馆和公园等行业。这些美国的国有公司并不需要缴纳税款与营业收入，同时接受国会的拨款和自我盈利发展（王文、崔胜朝，2009）。

从内部构架来说，美国的国企和淡马锡公司的治理也都是由股东大会、董事会和经理层三大块组成。但是在美国公司融资结构中，主要是以股权为主，同时把股份高度的分散化，并且这些美国国企的股份往往掌握在机构投资者手中。分散化也就意味着国企所有权的间接控制的特征，股东对经营者绩效的评价是股票市场的买卖行为。与此对比的新加坡更多地采取股东会来实现所有者控制公司。再加上股东结构的分散和不稳定，股东并没有形成有权力的股东大会。经理层和董事会分开运作，经理层负责公司日常工作，董事会则主要是监督经理层并对重大项目进行决策。传统公司董事会常常由公司内部职员组成，因此传统企业内部监督职责很难履行。美国现在的企业对于董事会的独立性很看重。

从外部来看，完善而发达的市场体系给美国公司运行带来了良好的外部环境。在美国，公司治理与完善的市场是具有极大关联的。美国的市场化极为发达，无论是他的产品市场、资本市场、技术市场、劳动市场等都是极其安全而有效的。这些发达的市场为公司相关利益主体提供良好的监督条件。其中，技术市场和产品市场为企业的技术产品迅速作出评价，并影响公司财务；而且公司财务的变化会立即被金融市场曝光。金融市场反应于债券市场和股权市场。具体表现为公司外部融资难易程度和股票价格的升降，完善的证券市场可以使潜在买家不受阻碍地收购公司股，新的股东通过改组公司经理层来给予经理层人员工作业绩的回报。经理劳动力市场对经理的企业家才能进行评价，通过对企业家才能不足的企业家的贬值最终影响公司收入。金融市场、产品市场、人力市场最终构成了完善的内部监督体系。

2. 日本企业治理特点

日本模式是典型的法人持股结构。日本各大公司在第二次世界大战之前的股权份额被家族财阀控制。这是第二次世界大战前日本企业所有制的最大特点。第二次世界大战之后。家族经济体和各类的财阀集团陆陆续续地解体。在这些个人大股东消灭之后，法人股东代替了他们的位置。由于日本不像美国一样对法人持股有着很大的限制，所以日本金融机构和企业之间互相持有股份。日本法律对于法人持股管理的松弛是日本法人迅速持股的重要原因。

由于日本文化的特殊性，导致了日本人极其反感兼并的发生。他们认为这样是自己的利益团体沦为他人的附属物。所以这就造成了日本兼并十分罕见，往往企业之间是互相投资和交叉持股的。

日本公司治理的机构层面是协调股东大会、董事会和经理层来完成的。董事会成员大多来自内部。这样的安排使得日本的高层领导兼有最高业务执行者和最高决策者的双重身份。日本企业公司的董事，从实质上讲是由经理提名的。这就造成了经理是自己把自己选举出来的情况。经营者有时候所拥有的权利甚至超过股东权利，在实际运行的时候，企业股份的绝对性比重仍然归属于企业法人股东相互持股交叉结合。股东影响力常常会互相抵消，不能对经营者实行有效地监督。个人股东过于分散导致对经营者的决策监督有限。同时个人股东的分散导致了难以影响经营者的决策。

日本治理的外部环境有很大的市场干预，市场化程度远不如新加坡。日本政府会通过制定经济国家战略、产业政策和贸易政策来强化同企业合作并参与企业内部治理。日本政府保证与企业的经常联系。届时，互通信息，一起商讨制定有关政策。通过这些政府来达到在企业贯彻自己的意图。

日本企业相对于新加坡的市场化运行机制而言，它的银行相机控制的外部监督策略成为日本国有企业监视智能的中心。银行并不拥有很大的股权，但是能够发挥的影响是很大的。这其中包括银行可以以股东的身份或者债券人的身份派遣人员到公司中来；银行还可以要求查阅相关重要的信息资料；银行还可以通过与公司高层对话的方式，间接了解公司的运营状况，银行进而决定是否最佳贷款等事务。政府的过多控制会造成证券市场无法正常地发挥作用，监管市场功能缺失也会造成内部结构人员任命等控制问题，这两大情况是主银行制度只有在日本而不能在新加坡发展起来的主要原因。

3. 韩国企业的公司治理特点

首先，韩国的公司依赖于政府；其次，韩国的企业多以家族控制和家族经营的方式而存在；最后，资本结构中负债率高，韩国企业并没有良好的债务约束。

4. 淡马锡与美日韩的国有企业治理方式的对比

淡马锡公司治理模式在历史层面上的适用性和特殊性主要体现在其与其他三大主流模式的对比中，三大主流模式包括：英美治理模式、日德治理模式和东亚治理模式。在国有企业的特点、运行的环境、淡马锡的围观设置上，以及公司治理模式的框架等方面进行横向比较。

在股权方面，淡马锡模式中股权集中度高，市场化运作，政府出资，是委托代理链条短的小型国家模式的典范。英美公司治理模式的股票分散，持股的短期性使得股票交易频繁，股权具有高度流动性，对股东控制力小，母公司的接管和兼并频繁发生。日德公司治理模式下股票相对集中，公司交叉持股，银行在公司治理中作用较大，银行即要通过代理人进入董事会对公司经营者进行监督，这是因为银行既是股东同时也是公司债权人。同时股票不具备高流动性，日本企业抵触公司兼并和收购。东亚模式下股票集中度高，对股东控制力大，法人股东不会轻易卖出股票。这造成了股票市场的交易量小，进而使得股价相对稳定。

在董事会制度方面，淡马锡模式的一大核心是为其强化董事会制度，多元制衡的管理机制是董事会相对独立的权力基础，经营业绩最终标准证明了董事会的权利目标。在多元制衡的情况下，政府高官在董事会的存在使得董事会的权利优势得到加强。英美模式属于一元制度，即单层董事会制度。具体说来，在股东大会下面不设专门监事会来进行监督。在股东大会下面只设立董事会。在董事会中其作用的是公司经理层，董事会却没有足够的实力控制与监督经理权利。日德经营模式的董事会的成员会由最高管理层挑选高级经理出任内部董事。经营决策权归属经理人员，代理人受到银行的影响大。东亚管理模式董事会无影响力，没有决策和监督的作用（袁艺，2006）。

在激励机制方面来看，淡马锡模式是以经营业绩为准对委派的董事进行升迁或者惩罚；英美模式下公司通过衡量经济收入来进行奖励，比如依照工作表现为基础的工资，以股价为基础的股票期权，以财务数据为基础的资金以及以服务年限为基础的退休计划；日德模式很大程度上是精神层面的奖励，例如职务的晋升，通报嘉奖，终身雇佣来激励经理人员为公司的长远未来而努力；东亚企业治理模式受家族利益和亲情的约束激励。

在评价核心方面，淡马锡模式对公司要求追求利润最大化并且要求以经营业绩评价公司；英美模式对公司评价方式以企业利润为核心，一方面股东在证券市场上从公司股价增值中获得资本增值收益，另一方面从企业的鼓励和红利分配中获取收益；日德公司治理模式对公司评价目标是通过法人持股集体化来达到公司的长期发展和稳定；东亚模式下股东对公司评价着重于公司稳定，要求切实保证家族的利益。

综合来看，新加坡、美国、日本、德国的国有企业治理模式可以通过以下几个方面进行比较：一是市场环境，新加坡、美国实行自由市场经济制度，日本实行有计划地市场经济或政府主导型市场经济制度，德国实行政府主导型市场经济制度；二是法律环境，新加坡、美国实行英美法系，日本、德国实行大陆法系；三是政治环境，新加坡政治体制的自主程度高，美国实行松散的政党组织形式和以选举为纽带的政党政治与选民关系，且行政权大于政党权利，日本实行的经济体制与法国相似，集都靠中央计划和市场机制共同协调，比例低于美国，但干预很多，德国则为总统制的民主主义国家；四是集分权模式，新加坡、美国实行分权管理模式，日本、德国实行集权管理模式；五是国有企业管理体制模式方面，新加坡实行三层制度模式，美国、日本、德国实行二层制度模式；六是委托代理层次，新加坡实行双层委托代理关系三层制管理模式，美国、日本、德国实行单层委托代理制；七是出资人，新加坡由财政部出资，美国、日本主要是通过立法对国有企业进行直接或者间接的监控，是典型的依法管理，每个公司均由国会单独立法，明确企业、政府、国会各自权利与义务，德国政府股份由财政部国库局持有，股权由行业部行使；八是管理部门，新加坡为财政部、国会、审计署、税务局和反贪局，美国国会是最高权力机构，实行以财政部为中心的管理机构，日本实行以大藏省为专职机关，多个政府部门共同管理的高度集权体制，德国为国有企业主管部门、经济企划院下属的国有企业经营绩效评估委员会和审计与检查委员会；九是国有企业自主权大小，新加坡淡马锡公司被授予了相当大的经营自主权，能够真正做到按商业化原则运营国有资本，美国除了直接经营的国有企业外，其他两种类型的国有企业拥有较大的自主权，日本政府对指数企业或供应企业一般采取直接管理的方式，自主权利小，而对采取股份公司行使的国家参股企业，给予较大经营自主权，德国国有企业的最高经营层没有实际的决策机制，虽然国有企业的董事会或最高经营者表面上拥有企业内部经营权利，但实际上企业的运行必须完全按照政府批准的经营计划进行；十是企业运行机制，新加坡淡马锡控股实行董事会领导下的总经理负责制，淡马锡公司特别注重战略风险、财务风险以及运营风险的系统控制，为此淡马锡控股公司董事会下设执行委员会、审计委员会负责风险管理，美国企业实行董事会领导下的总经理负责制，企业设立顾问委员会对决策监督，日本企业实行董事会领导下的总经理负责制，德国为决策型董事会，包括董事会的主席都不负担日常经营职权，以保证经营管理者必要的自主权和独立性；十一是国有资产管理机构职责，新加坡国会通过立法管理和控制国有企业、审计署、税务局等负责监督国有企业，此外，反贪局对公务员、国有企业管理人员实行监督，美国国会通过立法管理和控制国有企业，财政部从总体上对企业资产和财务进行管理，主管部长负责任命部门国家参股企业董事，日本国会通过立法管理和控制国有企业，政府行政机关受国会委托直接经营国有企业，各主管部门和大藏省是国有资产管理执行机关，德国财政部国库局持有国家投资到企业的全部股份，但是股东权利可以由财政部委托给某个行业部门去实行（王春晖，2016）。

第 5 章　企业家才能配置与经济发展的理论模型研究

企业是一国经济的微观基础，中国国企在有关国计民生的行业都占据支柱地位，因此，国企改革是中国经济体制改革走到今天的必然选择之一，它有着非常丰富的内涵。当然，维持一国经济增长的关键因素很多，本章不可能一一涉及，本章关注的焦点是制度性的因素，特别是以明晰产权为主要内容的企业治理结构进一步推进时，企业家的才能配置如何随之优化，进而促进经济增长。本章的内容安排如下：第一节，关于经济发展理论的综述，并引出企业家才能配置与经济发展之间的关系；第二节，在经济增长领域提出本章的理论框架，建立本章的企业家才能配置基本模型以及模型的拓展；第三节，以简要的事例支持本章的理论；第四节，阐明理论的现实意义。

5.1　理　论　分　析

5.1.1　中国经济发展的驱动因素

1."新常态"之前经济增长的驱动因素

自改革开放以来，中国经济历经了很长一段时期的高速增长。关于中国经济增长原因的讨论一般都认可以下四种原因。第一，制度的变革。农村地区的制度变革先行推出，1978 年中国实行家庭联产承包制，农村的生产力迅速提高，农民的生活水平得到极大改善。中国城市经济体制改革全面展开始于 1984 年中央通过《关于经济体制改革的决定》，随后在 1992 年提出建立以社会主义市场经济为导向的改革，城市经济体制的改革逐渐提速。经济体制改革 30 多年来为中国的经济增长注入了不竭的动力。第二，以基础设施建设为重点的投资为中国的经济增长提供了长久动力。自 2005 年以来，中国的投资率都保持在 40% 以上的高水平，近些年来更是接近 50% 的高度，在全世界范围看来，这也是非常高的比率。毫无疑问，投资是中国这些年经济增长的重要动力。第三，从 2001 年中国加入世界贸易组织开始，中国经济融入经济全球化的进度明显提速，从较为封闭的经济体变为一个逐渐开放的经济体。

加入国际分工，中国依靠充足的劳动力供给，一跃成为无可争议的世界工厂，在国际分工的产业链中获得了巨大收益。第四，人口红利。劳动年龄人口占总人口比重较大，抚养率比较低，为经济发展创造了有利的人口条件，这被称作人口红利。中国在计划生育政策前，总和生育率一直保持高位，特别是20 世纪 60 年代初中国迎来一个人口出生的高峰期，到 80 年代这一代人正好处于婚育期，同时期中国开始实施计划生育政策。这意味着从 80 年代开始，中国的人口结构中劳动力的比例将保持高位，理由是 60 年代的生育高峰从80 年代开始转化为劳动力供给高峰，同时期的计划生育政策又人为降低了少儿抚养比，两种因素叠加从 80 年代开始表现为中国的劳动力资源丰富，人口红利巨大。有关的权威，例如蔡昉的研究也支持人口红利是中国近些年经济高速增长推动力的观点（蔡昉，2010）。

2. "新常态"时期经济增长的转型

2015 年以来，中国经济步入"新常态"，毫无疑问，在这个时期中国的经济将继续保持较高速的增长，但是经济增长的模式将发生深远变化。具体而言，以生产要素高投入为特征的增长方式面临考验，比如以固定资产投入为代表的投资模式，以及以人口红利为基础靠廉价劳动力为驱动的劳动密集产业的大力发展，都不同程度地陷入困境。2008 年全球金融危机以后，由于国外需求疲软，导致进出口对于经济的拉动作用也在下降。

牛富宽的研究表明，投资对中国的经济增长仍然起着重要的作用，但是其边际产出一直处于下降通道，它对经济增长的拉动作用不断减弱（牛富宽，2014）。另外，现在绿色 GDP 越来越受重视，社会普遍达成的共识是中国经济的发展要可持续，经济增长不能以破坏生态环境为代价。

人口问题近期越来越占据重要位置。为了应对日益凸显的老龄化问题，十八届五中全会决定全面放开二孩。前面论及中国人口红利产生的主要原因是计划生育政策的人为结果，它在一段时期造成了劳动力充沛与抚养比下降的叠加效应。20 世纪 50 ~ 70 年代，中国的总和生育率一直很高（蔡昉，2010），在这段时间出生的人口从 80 年代开始渐渐进入劳动力供给，计划生育政策在同期人为降低了少儿抚养比，人口结构出现劳动力充足，抚养负担少的黄金期。不过这种人口结构是不可持续的，因为 2010 年后，20 世纪 50 ~

70 年代的劳动力将渐渐退出劳动力供给转入退休，变成老龄人口，同时独生子女一代渐渐成为劳动力主力，人口红利也将转变为老龄化。这意味着曾经源源不断地给中国经济注入活力的廉价劳动力将消失，"刘易斯拐点"将到来。实际上从公开数据已经可以稍见端倪，如表 5 - 1 所示，中国的抚养比从 2012 年开始由降转升，说明人口"拐点"说并非虚言。

表 5 - 1　　　　　　　　2000 ~ 2012 年人口扶养比　　　　　　　单位：%

年份	总抚养比	少儿抚养比	老年抚养比
2000	42.6	32.6	9.9
2001	42	32	10.1
2002	42.2	31.9	10.4
2003	42	31.4	10.7
2004	41	30.3	10.7
2005	38.8	28.1	10.7
2006	38.3	27.3	11
2007	37.9	26.8	11.1
2008	37.4	26	11.3
2009	36.9	25.3	11.6
2010	34.2	22.3	11.9
2011	34.4	22.1	12.3
2012	34.9	22.2	12.7

资料来源：《中国统计年鉴》。

实际上，伴随着投资边际回报的下降，参与国际分工红利的效果逐步减弱，以及人口红利的下降等因素的叠加，中国经济增长速度也从两位数下降到一位数，2015 年第三季度中国的经济增长速度首次跌破 7%。尽管我们将继续依靠原有的方式支持经济增长，但是现在社会各界基本形成共识，未来的经济增长需要其他的红利释放，国企改革红利被寄予厚望。

5.1.2　企业家才能配置与经济增长基本理论概述

经济增长现已成为宏观经济研究的一个庞大的领域，大体而言，经济增长领域的研究谱系可以这样来看：以传统经济增长模型为谱系中心，向两端扩展，一端是实证研究，另一端是经济增长驱动力的研究。本章的研究属于经济增长驱动力研究范围。当然，处于不同的研究谱系只是说明讨论的侧重点有所不同，但是都属于经济增长的研究。

熊彼特是较早对企业家才能予以重视的学者，他认为经济长期增长背后的推动力是企业家（破坏性）的创新。现在这种观点在学界已经形成共识：企业家才能作为一种无形的投入要素，它是创新之源，是经济增长最为重要的推动力之一。后来兴起的内生经济增长理论强调了经济增长持续的动力不是物质资本的积累，是技术的创新与人力资本的提升（Romer，1986）。在一定意义上，内生增长模型以正式的理论回应了熊彼特的学说。

鉴于创新在主流经济增长理论中的地位，很多经济学家关注如何才能获得持续的创新，创新背后有哪些重要的驱动力。正是由于对创新活动的关注，而企业家才能的激发又是公认的创新的主要源泉，很多经济学家（Acemoglu，1995；Baumol，1990；Murphy et al，1990）开始关注企业家才能的配置问题，讨论怎样的制度环境更加有利于企业家才能的优化配置。Baumol 的文章是这方面研究中的一篇重要文献，尽管他没有构建正式的理论模型，但是他给出了很多命题与结论，然后引用了大量的翔实的史实佐证文中的结论。简单讲，Baumol 认为企业家富有建设性和创造性的活动对经济增长至关重要，有时甚至起到"决定性"的影响。文章还明确指出不同的游戏规则（实际就是制度环境）对于企业家的创新活动影响重大。Murphy 等建立正式的理论模型（后文简称 MSV 模型），证明了 Baumol 的前一个观点。Acemoglu 也是持续关注国家财富积累路径的一位重量级学者，Acemoglu 的两篇文章都是探讨企业家才能的配置，一篇关注薪酬结构与企业家才能配置的双向因果关系，另一篇其实是拓展了前一篇的分析，它融入产权与腐败等因素后构建了一个一般均衡模型（Acemoglu，1995；Acemoglu & Verdier，1998）。上述理论的推断获得了不少实证研究的支持，Hsieh 等利用美国的数据证明了企业家才能配置的优化对美国 1960 年以来的经济增长的贡献率达到 14%（Hsieh et al，2013）；Hall 分解 GDP，用实证数据证实了物资资本甚至教育水平这些公认的重要因素仅仅只能解释一小部分收入差异，文章通过仔细分析"索洛剩余"证实了经济体制以及政府政策才是最重要的影响因素（Hall & Jones，1999）。

　　本章关注的问题是相关的，并且与 Murphy 等的文章存在明显互补关系
（Murphy et al，1990）。具体而言，Baumol 提出了两个重要观点，一是他认为
制度环境是影响企业家才能配置的关键因素，比如产权保护、公正的法律体
系、良好的契约执行与监督等；二是企业家才能的优化配置可以带来更快的
经济增长，更高的生活水平。该文虽然通过收集历史史料对这些观点提供了
例证，但没有正式的理论模型，多少还是有些缺憾（Baumol，1990）。Mur-
phy 等的文章对 Baumol 的第二个观点进行了论证，他们通过严格的理论模型
证明了如果企业家才能得到有效配置，那么经济增长将强于企业家才能误配
在其他"非生产性"行业。Murphy 等这篇文章的重要性很明显，该文在标准
的经济增长模型中巧妙地加入了企业家才能配置，模型非常简洁优美地分析
了不同的才能配置状态可以导致长期增长速度的不同。MSV 模型没有讨论
Baumol 的第一个观点——良好的制度环境可以改善企业家才能配置，本章尝
试建立正式的理论框架讨论制度环境的变化如何影响企业家才能的配置。明
显的，本章建立的理论和 MSV 模型是互补关系，对 MSV 模型而言，它论证
了企业家才能的配置是长期经济增长的关键因素，才能配置的越优化，长期
的增长速度就越快，不过 MSV 模型没有涉及什么因素决定才能配置状态以及
这些因素如何影响企业家才能的配置状态，本章补充了这方面的理论工作。
因此，本章虽然是讨论影响企业家才能配置的因素，以及其影响的方式，但
是本章的结论结合 MSV 模型的分析后，对于经济增长有着明确的政策含义。

5.1.3　国有企业制度下企业家才能配置

　　总之，鉴于国有企业在中国所处的重要地位，改革必须有国有企业的参
与。因此，论证企业家才能对经济增长的重要性就必须从国有企业出发，若
国有企业的企业家才能得不到合理配置，将会对经济增长产生巨大的不利影
响。而且，近十年来，中国经济持续增长，而国有企业在其中起重要的推动
作用。国有企业关乎国家命脉和民生大计，必须放在重要位置，给予足够重
视。只有充分地意识到国有企业的重要性及其与经济增长、企业家才能的内
在关联，才能更好地深化改革，创造社会财富。

　　关于国有企业制度下企业家才能配置的相关研究并不是很多。张维迎提

出一个"国家有所有制下的企业家不可能定理"。当时，人们普遍认为用股份制改革就可以解决中国经济体制改革中的核心难题——国企改革问题，张维迎认为这是不可能的。他列了五个理由。

第一，是政企分开的不可能。经营者代表财产所有者，对所有者负责，这是作为一个职业经营者的起码要求。如果企业属于经营者本人所有，经营者就代表自己，对自己负责；如果企业属于股东所有，经营者就代表股东，对股东负责；如果企业属于国家，经营者就得代表国家，对国家负责。但是，国家本身只是一个抽象的概念，它由大大小小的政府部门所组成，它对经营者的指派、监督、控制只能通过某个主管部门来行使。所以说，经营者对国家负责，也就是对主管部门负责；在国家所有制下，政企不可能真正分开。

第二，是所有权约束的不可能。政府部门的职能由政府官员来行使，但政府官员本身并不是财产的所有者，真正的所有者是"社会所有"，政府官员根本不可能像股东或董事那样行事，从而既不可能保证他的行为"符合社会利益"，也不可能保证他对经营者的制约是所有权式的。

第三，是解决经营者行为短期化的不可能。所有国有企业都存在行为短期化问题。国家所有制缺乏财产的人格化主体，企业财产名义上是全民所有，实际上无人所有，代表全民所有权的官员并不是真正的财产主体，企业的所有权可以与经营权分离，但是财产关系必须明确。财产关系不确定，企业就只有短期行为不会有长期行为，因为短期收益是自己的，长期收益是别人的。

第四，是预算约束硬化的不可能。企业预算软化的根源在于国家所有制本身，在于没有真正承担财产风险的主体，即使企业破产，也没有人会真正受到财产的损失。

第五，是经营者与职工制衡关系的不可能。根本的矛盾在于，一方面我们要求经营者对经营后果负责，像企业家那样行事，这就要求确立经营者的主权地位。另一方面，既然是国有企业，经营者的权力就会处于职工权力的制约之下，经营者就不可能自由地解雇工人，不可能制止职工在收入分配上的不合理要求。

只要不改革企业财产的国家所有制本身，就不可能实行真正的政企分开，不可能形成对经营者的所有权约束，不可能使经营者真正关心资产价值，具有长期行为，不可能从根本上解决企业预算约束软化问题，不可能真正理顺经营者与职工的关系，从而不可能造就真正的企业家和创新型企业。

5.2　企业家才能配置与经济发展模型

5.2.1　模型的理论框架

上文提到，本章的理论分析框架基于 MSV 模型的拓展，不过两者之间的区别还是非常明显。具体说来体现在以下几方面：一是讨论的侧重点与 MSV 模型不同。MSV 主要是论证了企业家才能的配置状况对经济增长水平有重大的影响，不过，MSV 模型并没有讨论是哪些因素，比如 Baumol 特别强调的制度因素如何影响企业家才能的配置。本章最主要的工作就是通过正式的理论模型，讨论制度环境的改善能促进企业家才能的配置。二是模型的"驱动因素"不同。MSV 模型将行业分为两种，一种是"生产性"行业，企业家在这个行业能增加国民财富。另一种是"非生产性"行业，比如寻租，企业家在这个行业充其量只是转移财富。MSV 模型通过假设两种行业生产技术不同，得出了企业家才能的配置不同，对经济增长速度的影响也不同。也就是，此模型的关键假设是生产技术的差异，这是 MSV 模型重要的"驱动因素"。而本章关注的是制度因素对企业家才能配置的影响，本章中企业家才能的配置受到制度变量的影响，因此，本章的"驱动因素"是制度环境的变化。三是与 MSV 的模型相比，本章的结论更稳健。MSV 模型最为重要的一个结论是只有当寻租生产函数的产出弹性比"生产性"生产函数的产出弹性更大时，企业家才能的配置才出现扭曲，而当"生产性"生产函数的产出弹性比寻租生产函数的产出弹性更大时，MSV 就得不出企业家才能配置扭曲的结果。这使得模型的结论对于假设过于敏感。本章的模型克服了关键结论过分依赖模型假设的问题，或者说无论"非生产性"活动还是"生产性"活动的产出弹性孰大孰小，本模型的关键结论不受影响，简言之，本章的结论有较好的稳健性。四是技术层面的贡献。本章基于 MSV 模型构建，所以本质上是个一般均衡模型，通常一般均衡模型都比局部均衡模型更难做比较静态分析。因为局部均衡的比较静态分析基本不涉及市场均衡条件，它往往只涉及优化的一阶条件与二阶条件，这些条件虽然繁多，但只是某个函数（多为生产或是效用函数）的海塞阵的性质。一般均衡的比较静态分析，在技术上是分析（非线性）方程组的数学解的性质，我们知道凡涉及非线性方程组解的性质的讨论，没有统一的程式化的处理手段，本章在接下来的分析中，找出了一套较为有价值的分析套路，它虽不能适用所有一般均衡的分析，但笔者相信本章的分析套路对于很多一般均衡的比较静态分析还是有一定的启发作用。

本章模型涉及的理论分析的思路非常简单，首先，我们认为企业家才能是经济增长重要的驱动力，事实上企业家才能（包括企业家精神）是经济增长重要的推动力在学界早已达成共识。企业家才能包括很多方面，比如生产技术的创新、商业模式的创新、物流渠道的创新、管理方式的创新等，除此之外，企业家才能还包括在充分评估风险的基础上的风险管控能力。企业是经济的核心，而企业家是企业的核心，企业家才能的配置状况是否得当对于经济增长有非常重要的意义。其次，我们界定两种职业，一种是"生产性"活动，不妨称为创建企业，创建企业者称为企业家；另一种是"非生产性"活动，称为寻租。生产性活动创造实际财富，促进经济增长，非生产性活动是纯粹的转移支付，它不仅不创造财富，而且浪费企业家才能。再次，生产性活动与非生产活动的相对收益影响企业家才能的配置，当前者收益相对提高时，人们更多的选择称为企业家，经济中的总体才能配置更加优化，经济增长后劲更足；当后者收益相对提高时，人们更多的选择寻租活动，经济中的总体才能配置扭曲，经济增长后劲不足。影响两种职业相对收益的因素很多，本章关注的是以产权为代表的制度性因素，当然除了产权制度外，制度因素还包括很多其他重要的因素，比如法律体系、市场体系以及契约精神等。最后，本章的理论分析表明，当产权保护提高时，经济中的才能配置向生产性活动倾斜，这意味着产权制度的改善促进了企业家才能配置的优化。本章的理论结论实际上是一般化的结论，模型虽然是关注产权，但是任何能更好保护企业家收入的制度因素都可以用本章的模型解释。

5.2.2 基准模型

人群的能力是异质化的，我们假设人们才能分布的区间从低往高排列为$[0, c]$，对应的分布密度函数是$f(A)$，A是企业家才能。这种异质设定实际上把人群的数量标准化为测度等于c的连续统。

企业的利润与MSV类似，一个能力为A的企业家开办企业获得的利润是：

$$\prod = r \cdot A \cdot F(H) - w \cdot H \qquad (5-1)$$

$\prod$是企业利润，r是企业能保留下来的产出，它表示社会中产权保护的力度（Acemoglu & Verdier, 1998）。本章更愿意把r视为一个综合的制度变量，它不仅代表产权的保护力度还可以代表市场的准入、契约的履行等。这些因素都属于制度环境的一部分（Asoni, 2008），它们越有利于企业家，企业家能保留的总产出就越多。H是企业家雇佣的有效劳动，在本章中我们也可以把它等同于人力资本或企业家才能，简单起见，后面就直接称为劳动需求或劳动供给。w是企业家才能的单位回报。$F(H)$是生产函数，满足常见的单调增且凹的条件。企业利润最大化的一阶条件是：

$$r \cdot A \cdot F'(H) = w \qquad (5-2)$$

式（5-2）的经济含义是很熟悉的等边际法则，雇用劳动的边际产值等于工资，求解式（5-2）得到劳动需求$H = H(A, w, r)$，简单的比较静态分析可知$\frac{\partial H}{\partial A} > 0$，$\frac{\partial H}{\partial w} < 0$，$\frac{\partial H}{\partial r} > 0$，$\frac{\partial H}{\partial A} > 0$表示企业家才能越高，它雇用的工人就越多；$\frac{\partial H}{\partial w} < 0$表示市场工资越高，任何企业家的劳动需求都下降；$\frac{\partial H}{\partial r} > 0$的含义是当产权保护的力度提高时，企业愿意雇用更多的工人。

现在考虑人们的职业选择，一个人选择做企业家当且仅当企业家的收益大于工人：

$$r \cdot A \cdot F(H) - w \cdot H \geqslant w \cdot A \qquad (5-3)$$

存在A^*满足式（5-3）等号关系，很显然A^*是边际企业家才能，所有才能小于A^*的人选择成为工人，所有大于A^*的人选择成为企业家。注意到，式（5-2）和式（5-3）对于任何工资w都成立，为确定市场均衡工资水平，我们还需要考虑劳动力市场的供需均衡：

$$\int_0^{A^*} Af(A)\,dA = \int_{A^*}^c H(A,\ w^*,\ r)f(A)\,dA \qquad (5-4)$$

式子左边是劳动力的供给，右边是劳动力的需求，它实际上描述了人们自愿的职业选择，左边的劳动供给就是自愿成为工人的人们，右边是自愿成为企业家的人们对劳动力的需求。式（5-2）、式（5-3）、式（5-4）构成这个简单一般均衡模型的均衡条件，它们共同决定模型中两个重要的内生变量：职业选择的能力界限 A^* 和均衡工资 w^*。

值得注意的是，上述模型的比较静态分析很困难。通常情况下，应用常用的比较静态办法（扰动所有一阶条件与约束条件得出二阶加边海赛阵）分析均衡条件，可得到外生变量对内生变量的影响。在本模型中外生变量是制度环境的友好程度（比如产权保护程度），内生变量是边际企业家才能和均衡工资率。但是本模型是一般均衡模型，内生变量不仅需要考虑优化的一阶条件，还需要考虑市场均衡条件，传统的比较静态分析只适合分析一阶优化条件。接下来，本章将采用其他办法严格分析产权保护程度对企业家才能配置的影响，本章采用的分析思路在一定程度上可以分析很多类似的既有优化条件，又有市场均衡条件的一般均衡模型。

5.2.3　基本模型的进一步分析——产权保护程度的影响

上节中式（5-2）、式（5-3）、式（5-4）是模型的均衡条件，其中式（5-3）是职业选择的均衡条件，式（5-4）是劳动力市场的均衡条件，我们将逐步分析式（5-3）和式（5-4），最后得到产权保护程度 r 对企业家才能配置的影响。

企业的利润是 $\prod = r \cdot A \cdot F(H(A,\ w,\ r)) - w \cdot H(A,\ w,\ r)$，根据包络定理：

$$\frac{\partial \prod}{\partial A} = rF(H) > 0 \qquad (5-5)$$

$$\frac{\partial^2 \prod}{\partial A^2} = rF'(H)\frac{\partial H}{\partial A} > 0 \qquad (5-6)$$

式（5-5）指出企业利润是企业家才能的增函数，式（5-6）说明利润函数是企业家才能的凸函数，这说明企业的利润是才能 A 递增的凸函数，又因为 $A=0$ 时 $\prod(A)=0$。如图5-1所示，以企业家才能为横轴，纵轴是企业利润或工人工资，利润曲线与工资曲线的交点决定了边际企业家才能 A^*，小于边际才能的成为工人，大于边际才能的成为企业家。

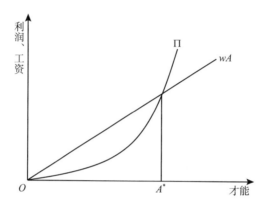

图5-1　企业家才能与企业利润或工人工资水平关系

由于条件式（5-3）和式（5-4）的加入，比较静态分析变得复杂不少。比较静态分析旨在讨论外生变量对内生变量的影响，它是经济学中追踪因果关系最重要的手段之一。如果没有类似式（5-3）和式（5-4）这样的市场均衡条件，比较静态的结果只取决于生产函数 $F(H)$ 的性质。加入了市场均衡条件后，外生变量除了影响企业利润最大化的一阶条件外，还影响市场均衡条件，这说明，我们还需要找到内生变量之间合乎逻辑的变化规律，才能完成比较静态分析。理论上，内生变量彼此之间不可能存在任何因果关系，它们只可能在某些特定条件下在随着外生变量变化过程中呈现出较为一致的变化规律。下面我们通过具体的模型分析来探讨两个内生变量之间是否存在某种协同变化的规律。

工人工资 w 与边际企业家才能 A 是模型的内生变量，两个变量不存在直接的函数关系，不过借助图形，我们还是可以看到两个变量变化之间存在一定的规律。不妨假设，由于某外生变量改变，均衡工资由 w 上升为 w'，根据式（5-1）由包络定理可以得到：

$$\frac{\partial \prod}{\partial w} = -H < 0 \tag{5-7}$$

说明，当工资下降时企业的利润上升，在图形上利润曲线向上移动。如图 5-2 所示，当工资下降时曲线 wA 向下移动到 $w'A$，利润曲线向上移动到 $\prod'$，边际企业家才能从 A^* 减小为 A'。以上分析表明，为了保证均衡条件式（5-3）的成立，工人工资与边际企业家才能的变化方向应该是一致的。为引用方便，把这个结论记为引理一。

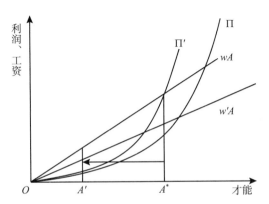

图 5-2 工资下降对企业家才能、利润曲线的影响

引理一：无论什么外生变量发生变动，它引起两个内生变量均衡工资 w^* 与边际企业家才能 A^* 的变化方向是一致的。

接着，根据劳动力市场的均衡条件式（5-4）来讨论产权保护程度变化对模型内生变量的影响。将式（5-4）两边对产权保护程度 r 求导得到：

$$A^* f(A^*) \frac{\partial A^*}{\partial r} = -H(A^*, w^*, r) f(A^*) \frac{\partial A^*}{\partial r} + \int_{A^*}^{c} \left(\frac{\partial H}{\partial w^*} \cdot \frac{\partial w^*}{\partial r} + \frac{\partial H}{\partial r} \right) f(A) \, dA \tag{5-8}$$

式（5-8）左边是直接应用变上限积分求导法则得出，式（5-8）右边的求导应用了莱布尼茨法则（Leibniz rule）。将式（5-8）恒等变形后得到：

$$\left[A^* f(A^*) + H(A^*, w^*, r) f(A^*) \right] \frac{\partial A^*}{\partial r} = \int_{A^*}^{c} \left(\frac{\partial H}{\partial w^*} \cdot \frac{\partial w^*}{\partial r} + \frac{\partial H}{\partial r} \right) f(A) \, dA \tag{5-9}$$

根据式（5-9）得到下面关于比较静态结果的命题。

命题一：产权保护程度越高，工资越高，成为企业家所需要才能的最低要求（边际企业家才能）也升高。数学表示为 $\frac{\partial w^*}{\partial r}>0$，$\frac{\partial A^*}{\partial r}>0$。

证明：反证法。根据式（5-9），$\frac{\partial A^*}{\partial r}$ 前面的系数大于零，又因为 $\frac{\partial H}{\partial w}<0$，那么如果 $\frac{\partial w^*}{\partial r}<0$，式（5-9）右边大于零，为了保持等式成立，必须要 $\frac{\partial A^*}{\partial r}>0$，这说明均衡工资 w^* 与边际企业家才能 A^* 是反方向变化，与引理一结论矛盾。

命题一的证明思路对于分析很多类似的一般均衡（比如内生变量超过两个，直接对所有均衡条件求导得不出确切的比较静态结果）有一定借鉴意义。通过先假定某个内生变量的变化方向得出其他内生变量变化的方向，然后再应用均衡条件考察当外生变量变化时，前面推出的两个内生变量变化的趋势是否出现矛盾。例如，本章先通过式（5-2）、式（5-3）得出工资与边际才能是同向变化的，然后加入外生变量的变化并考察均衡条件式（5-4），最后通过均衡条件式（5-3）和式（5-4）的同时满足得到确切的比较静态结果。

命题一的结论说明，当制度环境越来越友好时，选择做工人的人数越来越多，选择做企业家的人越来越少。不过需要强调的是，由于基准模型中只有两种职业选择，而两种职业都是增加国民财富的（都不是浪费资源的寻租活动），因此命题一的结论不能用于判断资源配置。虽然命题一的结论不能用于直接判断资源配置的状态，但是其反直观的经济含义揭示了本章的主要研究目的不像看起来那么显然。

命题一关注制度环境变化后，人们如何在两个职业间做出取舍。命题一的结论有意思的是其反直观的推断。比如当制度环境变得对企业家更为友好后，开办企业的收益明显上升，此时我们很容易陷入一个误区，认为当开办企业的收益上升时，肯定有更多的人选择成为企业家。命题一的结论却正好相反，根据命题一，我们知道当制度环境更加友好后，虽然开办企业的收益提高，但是其他条件并非固定不变，比如制度环境改善的同时市场的均衡工资也随之上升，工资的上升激励更多的人选择做工人。这也是一般均衡模型的优势所在，在融入市场之间的反馈效应后，一般均衡的结果有可能和局部均衡的结果不一样，一些在局部均衡框架下看起来合理的预测，一旦加入市场之间的反馈效应后就不一定成立了。

5.2.4 基准模型的拓展

在上节的基准模型中引入寻租，模型变得更接近现实，其结论也更加丰富，更重要的是模型可以用来做资源配置（本章特指企业家的才能或人力资本）的福利判断了。

寻租活动是非生产性活动是一种典型的经济效率的损失方式（Acemoglu，1995；Bhagwati，1982）。我们模型的假设是以能力为维度将人群量化，因此人群在不同职业之间的流动直接能表示资源配置状态的改变，如果一个经济中，制度环境的变化使得更多的人参与到寻租中，这些流入寻租行业的人力资源（企业家才能）就没有得到充分利用；如果制度环境的变化使得更多的人离开寻租从事生产性活动，那么人力资源的利用就得到改善。由于本模型中，人口数量的流动直接等同于资源配置状态的变化，下面分析的重点就是讨论人口数量将如何随制度环境的变化在寻租与开办企业两种活动之间进行流动。显然，如果制度的变化使得更多人从事寻租活动，那么企业家才能的配置就恶化了，反之，制度的变化使得更多人成为开办企业的企业家，那么企业家才能的配置就改善了。

1. 加入寻租后的模型拓展

仍然参照 MSV 模型，我们对寻租做类似的处理，认为寻租也可视为一种特殊的产出过程，其利润是：

$$\prod_R = A \cdot G(H) - w \cdot H \tag{5-10}$$

其中，$G(H)$ 是寻租的生产函数，具有一般生产函数的特性（增凹）。引入寻租后，人们的职业选择包括寻租、做企业家与当工人三种。当然，一旦职业的选择变成三种后，模型的分析复杂了不少。MSV 为了简化分析做了一些特殊的假设，他们设置了特殊的齐次利润函数同时对生产函数的生产弹性（生产函数的二次导数性质，具体参见原文命题二）也做了一些简化。本章要处理的比较静态分析比 MSV 模型更加复杂，因为本章放松了齐次利润函数的假设，这使得本模型中的工资不再是固定不变的（齐次利润函数假设下，工资虽然是内生变量，但是均衡值保持固定），工资的变化使得一般化的比较静态分析变得很困难，在下面的正式讨论中，本章采用最常见的生产函数形式进行例证，实际上大多数经济增长模型都是例证，因为很多都采用了具体的 CES 效用函数，从这个意义上看，本章的例证并没有降低理论的价值。

理论上，寻租生产函数与企业生产函数的产出弹性之间的大小关系有两种可能，前者更大或者前者更小。但是，MSV 模型的主要结论只在寻租生产函数的产出弹性更大的情形下才成立。本章的贡献之一是，我们的主要结论在两种情形下都成立，这说明本章的结论具有更好的稳健性。

下面的基本模型是假设寻租的利润函数比企业的利润函数更加凸（假设寻租的边际产出更大），在后面的稳健检验中，我们会考虑相反的假设：企业的利润函数比寻租的利润函数更加凸。

模型拓展后，严格的分析变得很复杂，但是模型的主要含义可以通过图形直观的表现。由于引入了寻租，市场的均衡条件比上一节的基本模型多了一个。完整的市场均衡条件如下：

$$r \cdot A_1 \cdot F(H) - w \cdot H \geq w \cdot A_1 \tag{5-11}$$

这是工人与企业家两种职业的选择，对应图 5-3 中的 A_1。

$$A_2 \cdot G(h) - w \cdot h \geq r \cdot A_2 \cdot F(H) - w \cdot H \tag{5-12}$$

这是寻租与开办企业（成为企业家）之间的选择，对应图 5-3 中的 A_2。

$$\int_0^{A_1} A f(A) \, dA = \int_{A_1}^{A_2} H(A, w^*, r) f(A) \, dA + \int_{A_2}^{c} h(A, w^*, r) f(A) \, dA$$

$$\tag{5-13}$$

这是劳动力市场均衡，左手代表劳动力的供给，右手第一项是企业的劳动需求，第二项是寻租业的劳动需求。

根据图 5-3，在寻租的边际产出更大的假设条件下，市场均衡在图中看得很明白。当企业家才能低于 A_1 时，工资线 wA 高于寻租利润线与企业利润线，选择作为工人的收入最高。当企业家才能高于 A_1 低于 A_2 时，企业利润线最高，做企业家的利益最大。当企业家才能高于 A_2 时，寻租利润线最高，此时人们都选择寻租。

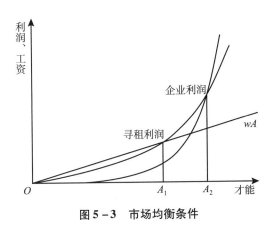

图 5 - 3　市场均衡条件

现在严格分析当制度环境变化时，企业家才能的配置如何变化？在模型中制度环境变量用 r 代表，它是外生变量。我们可以用 r 变大表示制度环境变得更好，因为企业家能自留的产出份额更大。

由图 5 - 3 不难看出，联立求解市场均衡条件式（5 - 11）、式（5 - 12）和式（5 - 13）可得 A_1，A_2 和 w^*，显然它们都与外生变量 r 相关。一旦制度环境发生变化，上述三个内生变量都发生变化，通过图形我们了解，r 的变化可以刻画人们在三种职业（工人、企业家以及寻租）之间的流动，职业的流动可以用于判断企业家才能配置状况的优劣。模型分析的难点是，由于才能的概率分布函数与两个有关的生产函数都是抽象的一般形式，一般情况下很难直接做比较静态分析。在这种情况下，可以考虑两种方式，一种是数值模拟，另一种是采用最常见的分布函数与生产函数做例证。显然，例证的结论比数值模拟的结论更具一般性，因此下面我们通过例证得出确切结论。需要强调的是，例证是经济增长研究领域的常见形式，比如大量的研究结论都采用了 CES 函数。

2. 例证

假设企业家才能是在区间 $[0, c]$ 上的均匀分布，企业的生产函数是 $F(H) = \dfrac{H^\beta}{\beta}$，寻租的生产函数是 $G(h) = \dfrac{h^\alpha}{\alpha}$，$1 > \alpha > \beta > 0$ 表示所有的生产函数都是凹的增函数，并且寻租的边际产出大于企业的边际产出。

对式（5 - 1）优化得到企业的劳动需求函数：

$$H = \left(\frac{w}{rA}\right)^{\frac{1}{\beta-1}} \qquad (5 - 14)$$

对式（5 - 10）优化得到寻租的劳动需求函数：

$$h = \left(\frac{w}{A}\right)^{\frac{1}{\alpha-1}} \qquad (5 - 15)$$

把式（5 - 14）、式（5 - 15）代入市场均衡条件式（5 - 11）、式（5 - 12）和式（5 - 13），得到以下三个式子：

$$\frac{1-\beta}{\beta} \cdot r^{\frac{1}{1-\beta}} \cdot w^{\frac{1}{\beta-1}} = A_1^{\frac{\beta}{\beta-1}} \qquad (5 - 16)$$

$$\frac{1-\beta}{\beta} \cdot r^{\frac{1}{1-\beta}} \cdot A_2^{\frac{1}{1-\beta}} \cdot w^{\frac{\beta}{\beta-1}} = \frac{1-\alpha}{\alpha} \cdot A_2^{\frac{1}{1-\alpha}} \cdot w^{\frac{\alpha}{\alpha-1}} \qquad (5 - 17)$$

$$\frac{A_1^2}{2} = r^{\frac{1}{1-\beta}} \cdot w^{\frac{1}{\beta-1}} \cdot \frac{1-\beta}{2-\beta} \cdot \left(A_2^{\frac{2-\beta}{1-\beta}} - A_1^{\frac{2-\beta}{1-\beta}}\right) + w^{\frac{1}{\alpha-1}} \cdot \frac{1-\alpha}{2-\alpha} \cdot \left(c^{\frac{2-\alpha}{1-\alpha}} - A_2^{\frac{2-\alpha}{1-\alpha}}\right)$$

$$(5 - 18)$$

为了简化式子，我们定义几个计算中的常数：

$$C_\beta = \left(\frac{1-\beta}{\beta}\right)^{\beta-1}, \quad C_{\alpha\beta} = \frac{1-\beta}{\beta}\frac{\alpha}{1-\alpha}C_\beta^{\frac{\alpha}{\alpha-1}-\frac{\beta}{\beta-1}}, \quad C_{\alpha\beta2} = C_{\alpha\beta}^{\frac{(1-\alpha)(1-\beta)}{\beta(\beta-\alpha)}}$$

根据式（5 - 16）得到：

$$w = \frac{A_1^\beta r}{C_\beta} \qquad (5 - 19)$$

代入式（5 - 17）得到：

$$A_1 = C_{\alpha\beta2} r^{\frac{1-\beta}{\beta(\beta-\alpha)}} A_2^{\frac{1}{\beta}} \qquad (5 - 20)$$

然后将式（5 - 18）恒等变形得到下面的式子（5 - 21）：

$$1 + \frac{2-2\beta}{2-\beta}\frac{1}{C_\beta^{\frac{1}{\beta-1}}} = r^{\frac{2-\beta}{\beta(\alpha-\beta)}}\left(\left(\frac{2-2\beta}{2-\beta}\frac{1}{C_\beta^{\frac{1}{\beta-1}}}C_{\alpha\beta2}^{\frac{2-\beta}{\beta-1}} - \frac{2-2\alpha}{2-\alpha}\frac{C_{\alpha\beta2}^{\frac{\beta}{\alpha-1}-2}}{C_\beta^{\frac{1}{\alpha-1}}}\right)A_2^{\frac{\beta-2}{\beta}}\right.$$

$$\left. + \left(\frac{2-2\alpha}{2-\alpha}\frac{C_{\alpha\beta2}^{\frac{\beta}{\alpha-1}-2}\cdot c^{\frac{2-\alpha}{1-\alpha}}}{C_\beta^{\frac{1}{\alpha-1}}}\right)A_2^{\frac{1}{\beta}\left(\frac{\beta}{\alpha-1}-2\right)}\right) \qquad (5 - 21)$$

令括号里的式子为 $\phi(A_2)$

$$\phi(A_2) = \left(\frac{2-2\beta}{2-\beta} \frac{1}{C_\beta^{\frac{1}{\beta-1}}} C_{\alpha\beta2}^{\frac{2-\beta}{\beta-1}} - \frac{2-2\alpha}{2-\alpha} \frac{C_{\alpha\beta2}^{\frac{\beta}{\alpha-1}-2}}{C_\beta^{\frac{1}{\alpha-1}}} \right) A_2^{\frac{\beta-2}{\beta}} + \left(\frac{2-2\alpha}{2-\alpha} \frac{C_{\alpha\beta2}^{\frac{\beta}{\alpha-1}-2} \cdot c^{\frac{2-\alpha}{1-\alpha}}}{C_\beta^{\frac{1}{\alpha-1}}} \right) A_2^{\frac{1}{\beta}\left(\frac{\beta}{\alpha-1}-2\right)}$$

再次定义常数简化表达式

$$\phi(A_2) = \xi\left((\kappa-1) A_2^{\frac{\beta-2}{\beta}} + c^{\frac{2-\alpha}{1-\alpha}} A_2^{\frac{1}{\beta}\left(\frac{\beta}{\alpha-1}-2\right)} \right),$$

其中 $0 < \kappa = \frac{\beta}{2-\beta} \frac{2-\alpha}{\alpha} < 1$，$\xi = \frac{2-2\alpha}{2-\alpha} \frac{C_{\alpha\beta2}^{\frac{\beta}{\alpha-1}-2}}{C_\beta^{\frac{1}{\alpha-1}}} > 0$，现在对 $\phi(A_2)$ 求导得到

$$\phi'(A_2) = \xi\left(\frac{\beta-2}{\beta}(\kappa-1) A_2^{-\frac{2}{\beta}} + \left(\frac{1}{\alpha-1} - \frac{2}{\beta}\right) c^{\frac{2-\alpha}{1-\alpha}} A_2^{\left(\frac{1}{\alpha-1}-1-\frac{2}{\beta}\right)} \right)$$

$$< \xi\left(\frac{\beta-2}{\beta}(-1) A_2^{-\frac{2}{\beta}} - \frac{2}{\beta}\left(\frac{c}{A_2}\right)^{\frac{2-\alpha}{1-\alpha}} A_2^{-\frac{2}{\beta}} \right)$$

$$< \xi\left(\left(\frac{2}{\beta}-1\right) A_2^{-\frac{2}{\beta}} - \frac{2}{\beta} A_2^{-\frac{2}{\beta}} \right)$$

$$< 0$$

通过前面的推导，可以得出本章最重要的结论。

命题二：如果制度环境更加友好，也就是当 r 增加时，寻租的人数将下降，即 $\frac{\partial A_2}{\partial r} > 0$。

证明：式（5-21）简写为 $1 + \frac{2-2\beta}{2-\beta} \frac{1}{C_\beta^{\frac{1}{\beta-1}}} = r^{\frac{2-\beta}{\beta(\alpha-\beta)}} \phi(A_2)$，因为左手是常数，$r^{\frac{2-\beta}{\beta(\alpha-\beta)}}$ 又是 r 的增函数，因此当 r 增加时 $\phi(A_2)$ 必然变小才能维持式（5-21）的平衡，前面已经推导出 $\phi'(A_2) < 0$，则必然存在 $\frac{\partial A_2}{\partial r} > 0$。最后，因为寻租的人数是 $c - A_2$，所以结论是当制度环境变得更加友好时，$\frac{\partial c - A_2}{\partial r} < 0$，说明寻租的人数 $c - A_2$ 是下降的。

命题二的经济含义很简单，寻租本身并不创造财富，它只是转移财富，一旦制度环境变好后，产生财富的活动变得更加有吸引力，一部分寻租的人变成企业家，这部分曾经被浪费的人力资源转化为生产性活动，整体社会的才能配置得到改善。

3. 稳健检验

前面已经论证了当寻租的边际产出大于企业正常生产的边际产出时，制度环境的改善可以减少寻租人数，对全社会而言寻租是人力资本的浪费。接下来，本章将证明，即使改变假设，本章的结论也不受影响，在一定意义上，这是本模型较为重要的贡献。

现假设企业正常生产的边际产出大于寻租的边际产出，类似于前面的分析，容易得出人们的职业根据能力高低的排序是工人、寻租以及企业家。严格的，一般均衡的条件如下：

$$A_1 \cdot G(h) - w \cdot h \geq w \cdot A_1 \qquad (5-22)$$

这是工人与寻租两种职业的选择。

$$r \cdot A_2 \cdot F(H) - w \cdot H \geq A_2 \cdot G(h) - w \cdot h \qquad (5-23)$$

这是寻租与企业家之间的选择。

$$\int_0^{A_1} A f(A) dA = \int_{A_1}^{A_2} h(A, w^*, r) f(A) dA + \int_{A_2}^{c} H(A, w^*, r) f(A) dA$$

$$(5-24)$$

这是劳动力市场均衡，左手代表劳动力的供给，右手第一项是企业的劳动需求，第二项是寻租业的劳动需求。

仍然先根据图形了解直观含义，此时假设条件变为开办企业的边际产出大于寻租的边际产出。如图 5-4 所示，当企业家才能低于 A_1 时，工资线 wA 高于寻租利润线与企业利润线，选择作为工人的收入最高。当企业家才能高于 A_1 低于 A_2 时，寻租的利润线最高。当企业家才能高于 A_2 时，开办企业的利润线最高，此时人们都选择开办企业。

仍然引用均匀的概率分布函数、企业的生产函数 $F(H) = \dfrac{H^\beta}{\beta}$ 以及寻租的生产函数 $G(h) = \dfrac{h^\alpha}{\alpha}$。$1 > \beta > \alpha > 0$ 表示开办企业的边际产出大于寻租。全部代入后得到以下三个式子。

式（5-22）化简为

$$w = \left(\frac{A_1^{\frac{\alpha}{\alpha-1}}}{\frac{1-\alpha}{\alpha}} \right)^{\alpha-1} = \frac{A_1^\alpha}{C_\alpha} \qquad (5-25)$$

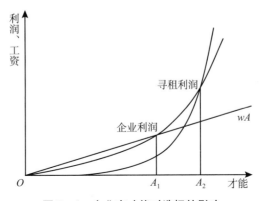

图 5 - 4　企业家才能对选择的影响

其中 $C_\alpha = \left(\dfrac{1-\alpha}{\alpha} \right)^{\alpha-1}$

式（5 - 23）化简为

$$A_1 = C_{\alpha\beta2} \, r^{\frac{1-\alpha}{\alpha(\beta-\alpha)}} A_2^{\frac{1}{\alpha}} \tag{5 - 26}$$

式（5 - 24）化简为下面的式（5 - 27）

$$1 + \frac{2-2\alpha}{2-\alpha} \frac{1}{C_\alpha^{\frac{1}{\alpha-1}}} = r^{\frac{2-\alpha}{\alpha(\alpha-\beta)}} \left(\left(\frac{2-2\alpha}{2-\alpha} \frac{1}{C_\alpha^{\frac{1}{\alpha-1}}} C_{\alpha\beta2}^{\frac{2-\alpha}{\alpha-1}} - \frac{2-2\beta}{2-\beta} \frac{C_{\alpha\beta2}^{\frac{\alpha}{\beta-1}-2}}{C_\alpha^{\frac{1}{\beta-1}}} \right) A_2^{\frac{\alpha-2}{\alpha}} \right.$$

$$\left. + \left(\frac{2-2\beta}{2-\beta} \frac{C_{\alpha\beta2}^{\frac{\alpha}{\beta-1}-2} \cdot c^{\frac{2-\beta}{1-\beta}}}{C_\alpha^{\frac{1}{\beta-1}}} \right) A_2^{\frac{1}{\alpha}\left(\frac{\alpha}{\beta-1}-2\right)} \right) \tag{5 - 27}$$

对式（5 - 27）求全微分，并代入式（5 - 25）得到下面命题三。

命题三：当制度环境改善时，$\dfrac{\partial A_1}{\partial r} > 0$，$\dfrac{\partial A_2}{\partial r} < 0$。

命题三的经济含义非常清晰，当制度环境变得更加友好时，代表制度变量的 r 增加，那么选择成为寻租者的能力阈值 A_1 提高，而选择成为企业家的能力阈值 A_2 降低，考虑到能力高于 A_1 低于 A_2 的人是寻租者的总人数，命题三的结论意味着当制度环境改善时，寻租的人数 $A_2 - A_1$ 下降，企业家才能的配置随着制度环境的改善得到优化。

值得注意的是，命题三的假设与命题二的假设是彻底调换的，但是其结论包含的经济含义和命题二完全一致。一般而言，模型的重要结论在一定程度上都与模型的技术假设相关，比如在 MSV 模型中，其最重要的结论随着假设的变化经济含义完全逆转。而本章的关键结论——制度环境改善有利于企业家才能的优化配置对于模型的生产技术假设不敏感，无论哪个行业（寻租或是正常生产）的生产技术更好，制度环境的改善都有助于优化企业家才能的配置。

最后，回应一个对本章的理论分析较为有力的挑战。这个挑战认为，本章的主要工作看起来是很显然的，似乎无须复杂的证明。因为制度环境的改善意味着，相对于寻租做企业家的吸引力上升，这必然激励人们从寻租流入企业，由于寻租是非生产性活动，人员从寻租活动转向生产性活动，企业家才能配置显然改善。其实，本模型的经济机制并非如此简单。首先，从本章前面的命题一可以看到，即使只有两种职业选择，一种职业收益的提高并不一定导致人员流入该职业。其次，当职业由两种变成三种时，情况变得更加复杂，一种职业收益的提高并不使得另外两种职业的相对收益都下降。具体而言，由式（5-25）可以看出，A_1 和 w 是正相关的，即如果工资率高，则社会上更多人选择当工人，如果工资率低，则社会上更多人选择寻租。然而均衡工资率主要由式（5-27）决定，即由劳动力市场均衡决定。均衡条件是劳动力供给等于企业的劳动需求和寻租业的劳动需求之和，即使企业劳动需求增多，但是寻租业劳动需求变化方向不定，所以总需求变化方向不定，我们无法直观地看出均衡工资率的变化趋势。虽然制度更加友好可以使得企业家的相对吸引力增加，如若制度环境改善的同时均衡工资率下降，那么一部分工人有可能转为寻租，在这种情况下，制度环境改善可能反而导致寻租人数上升。

5.2.5 其他模型

采用一般均衡分析框架构建包含企业家要素的内生增长模型，假设经济体中只有两个部门，一个负责生产产品，另一个对技术进行研发，假设企业家需要参与生产活动和研发开发活动，也就是说企业家才能将影响技术进步的速率（Krugman，1979）。

假设每个个体生命长度无限、偏好相同，则代表性个人的跨时效用函数可以表示为：

$$U = \int_0^\infty u(c)e^{-\rho t}dt$$

其中，ρ 为时间偏好率，$u(c)$ 为个人瞬时效应，此处采用固定替代弹性效应函数形式，假定各国的所有产业都是对称的，总人口中企业家占 $e(t)(e(t)\in 0)$。企业家主要负责生产劳动、资本流动、生产技术等要素的组织，假设代表性企业家的生产函数呈柯布—道格拉斯形式，当将技术进步设为哈罗德中性时，生产函数为：

$$y(t) = \left[(1-a_k)k_t\right]^\alpha \left\{\frac{A(t)[1-a_h(t)][1-e(t)]h(t)}{e(t)}\right\}^{1-\alpha}$$

其中，$0<\alpha<1$，$A(t)$ 为 t 时刻的知识存量，是当期技术水平，k 为每个企业家可支配的资本存量，a_k 表示用于开发技术的资本，$(1-a_k)$ 为用于生产过程的资本，$a_h(t)$ 是用于技术研发中的劳动，$[1-a_h(t)]$ 是用于产品生产的劳动。假设 a_k 外生给定。

假设各国技术进步的方程如下：

$$A(t) = B\left[a_k k(t)\right]^\beta \left\{a_h(t)[1-e(t)]h(t)\right\}^\gamma [e(t)s(t)]^\varphi A(t)^\theta$$

其中，B 为影响技术进步的外生因素，如市场环境、制度因素等，$[e(t)s(t)]^\varphi$ 反映了企业家资源对技术进步的影响效应，φ 为企业家进行技术创新的效率。假定 φ 和 θ 外生给定。可以构造出一个现值的哈密尔顿函数，其状态变量为物质资本和技术进步，用影子价格 $\lambda(t)$、$\mu(t)$ 来估计 $k(t)$ 和 $A(t)$ 的边际增量：

$$J(k, A, \lambda, \mu, c, a_h, t) = \frac{c^{1-\sigma}}{1-\sigma}e^{-\rho t} + \lambda\left\{[(1-a_k)k]^\alpha\frac{A(1-a_h)(1-e)h^{1-\alpha}}{e} - c_t\right\}$$

$$+ \mu B(a_k k)^\beta\left[\frac{a_k(1-e)h}{e}\right]^\gamma(es)^\varphi A^\theta$$

因为达到稳态时，各变量 y，k，A，c 都将以同样的速度增长，所以可以推知稳态时的均衡增长率为：

$$g^* = \frac{B(a_k k)^\beta A^{\theta-1}(es)^\varphi\left[\frac{(1-e)h}{e}\right]^\gamma[\gamma(1-a_h)+\theta a_h]-\rho}{\beta+\sigma+\theta-1}$$

由该模型可知，在 $\varphi>\gamma$ 且 $e(t)\in(0, 1-\gamma/\varphi)$ 时，企业家人数占比对技术进步率和经济增长率存在积极影响，随着 e 增加，g^* 将递增，即只有当企业家的创新效率高于产业内雇员对技术进步的贡献率时，企业家要素将有利于技术发展经济增长。

5.3 简要事实

5.3.1 国外事例

除了从理论层面论证，制度环境的改善可以提高企业家才能的配置效率。下面本节提供一些有关的事实和资料简要地支持书中观点。

华尔街日报曾刊登过一篇名为《无形资产的秘密》的文章，提到"一个墨西哥工人在美国的产出5倍于他在墨西哥的产出……重要的原因在于美国比墨西哥拥有更多的无形资产：比如较高的社会互信文化、公正的司法体系、清晰的产权保护、有效的政府等"。有意思的是，阿西莫格鲁（Acemoglu）最近一篇畅销的著作《国家为什么会失败》开篇也是以美墨两国之间的生产率差异为例，根据该著作，美墨边境城市诺加雷斯被一道围墙分为两半，其中一半在美国的亚利桑那州，另外一半在墨西哥境内的索诺拉省，在美国境内的诺加雷斯市民的平均收入是3万多美元，而墨西哥境内的诺加雷斯市民的平均收入只抵得上美国居民的 $\frac{1}{3}$。可是两个城市在地理和气候方面是没有差别的，在文化方面也没有差异，因为"他们有着共同的祖先，享用相同的食物，听着相同的音乐"。阿西莫格鲁用了一整本书的篇幅，引用了大量的翔实的历史资料，较为可信地论证了造成收入差距的最为根本的原因不是地理因素、不是文化因素，而主要是制度方面的因素。

《国家财富来自何方》（*Where is the Wealth of Nations?*）是一本很有影响的书，它出自世界银行的环境经济研究部的一个专家组。书中通过严格的实证研究给出了一些很有启发的结论：一个国家的自然资源比如油气煤、各种矿产、耕地和森林以及机器、厂房、设备等全部加总起来只占到一国财富很少的一部分，而财富更大的一部分是无形财富，其代表形式是人力资本、社会互信文化、公正的司法体系、清晰的产权保护、有效的政府等（Hamilton & Kirk，2005）。

该研究指出全球平均来看，自然资源和资本仅占一国财富的 22%，而无形资本占到 78%；如果根据一国收入的高低区分来看，低收入国家自然资源和物质资本占财富的 40%，而高收入国家的自然资源和物质资本仅占财富的20%，这意味着一个国家的收入越高，其财富越是以无形资产的形式存在。

当然，如前所述，要了解某个因素是否是一国财富增长的真正原因是非常困难的。这是因为现实中一国财富的增长由多种因素共同决定，同时一国财富增长也会促使一些因素持续改善。以产权的保护提高为例，我们不能仅仅根据历史上存在大量的有关事实就断定产权保护程度的提高促进了经济增长，因为一国的经济增长可能是由于其他的因素譬如技术进步、要素投入等的推动所带来的，而财富的增长增加了一国改良制度环境所需要投入的资源，于是随着国家财富的增长，社会中产权保护的力度也提高了。简而言之，多种可能因素的影响以及国民财富与产权制度之间"反向因果"的可能性使得有关的实证研究非常复杂，这要求实证研究对于因果关系的界定要非常严谨。因此要有说服力的论证制度环境的改善促进了一国财富的增长，我们必须控制住其他影响因素，同时还需要识别"反向因果"——收入的提高改善了制度环境。综上所述，上述列举出的例子只能是在一定程度上支持本章的理论，它并不能替代严谨的计量分析。

5.3.2 中国转型时期的变通性制度安排与企业家才能配置

根据相关研究，在尚未改革开放的时候，由于中国实行集中计划经济体制，所有的经济资源都掌握在政府手中，有才能的人士发挥其才能的重要途径乃是"入党做官"。在 20 世纪的最后 20 年，"文化大革命"已经结束，为了改变原有的状况，中央政府没有采取激进的措施，而是巧妙地采取了一系列变通性制度安排。中国开始摆脱传统计划经济体制的束缚，市场机制逐渐在有限的范围内发挥作用，但与此同时政府行政权力依然对微观经济进行干预。这些变通性制度安排包括：①M 型经济结构。经过 20 世纪 80 年代的财政改革之后，中国的上级政府和下级政府之间的关系已经变得类似于一个多事业部企业（M 型企业），钱颖一等人将这一经济结构命名为 M 型经济结构，相对的 U 型经济结构就表示集中计划经济体制。与 U 型经济结构相比，M 型经济结构尽管在利用规模经济方面效率较低，不过，它对中央政府的信息处理与协调的要求也更低，而且地方政府从自身利益出发更加有积极性支持非国有企业的发展。②对国有企业管理层的"放权让利"和逐步允许发展非国有企业。③资料分配与定价双轨制。价格双轨制指的是对同值的标的物实行两种不同的定价机制，对于企业计划外的物资购买和产品销售，国家允许在完成计划的前提下企业自行定价，其价格由市场决定。

在这些变通性制度安排下，由于具备了创业的必要条件，企业家一方面将大量才能用于进行生产性创新活动，包括：制度创新、优化资源配置、技术引进和技术创新等。

由此，中国民众所蕴藏的企业家才能得到激发，大量的私人创业活动蓬勃地开展起来。

由于变通性制度安排上仍然没有改变政府主导的本质，政府依然掌握着大量重要的生产资源的分配权和一些重要市场的准入权力，所以也使得企业家有了进行非生产性活动的动力。这些非生产性活动包括：①双轨制下的寻租行为。②借助地方官员的行政权力来保证合同执行。③"放权让利"改革带来国有资产的大量流失。变通性制度的局限性使得寻租空间提升的同时，也提升了寻租的利益，使得企业家才能被配置到寻租上来。

5.3.3　近年来政府行政干预权力的强化对企业家才能配置的影响

为了减少企业家的非生产性行为，应该进一步加快改革的步伐，逐渐完善市场经济体制，但是现实的情况并非如此。改革的推迟导致中国长期存在双轨制，并由此产生了许多经济和社会问题，于是有一种观点认为这些问题是"市场缺陷"，应该通过强化政府的行政干预职能来弥补。近年来，中国政府对微观经济的行政干预能力在某些方面的确得到了增强。另外，改革的推延导致政府应该提供的法治和监管等市场亲和（market-friendly）功能没有到位，而且金融市场的发展严重滞后，随着市场的扩大，企业家的创新活动由此明显受到钳制。可以说，改革推进过慢从绝对意义和相对意义上提高了企业家从事寻租活动的动力。

政府逆市场行为的强化具体体现在：第一，行政性资源配置权力的强化。

随着私营企业的不断发展，国有企业不再是唯一的"政策倾斜"的对象。凡是能够进入到地方政府的扶持名单的企业都可以获得优惠。地方政府这种优惠政策给被扶持的企业输送了巨大的非生产性收益，因此大大强化了企业家进行寻租活动的动力。第二，政府的行政审批仍然控制着私营企业的市场进入。行政审批已被日益广泛地运用于许多行政管理领域，甚至有时直接决定着一个企业的生死。因此，也造成了近年来企业家寻租激励的加强，市场准入的行政审批制度已经成为政府官员腐败的重要诱因。第三，以法治为基础的产权保护和合同执行机制未能完全建立起来。第四，高效率的金融部门没有发展起来。首先，作为金融基础的银行体系问题众多。其次，中国的证券市场的上市规则和监管制度尚需完善。

由于这些制度安排上的变化影响了企业家生产性活动和非生产性活动的相对收益，中国的企业家才能配置也发生了改变。首先，企业家生产性活动的动力减弱。其次，腐败严重，从官商勾结到买官卖官。近年来，这些企业家才能配置的变化导致的结果是，不同社会阶层的收入差距进一步扩大。对于大部分从社会底层发展起来的（bottom-up developed）私人企业家而言，创业动力弱化，导致社会就业机会增长放缓；而以寻租为主要形式的腐败在中国日趋严重，渗透到各个权力部门时，这种机会不平等所带来的收入差距就成为当前不同社会阶层收入差距扩大的关键原因，进而成为影响中国社会稳定的最重要的因素。

中国的经济增长能够持续吗？从企业家才能配置的最新动向上看，危险是显然存在的。我们认为，未来中国经济的健康和可持续发展取决于经济和政治两方面进一步改革的成效。中国目前正在进行的国有企业改革和金融改革必须继续向前推进，同时要进一步完善现代市场经济所需要的各种基础性制度，以建立起法治基础上的市场经济。

5.4 模型的结论与现实意义

5.4.1 结论

通过理论论证与事例例证，可以得到以下结论：第一，产权保护程度越高，工资越高，成为企业家所需要才能的最低要求也升高。第二，寻租本身并不创造财富，它只是转移财富，一旦制度环境变好后，产生财富的活动变得更加有吸引力，一部分寻租的人变成企业家，这部分曾经被浪费的人力资源转化为生产性活动，整体社会的才能配置得到改善。第三，当制度环境改善时，寻租的人数下降，企业家才能的配置随着制度环境的改善得到优化。

总的来说，制度环境改善有利于企业家才能的优化配置对于模型的生产技术假设不敏感，无论哪个行业（寻租或是正常生产）的生产技术更好，制度环境的改善都有助于优化企业家才能的配置。

5.4.2 现实意义

中国目前正处于增长速度换挡期、结构调整阵痛期和前期刺激政策消化期这三期叠加的状态。从数据上看，中国经济在10%左右的高增长速度上维持了30多年，自2014年以来，经济增长速度明显下降，经济增速重心的下移引发了各界关注甚至担忧。如何理解现在经济增速的下滑，我们又该如何正确应对之？笔者认为传统的"保增长"思路面临前所未有的挑战，中国未来的经济增长思路要突破旧思维，做出新的探索。

投资、进出口与消费是耳熟能详的"三驾马车"，从经济学意义上，投资、进出口与消费是构成需求的三大板块，因此，以"三驾马车"为目标的政策统一称为需求侧管理。在很长一段时间里，一旦经济的增速出现问题，我们都是采用的需求侧刺激方式。需求侧的刺激方式在理论根源上是凯恩斯经济学，众所周知，凯恩斯经济学兴起于20世纪经济大萧条时期，其理论的假设前提是经济的资源没有充分利用，比如劳动力、资本设施或者企业实际产能没有充分调动。如若理论的前提条件不满足，凯恩斯经济学的需求管理政策效果将大打折扣。在中国1993年提出建立社会主义市场经济体制改革后的20多年的经济实践中，我们曾经遇到了几次较为明显的经济下滑，比如1996~1999年中国经济增速从10.0%下降到7.6%，政府采取扩张的财政政策很快就阻止了经济下滑，经济增速在2000年回到8.0%；2008年全年经济增速从2007年的11.4%快速下滑到9.0%，如果看2008年的季度数据，经济下滑表现得更加明显，经济增速从2008年第一季度的11.3%一路下滑到

2009 年第一季度的 6.2%，随着经济下滑，中国"长三角"和"珠三角"地区的制造业普遍经营困难，民工失业潮涌现，政府在 2008 年底推出了具有典型需求侧管理特点的以投资为导向的"四万亿"一揽子应对计划，随后经济迅速企稳。毫无疑问，近几次的重大经历表明，以凯恩斯经济学为理论基础的需求侧管理起到了很明显的效果，但是我们不要忽略了当时的经济背景对于应用总需求管理政策是较为合适的，首先，中国在近 20 年处于明显的"人口红利"期，这意味着中国经济可供利用的劳力资源非常丰富，其次，当时各行各业还未出现明显的产能过剩，甚至在一些关键行业如电力、能源部门还存在一定的"瓶颈"，这些都意味着，以需求为导向的政策可以通过刺激经济资源的充分利用拉动经济。

到 2010 年前后，尽管存在一定争议，但是大部分人都认为中国在人口机构上已经到了"刘易斯拐点"，再加上多年的投资驱动型增长在多个行业如钢铁、煤炭、水泥、电解铝等多个行业出现产能过剩。在各种资源已经达到利用极限情况下，任何扩张性政策都可能导致经济结构更加扭曲，而且对经济增长无太大帮助。也正是在这种背景下，中国的经济进入增速重心中枢下移，对于这次经济增速的下滑，中国政府的治理思路出现了明显转向。国家主席习近平在 2015 年 11 月提出"供给侧改革"，供给侧改革在中国是非常新颖的思路，企业是经济供给侧最为重要的微观单位，供给侧改革的思路必然能通过梳理政府与市场的关系，大力释放微观企业活力。国家总理李克强近来一直大力倡导在结构性改革的政策工具中，大众创业、万众创新是重要内容，强调其关键在于处理好政府和市场的关系，为个人、中小企业和大企业等市场主体营造更加适于创业创新的环境，释放增长潜力。国家决策层在结构性改革中的新思路一改过去单纯依靠"三驾马车"的需求侧管理思路，前所未有的突出了经济供给侧改革的必要性。

同时，企业家的才能不仅将用于创新等生产活动，还会从事寻租等非生产性活动，具体的才能配置取决于上述两类活动的相对汇报。在一个社会中，生产性和非生产性活动的收益与社会制度有关。社会中的产权保护等制度环境完备时，生产性活动的相对收益将更高，也就产生激励，企业家会将更多才能配置于生产性活动；反之，非生产性活动的高收益将吸引企业家投身其中。中国的私有产权是在改革开放之后才逐渐又得到法律保护的，但中国对产权的保护还远远不够。

结合上述经济背景，本章理论模型的现实意义有以下三点。第一，切合当今国家经济结构改革的新思路。当改革思路从过去仅关注需求侧管理转向更为关注供给侧改革时，如何有效地长期地激发企业活力显得至关重要。本章的理论分析有力地支持了现在经济结构改革的新思路：当经济刺激政策的负面效果越来越大，正面效果越来越不明显的时候，把着力点放到提升供给侧活力方面是很好的选择。第二，企业是经济中最重要的单元，如何有效地长期地激发企业活力对提升经济的供给至关重要。本章的理论结论——产权保护程度的提高有利于企业家才能的配置，为"供给侧"改革与提倡万众创新的现实提供了较为具体的建议：为企业家创造好的制度环境，提高社会的产权意识与产权保护。第三，与可持续环保经济发展思路是切合的。2015年底全国各地出现的严重雾霾，极大地影响了民众的身体健康，影响了民众的日常工作与生活，如何让经济与自然环境协同发展越来越重要、越来越紧迫。本章模型分析关注点是产权保护为核心的制度环境，其现实含义包含完善的法律体系以及明晰的产权保护，正如《国家财富来自何方》（*Where is the Wealth of Nations?*）中所言，这些都是无形资产，建立在无形资产基础上的经济发展无疑要比建立在以"三驾马车"为基础的经济发展更加环保更加可持续（Hamilton & Kirk，2005）。

第6章　国企高管薪酬制度研究

企业家作为企业的领导者，市场经济中重要的参与要素以及创新中的重要推动者，过低的薪酬将难以起到有效的激励作用，导致人才流失等问题出现。因此，如何能基于企业经营指标制定科学有效的薪酬制定体系，对于经济发展、国企改革至关重要。薪酬分配出现不合理，改革重点难点在于垄断国企的薪酬制定，垄断国企经济增值、利润增长指标包含垄断租金，并非来自高管管理能力，需要进行分离。本章先分析了中国国有企业高管薪酬制度现状和存在的问题，然后就中国国有垄断行业的企业高管薪酬分配不合理的现象、造成的后果进行描述性统计、行业案例分析，并提出适用于中国特点的除去垄断租金的分配机制设想。

6.1 高管及高管薪酬相关概念界定

1. 高管

高管对于企业的重要性十分突出，国内外对于高管重要性研究也有较早历史。国外文献研究中以总经理作为高管主体研究，根据代理理论，总经理权力对公司行为影响最大，同时基于总经理个人研究具有个人大量特征，研究内容丰富。

目前，中国国有企业中的高层领导人员大多由国资委及相关部门任命。在本章第三节的研究中所涉及的高管人员是指处于垄断行业的国有企业组织框架中的所有高层管理人员，具体包括董事长、党委书记、执行董事、总经理、副总经理等。同时，在计算数据时，本章使用薪资排名前三位高管的平均值。

2. 高管薪酬

薪资包括经济报酬与非经济报酬两种类型。经济报酬涵盖了个人所获得的工资、奖金、股权和社会福利等。非经济报酬涉及高管在工作中心理与物质条件，对个人对工作本身以及个人对工作在心理与物质条件上的满足感。目前中国国有企业高管的薪资主要由基本工资、年终奖金、股票期权、福利津贴等组成，这与国外企业当前所应用的形式基本相同。其中，基本工资指个人在完成工作时所获得的固定基础工资，由于这部分工资通常只用于满足人们的基本生活需求，所以其并不具备明显的激励作用。年终奖金属于短期激励一类，是指每年末企业对于一年的整体工作评价所发的奖励，通常作为基本工资的补充。年终奖金的多少通常取决于企业年度业绩以及个人全年工作表现，因此具有很强的灵活性和激励效果。股票、期权等作为一种长期激励方式多应用于国外成熟企业治理结构下，不过随着中国公司治理的不断发展，这种激励方式也逐步开始在中国企业高层管理人员的薪酬中占据一定的份额。福利津贴主要表现为企业高管所享受的一种特殊待遇，其中有些福利待遇可能是中国所独有的。例如，国有企业高管一般可以享受一定级别的政治待遇，能够配备专车，获得住房以及医疗保障等福利。

目前，年薪制与股票期权的结合是中国的国有企业中高层管理人员主要采用的薪资制度。本章第三节在以垄断行业国企的货币薪资作为研究对象时，对于股权激励并未考虑。主要因为查阅到高管持股披露数据不能确定是否为自购或股权激励，其次相比于民营企业众多的激励方式，国有企业的显性激励方式仍然是货币薪酬。隐形薪酬包括由于国企特殊地位所包含的政治晋升等难以量化。薪酬本身具备激励作用同时，也是现代社会中个人社会地位、成功与否、权力的重要象征。

6.2 中国国有企业高管薪资安排的现状及问题

6.2.1 国有企业高管薪资制定的影响因素

1. 经济环境因素

毫无疑问，经济环境因素是中国国有企业在制定薪酬安排过程中的决定性因素。首先，人们在一定时期内的收入水平一定与所处的社会经济发展水平有关，经验表明这通常是一种正比关系，而不同时期的企业薪酬水平也必然会因经济状况的不同产生差异。其次，根据经济学的基本理论，商品自身所蕴含的价值量决定了其价格的高低，这个价格水平会受到供求关系的影响，围绕自身价值上下波动。在企业中，劳动力作为一种商品，其价格水平，即劳动报酬同样也会受到劳动力市场中供求关系的影响，围绕自身价值量上下波动。

2. 社会环境因素

由于企业的员工在日常的工作、生活中都不可避免地会接触到外部环境，所以在薪资制度的制定实施过程中需要考虑到社会环境因素的影响。首先，随着社会大环境的改变，员工的知识储备、技能水平、价值观念等都在不断提高，与此同时员工的工作心态也会产生变化，这意味着企业的薪资制度并不能一直不变，而需要根据这些改变做出相应的调整。其次，随着社会的发展，居民生活费用不管在水平上还是在结构上都不断地发生着变化。这就要求企业的薪资制度也必须要根据社会居民生活费用的发展趋势而作出相应的调整。具体来说，就是在居民生活费用普遍上涨时期，企业应适当地增加补贴，针对不同时期的需求提供差异化福利。除此之外，还需要考虑其他同类型企业的收入水平。依据公平理论的观点，员工会将自身的收入水平与其他企业的相同人员进行横向比较，从而对自身价值满意度作出判断。因此，为了保持公司的吸引力和竞争力，防止优秀人员的流失，企业的薪资制度在制定时应尽量高于其他同类企业的平均水平。最后，是国家的政策法规方面，诚然，任何企业的薪资方案在制定时必须符合国家相关政策法规的规定。

3. 企业内部因素

（1）企业文化。

每个企业都会根据自身成长产生不同的企业文化，而企业文化对员工会产生潜移默化的作用，良好的企业文化能够提高员工工资的团结度，减少员工之间的冲突，形成员工相互的心理默契，提高员工对公司的忠诚度。这对于企业自身的发展也十分重要，因而越来越受到企业的重视。

（2）企业效益。

企业工资水平的高低通常直接取决于企业的经营状况。对于大部分企业来讲，只有劳动生产率高、效益好，才具备制定相对较高薪资水平的基础。

（3）领导态度。

收入方案作为企业的一种管理制度，其制定的过程也会受到企业所有者、管理者等领导层面的判断、看法、重视程度等因素的影响。由于他们通常直接拥有薪酬制定的决策权，因此领导层面的态度对于工资水平、执行力度等方面的影响很大，这些因素自然也会间接影响到员工的工作积极性、人才引进、队伍稳定等多个方面。

（4）内部原则。

不同企业由于企业自身经济实力、企业定位、所处行业、发展目标、战略措施等方面的不同，对薪资的制定也会产生差异。例如，有些企业重视工资而轻福利；有些企业则有意降低基本工资收入水平，使津贴和福利在收入中占据更大的比重。有些企业则会刻意拉开员工之间的收入差距，以使得薪资的激励效果更加突出，从而激发员工的工作积极性；有些企业制定薪酬制度时有意保持员工收入之间较小差距，为了保证企业整体工资的稳定性。

4. 个人因素

（1）个性差别。

由于不同员工之间存在个体差异，即使担任同一职务，在考察时也会因为员工自身的工作经历、从业经验、专业技能、受教育程度、实际贡献程度等因素的不同而产生不同的薪资标准。此外，员工所具有的谈判能力也会对其自身的收入水平产生巨大影响，这一点在那些实行谈判工资的企业里更加明显。

（2）收入预期。

每个员工的收入预期通常会受到社会一般薪资水平、国家政策、个人负担、自我定位等因素的影响，而收入预期又在很大程度上会影响薪资制定的标准。

（3）人力资本差别。

个人的人力资本投资方式决定了人力资本的劳动收益。正是由于每个员工的人力资本不同，使得员工获得的岗位不同，所处职位经劳动产生的效果不同，因而造成员工的工资组成结构、水平不尽相同，导致每个人的薪资并不会完全一致。

5. 个人偏好

个人偏好是指由于员工存在个体差异，每个人都会产生基于自身的独特个人倾向。个人偏好往往会受到自身因素和所处环境的双重影响，同时它也会随着个体的发展而不断改变。正是由于存在不同的个人偏好，同一薪资制度安排才会对不同的人产生完全不同的激励效果。

6. 收入不公平程度

企业的高层管理人员通常需要承担比普通员工多得多的工作压力和风险，同时他们在企业中的地位作用不可取代，这使得他们获得较高的报酬也是理所当然。但当企业高管的薪资水平过高，使得他们与普通员工之间的工资水平差距过大，则很可能会对企业未来的经营发展产生不利影响，这些问题对中国的国有企业尤为重要。考虑到以社会主义公有制经济为基础，以及人民当家做主的基本政治制度，在制定中国国企高层管理者的薪资方案，理所应当需要考虑公平问题，如何在保持合理的收入水平差距的基础上构建一个行之有效的工资分配体系是我们关注的重点。针对这一问题，部分学者引入了基尼系数帮助分析研究。基尼系数是指由经济学家基尼利用洛伦兹曲线得出的测定收入分配不公平程度的指标，作为定量测定收入分配不公平问题的有效标准，基尼系数被广泛地应用于衡量社会财富分配问题，国际公认的警戒线水平为0.4。在设计高管薪资方案时，可以依据企业的经营效益、企业规模、行业特征等因素，确定合理的分配标准，在一定阈值内拉开收入差距，从而将企业内部的收入差距控制在一定的可接受范围内，消除由于收入差距过大而引起的不满情绪，增强组织凝聚力，促进企业的持续健康发展。

6.2.2 中国国有企业高管薪资现状及问题

1. 国企高管薪酬的现状及其成因

关于工资的作用机理，不同学科具有不同的分析视角：经济学倾向于通过市场定价来指导薪资分配计划，心理学将满足员工的内在需求作为薪资计划制定和管理的基本准则，管理学则更倾向于整个薪资决策体系对企业战略目标的支撑作用，社会学却将目光聚焦于薪资计划背后所代表的社会关系。美国学者亚当斯在综合了有关分配公平和认知失调等概念的基础上，于20世纪60年代提出了公平论观点。该理论认为：人们通常通过与他人的对比来评价自己所享福利待遇的公平程度。在这种评价的驱使下，一个公平的薪资体系可以使员工获得满足感，进而激励他们提高工作的积极性，而薪资水平过高或过低都会使员工产生不安心理，并采取相应的行动。

在分析国有企业高管工资收入现状时，我们必须高度关注问题的复杂性，这意味着我们既要考虑薪资水平的外部竞争性及其对国企高管的吸引、保留与激励作用，又要分析薪资水平的内部公平性及其给利益相关者带来的心理感受，此外，我们还需要深入探究薪资决策的科学性和管理的复杂性，以及其所引发的社会效应。

（1）外部竞争性。

外部竞争性反映了不同组织中相同职位薪酬水平的相对关系，其结果将影响组织吸引与保留员工的能力。从平均水平来看，国资委控股的国有企业上市公司中高管的薪资水平明显低于外资参股上市公司高管，但却略高于地方国有上市公司中高管的最高工资水平的均值。例如，2011年国资委控股的国有企业上市公司高管薪资均值约为76万元，非国资委控股的国有上市公司高管薪资均值约为102万元，而地方国有上市公司高管薪资的均值为65万元，2 300多家上市企业中高管最高薪资的均值约是72万元，而外资参股上市公司高级管理人员的薪资的均值约为135万元。

从个体角度考察，薪资偏高的高管大多来自于股权较为分散的股份制公司，或者是那些市场化程度较高的行业中公开招聘的高级管理人员，那些公务员或准公务员身份的高管在工资水平这方面已经逐步受到了一定的限制。此外，与国外同业相比，目前中国部分国企高管的收入水平确有被低估的嫌疑。例如，与世界著名通信企业沃达丰相比，中国移动无论是经营规模还是利润水平都与之旗鼓相当，但沃达丰高管的薪资水平却让中国移动的高管望尘莫及。这些信息反倒让一直被舆论诟病的国企高级管理人员深感委屈。

然而如果从相对水平角度来进行横向的比较分析时，我们就会很容易理解为什么社会舆论多次将国企高管的薪资水平问题推向公众视野的风口浪尖。联合国的调查数据显示，中国国企高管的平均薪资水平能够达到人均 GDP 的20 倍以上，相比之下，西方主要发达国家企业高管平均薪资水平则均未超过人均 GDP 的 4 倍，最低工资的 8 倍以及全国从业人员平均工资的 5 倍。

尽管中国国企高管的薪酬水平在绝对值上并不突出，但由于其相对水平较高，加之行政规制影响（如金融行业）、垄断资源的制约（如高速公路、铁路、电网、燃气、自来水等）、价格监管体系的不完善等因素影响，使得资源的供给者成为最大的利益获得者。这必然会使社会公众产生不公平感，引发各种抱怨迁怒的声音。

参见中国经济体制改革研究会发布的一份研究报告：调查显示中国行业薪酬差高达 3 000%，而世界平均水平为 70%。石油、电力、烟草等行业的人数只占全国职工总人数的 8% 左右，其薪资总额却占全国职工薪资总额的60% 左右。根据前程无忧在 2012 年发布的《2011 年终奖调研报告》，2011 年国有企业年终奖增幅为 13.5%，而 2010 年则高达 30.9%。通过上述可以推断，社会公众所不能接受的并非是国有企业高管的高额薪资本身，而是在企业面临巨额亏损、拿着政府高额补贴的情况下的高薪。这一情况暴露了国企高管坐拥垄断资源却提供有限服务的官僚作风问题，暴露了现今存在的付出同样努力却因竞争环境不同而得到的差别待遇，以及双轨制下部分拥有公务员或准公务员身份的国企高管的双重利益共享问题。

（2）内部公平性。

内部公平反映了一个企业组织内部不同职位之间、同一职位不同任职者之间薪资水平的相对关系，其比较结果将直接影响员工内部流动的意愿倾向、工作态度及对企业的忠诚度等方面。中国有句古语叫作"不患寡，患不均"。这充分表明，相对于外部公平而言，企业员工通常更看重内部公平的比较；相较于绝对公平，员工对相对公平的感知力更明显。根据中国经济体制改革研究会发布的一份研究报告表明：中国国有企业高管薪资水平是企业内部最低薪资水平的 98 倍，而这一指标的世界平均水平却只有 5 倍。

当确定国企高管个人收入水平的决定因素包括垄断利润、景气溢价在内的利润或产值时，方案的合理性就有待商榷。除此之外，国企高管的工资组成也一直是社会公众所关心的敏感话题。一般来说，工资总额包括固定薪资、短期激励、长期激励与公司福利。根据调查，目前中国国企高管的工资总额中固定薪资所占比重过大，与衡量公司业绩相关的短期激励和长期激励所占比重明显不足，这一结构在一定程度上会加剧企业的内部不公平，且容易产生因所有人缺位、代理人擅用职权而带来的企业经营管理风险。

（3）薪酬管理的科学性。

目前，中国涉及国有企业高级管理人员的薪资管理的主要部门国资委，其他相关部门还包括财政部、人力资源与社会保障部、审计署等，他们虽然有不同程度的参与，但其起到的监管作用较弱，且整体治理效果并不理想。

相关部门在监管过程中遇到的主要问题涉及国际高管的身份来源问题、薪资的信息披露问题以及工资收入的决策机制问题。这其中，最大困扰莫过于不同身份来源的国企高管管理问题，最核心的则是有关薪资的决策机制问题，而有关薪资的信息披露问题则是最受争议的。

①身份管理。根据中国《企业国有资产法》第 22 条规定，所谓国有企业高层管理人员主要包括：国有独资公司的经理、副经理、财务负责人和其他高级管理人员；国有独资公司的董事长、副董事长、董事、监事会主席和监事；国有资本控股公司、国有资本参股公司的国有股董事、国有股监事（曹润林，2013）。上面所提及的各国企高管的来源主要分为两种途径：一类是"体制内高管"，他们或者直接任职于国有独资公司，或者直接由国有集团公司总部派驻到各分支机构任职。这类高管无论现在的工作职位如何变化，其行政身份保持不变，并且从个人职业生涯来看，他们大多将会在体制内发展，因此其收入水平和薪资结构必然与公司内相同身份的人员保持基本一致；另一类是"市场化高管"，这类高管通常是经过社会公开招聘进入国有企业的职业经理人或其他高管。引进他们的国有企业通常会按照市场化的标准为其制定工资待遇，此外，在进入公司时通常公司也与其约定了绩效承诺。然而，这种根据成员身份不同而采取的差异化薪酬制度很难保证企业高管工资收入的内部公平性。具体来说，在实施工资双轨制的企业中，同工不同酬的现象将意味着对"体制内高管"的激励不足，这将影响其工作积极性和团队协作性，进而使"市场化高管"面临独角戏的境况。但假若企业实施完全并轨的薪资计划，虽然能在局部实现同工同酬，改善内部公平问题，但内部人员流动倾向的集中很容易引发整个国有企业集团公司的内部动荡，结果则是

破坏了系统内部的稳定。因此，如何识别、管理这两大类国企高管，并在兼顾差异性与统一性的基础上应用有效的个人工资收入管理机制，成为当前各监管部门亟待解决的问题。

②管理机制。在中国，不同的法规对涉及公司高管薪酬的方面所做规定有些许差异：根据党的十六大，公司高管的薪酬制度明确由出资人决定；在中国《公司法》的相关规定中，董事会拥有关于高管薪酬制定的有关决策权；《上市公司治理准则》的相关规定则赋予薪酬与考核委员会对于高层管理人员工资收入的建议权，同时要求具体薪资方案应获得董事会的批准，并对公司股东大会说明，最后向公众予以公布。但在实际应用中，由于中国的国有企业改革正在逐步进行，涉及公司治理体系与组织结构等问题还有待于进一步地探讨与完善。从薪资管理的内容来分析，不仅是对于国企高管薪资方面的监管不足，更主要的是目前相关监管部门并未对国企高管的工资收入形成明确统一的管理标准。具体来看，首先，由于对高管工资收入的组成部分没有准确的界定标准，导致各方对国企高管工资收入的总额在统计上容易产生差异，涉及名义薪酬与实际收入方面更是语焉不详。其次，对于应统计的国企高管范围界定不清，且对部分国有企业的子公司疏于监控，加之各类统计口径明显不一致，问题由此产生。此外，目前对于影响中国国企高管薪酬水平的各要素研究未有定论，涉及固定薪资与浮动薪资的比例关系以及短期激励与长期激励的发放等问题更不甚明了，这直接导致了"旱涝保收、只升不降"等现象的出现。

③信息披露。目前中国国有企业高层管理人员的信息公开还存在诸多问题，有关个人薪资的披露机制尚未真正形成。虽然根据《上市公司治理准则》，中国上市公司的高层管理者的工资应予以公开，但上市公司年度报告中所涉及的高管薪酬只反映工资的账面金额，而非实际所得。这就存在在缺乏官方信息和专业解读的情况下，公司高管收入被市场所误传的问题。这些问题的存在使得社会各界普遍认为对于国企高管的收入信息进行公开披露是十分有必要的，事实上这些信息披露实际操作起来也并不十分困难，只是在信息披露所涉及的范围、内容、程序以及披露办法上还需进行深入的探讨。总体来说，国有企业高管收入的公开披露一方面能解答社会各界的疑虑，便于受到社会公众的广泛监督；另一方面，这些公开信息也有利于进行跨行业、

跨地区、跨时点的全方位比较，进而为下一步收入制度的改革提供可靠的信息和宝贵的经验。

2. 国企高管薪酬存在的问题

（1）薪酬管理失衡。

与西方现代企业的组织管理架构基本相同，目前中国的国有企业上市公司主要由董事会、监事会和高级管理人员组成。这种企业组织架构是在东西方长期的理论和实践当中逐步形成的，可以说在形式上已经较为成熟，然而这种组织架构对于实际的薪资管理却并未发挥出理想的效果。究其原因，主要是中国的国有企业中，委托人与代理人关系的形成，也就是公司董事会和高层管理者之间的委托代理关系的形成，并不是像西方企业那样依靠市场作用选择，其次是受到政府行政干预手段的影响。

（2）国企高管的双重身份。

目前中国国有企业中的管理人员一般都有行政级别，他们通常由国资委按照行政官员的选拔制度进行选拔和任命。这意味着很多国企高层管理者本身就是政府官员，他们除了享受着企业经营者与管理者的经济待遇外，还同时享有政府官员的政治待遇，这种特殊性使得他们的工作职位也可以在企业高管与政府高官之间轻松转变。薪酬制度的设计很难与这些具有双重身份的国企高管需求取得一致，因为国有企业高管的选拔、任命、考核、监督都是游离与市场之外的。

（3）监督机制不健全。

全球范围内的许多公司基于建立健全薪酬制度和管理机制，充分发挥薪资的激励作用的目的，在其公司内部都设立了薪酬管理委员会。薪酬委员会的成员主要是公司的独立董事，主要职责是确保薪酬机制的合理设计和有效运行。薪酬委员会与审计委员会等非常设机构，共同构成了公司的内部监管机构。根据上海证券交易所和深圳证券交易所的调查，在中国的国有企业上市公司中，虽然有90%以上都已经建立了薪酬委员会，但是这些部门的发展基本都还处于初步探索阶段，很多功能还有待完善。

（4）行业间发展不平衡。

由于历史原因，中国的国有企业涉及众多行业。随着企业不断发展，规模逐步扩大，这其中的许多国有企业逐步形成了跨行业、多渠道的经营模式。然而，由于行业固有属性，中国国有企业高管薪资制度中的一个突出问题依旧是行业间发展的不平衡。这种行业间的巨大差距尤以金融业和房地产业为主。统计数据显示，在所有高管薪资水平超过百万的企业中，房地产业和金融业公司所占的比例就超过了50%。调查结果表明，目前中国国企高管薪资明显与国有企业的数量、规模和行业分布严重不对等，这种不平衡现象必然对其他行业国有企业高管产生负面影响，进而影响到企业的发展。

所以，本章会在下一节中着重分析以金融业等为代表的垄断行业国企高管薪酬分配情况。

6.3　中国垄断行业国企高管薪酬描述性统计分析

本节首先通过选择典型垄断国有企业案例分析，说明普遍存在的垄断国有企业高管薪酬制度不合理性，之后通过对十几家垄断国企 2007～2014 年高管薪酬统计分析，指出这种较高薪酬近两年来存在的下降趋势。基于这种下降的趋势，以及限制薪酬的新规定，以银行业为例，分析得出垄断国企薪酬不仅存在过高现象，以四大国有银行为首的国有控股银行相较于同行业股份制商行明显较低，并会进一步受限制。而 2015 年，四大行高管离职人数较多，造成人员流失。过高与过低的薪酬在垄断国企同时存在，需要通过基于中国国情的垄断租金各要素计算，建立科学合理的绩效评价体系。

6.3.1　垄断行业国有企业高管薪酬偏离同行业标准明显——以中信海直为例

1. 中信海直简介

"中信海直"全称是中信海洋直升机股份有限公司，是中国目前规模最

大的通用航空企业，也是中信集团旗下的中国通用航空业首家及唯一的上
市公司。"中信海直"主要为全球的客户提供海洋石油服务及其他通用航
空业务，其具有通用航空全业务运营的资质和能力，业务遍布中国三大海
域和全国各主要城市，在海油、石油、航空服务领域处于垄断地位。公司
拥有目前亚洲最大的直升机队，各部门工作人员技术精湛、训练有素、经
验丰富。

本节选取中信海直2011~2014年度，高管薪酬、主营业务收入，以及
同行业比较采用剔除中信海直的航空货运与物流（根据 Wind 资讯分类）
上市公司总收入前三家，对高管薪酬、高管薪酬/营业收入进行比较（见表
6 - 1）。

表 6 - 1 　　　　　　　　　中信海直与同行业高管薪酬比较

年度	高管薪酬（万元）		高管薪酬/营业收入（%）	
	中信海直	同行业	中信海直	同行业
2014	1 833 167	969 917	13. 68944	0. 362
2013	1 470 400	853 142	12. 38555	0. 472358
2012	1 525 333	829 367	15. 45966	0. 678471
2011	1 555 867	917 133	17. 69786	1. 157104

资料来源：Wind。

2. 数据分析及结论

首先，从中信海直高管薪酬绝对值来看，远远高于同行业最大的三家公
司，接近于后者平均值2倍。比较高管薪酬/营业收入这一指标也可以看出，
作为一家垄断国有企业，营业收入较行业同类远低，但是薪酬却高近2倍，
使得高管薪酬/营业收入这一指标超越行业平均20倍以上。同时，从2011~
2014年，高管薪酬/营业收入比值逐渐减低，说明同行业营业收入增加较薪
酬速度更加明显，而中信海直本身高管薪酬绝对值更高，营业增速也较其
他低。

从中我们可以分析得出结论：中信海直作为一家在海洋直升机运输方面具有垄断牌照的国有企业，在薪酬制定方面明显过高，且营业收入增加不及同行业水平，从而说明，过高的高管薪酬以及相对不足的增长，是否意味着激励过度约束不足，这样的现象在国有垄断企业中不乏罕见。

6.3.2 2007～2014年典型垄断国企薪酬变化

从图6-1、图6-2可以看出，从2007～2014年，中国垄断国有企业在2013年之前基本保持稳定，并在2010年、2012年有所上涨，但是受限薪影响，在2014年，各垄断企业薪酬具有大幅下降，平均下降幅度达到15%。同时，根据2015年1月1日开始执行的《中央管理企业负责人薪酬制度改革方案》，企业负责人薪酬不超过企业平均薪酬7～8倍，据估算上述企业高管薪酬最高不超过100万，有进一步大幅下降的趋势。

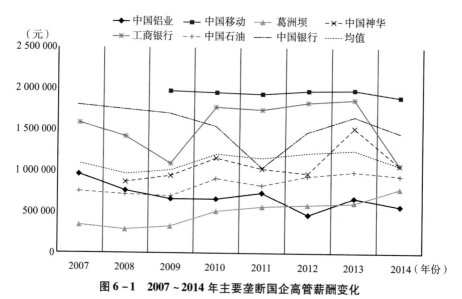

图6-1 2007～2014年主要垄断国企高管薪酬变化

资料来源：Wind咨询，各公司（2007～2014年）年报。

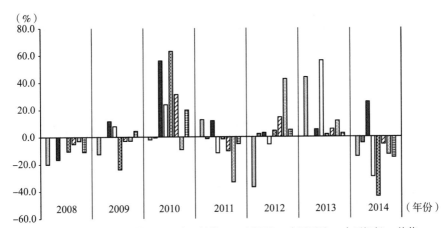

图 6-2　2008~2014 年主要垄断国企高管薪酬增长率变化

资料来源：Wind 咨询，各公司（2007~2014 年）年报。

6.3.3　薪酬过低造成激励不足、人员流失问题——以银行业为例

中国银行业是金融业重要组成部分，其中中农工建四大国有控股银行占有主导地位，拥有银行业全牌照。一直以来，对于银行业改革呼声不断，我们通过选取中农工建四大国有银行、股份制银行（平安银行、招商银行、浦发银行、兴业银行、民生银行）平均 2007~2014 年高管薪酬数据，以及统计近年来银行业高管离职情况，分析银行业高管薪酬机制。

从图 6-3 可以看出，四大国有银行中农工建高管薪酬基本维持在 100 万~200 万元，远远低于同行业股份制商业银行，约为其 $\frac{1}{3}$。且从 2012~2014 年薪酬下降明显。

从 2012 年以来四大行的基本高管薪酬呈下降趋势，以及本身作为特大型金融企业在薪酬上远远低于相对于规模较小的非国有控股银行，如平安银行等股份制银行，即使除去银行牌照的垄断租金带来利润，很有可能存在激励不足的问题，逐步降低的薪酬会造成人才流失等问题。

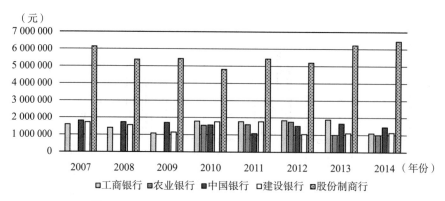

图 6 - 3　2007～2014 年四大国有银行高管薪酬变化

资料来源：Wind，各银行（2007～2014 年）年报。

6.3.4　隐形薪酬

本章第一节提到，高管薪酬包括工资（显性薪酬）和工资外收入（隐性薪酬）。工资外收入又可以分为货币形式的工资外收入和非货币形式（实务、福利等）的工资外收入两类。国有垄断企业的高管薪酬，除年报披露的显性薪酬以外，收入来源还包括各种形式的福利待遇、天价的在职消费，以及政治级别上的仕途升级机会，这些福利待遇远远超过了普通一线员工。在垄断行业中，高管可以享受到各式各样的福利待遇，这些待遇包括住房补助、实物工资、医疗福利等。此外，相关研究也揭示了在职消费问题在垄断行业内部的严重性，高层管理人员借助自身权力和地位谋取了更多的在职消费等隐形福利，而这一问题的存在更是助长了腐败行为的滋生。

目前，有关这一领域的研究还处于相对落后的状态，主要原因包括获取数据的困难以及部分单位福利行为的隐蔽性。从影响程度上来考虑，可以说垄断行业内部的福利待遇等隐性薪酬对行业收入差距的影响甚至已经超过了工资本身，然而目前的研究大多只浮于对这种现象的描述，涉及对问题的证实和具体分析的工作少之又少。本节通过对中国石油 2011～2014 年显性、隐形薪酬的描述统计来研究国有垄断高管薪酬问题。中石油高管显性薪酬见表 6 - 2。

表 6 - 2　　　　　　　　　中石油高管显性薪酬（2011 ~ 2014 年）　　　　　　单位：万元

项目	2014 年	2013 年	2012 年	2011 年
高管 1	114	121	113	101
高管 2	100	112	98	96
高管 3	89	107	98	72
人均显性薪酬	101	113	103	90

资料来源：中国石油股份有限公司年报（2011 ~ 2014）。

除了诸如福利费、住房公积金、保险金和单位分房这些显性的薪资以外，我们通过年报中披露的非经营活动所产生的现金流数量，同样可以大致推算出中石油给高管的隐形薪酬（见表 6 - 3）。

表 6 - 3　　　　　　　　　中石油高管隐形薪酬（2011 ~ 2014 年）　　　　　　单位：万元

项目	计算	2011 年	2012 年	2013 年	2014 年
福利	（1）=（2）+（3）+（4）+（5）+（6）	3 312 700	3 788 900	3 895 910	2 356 939
其中：职工福利费	（2）	716 100	786 800	819 900	815 800
社会保险费	（3）	1 787 400	2 089 900	2 351 900	775 600
住房公积金	（4）	557 200	645 800	701 300	736 500
工会经费和职工教育费	（5）	238 000	257 600	2 910	2 039
其他福利费	（6）	14 000	8 800	19 900	27 000
在职消费	（7）	8 057 200	7 890 500	7 986 900	8 188 500
隐形薪酬	（8）=（3）+（7）	11 369 900	11 679 400	11 882 810	10 545 439
在职员工数（人）	（9）	552 810	548 355	544 083	534 652
离退休员工数（人）	（10）	71 590	82 881	95 809	109 998
需承担费用的员工数（人）	（11）=（9）+（10）	624 400	631 236	639 892	644 650
人均隐形薪酬	（12）=（8）/（13）	18. 20932	18. 50243	18. 57002432	16. 35839

资料来源：中国石油股份有限公司年报（2011 ~ 2014），在职消费根据现金流量表推算。

根据表 6 - 3，可以推算出 2011 ~ 2014 年中国石油员工人均隐形薪酬普通员工保持在 18 万元左右，2014 年有所下降。普通员工隐形薪酬（尤其是在职消费方面）中享受份额远远低于公司高管，作为高管的隐形薪酬远比表中推算的数据要高。如果高管隐形薪酬按照人均隐形薪酬 3 倍计算，2014 年显性薪酬与隐形薪酬比大约为 1.83∶1。由此看出，相比于显性薪酬，高管的隐形薪酬数目不可忽视。

近年来，垄断行业内国有企业的高管薪酬总体上呈现下降趋势，一方面这说明了政府通过限薪措施加强薪酬监管的行为已取得了阶段性的效果，政策的震慑效力已通过薪资机制传导并释放。另一方面，不容忽视的是垄断性国有企业高管的薪酬治理并未达到预期效果。凭借垄断地位和政策优惠，垄断国企获得了与其能力、企业业绩不相符的薪酬。除此之外，他们还可能借助职务便利增加在职消费的隐形薪酬甚至实施职务腐败，这样，货币性薪酬的降低终可以通过其他途径进行弥补。

6.4 垄断行业国企高管薪酬分配机制研究

剖析国有企业巨额利润深层次原因，包括企业自身经营，更多来源于天然垄断、行政垄断。垄断租金包括：

1. 超低租金获得土地

2002 年之前，中国国有土地主要以划拨和协议出让方式提供。1995 年以划拨方式出让土地占全部出让土地面积的 87.2%，1996 年这一比例为 89.5%。在国有企业改制过程中，针对此前以无偿划拨方式获得土地的国有企业，《国有企业改革中划拨土地使用权管理暂行规定》1989 中第四条规定：国家根据需要，可以一定年期的国有土地使用权作价后授权给经国务院批准设立的国家控股公司、作为国家授权投资机构的国有独资公司和集团公司经营管理。被授权的国家控股公司、作为国家授权投资机构的国有和集团公司凭授权书，可以向直属企业、控股企业参股以作价出资（入股）或租赁方式配置土地。该《规定》使得国有企业并未完全缴纳土地租金，相较于其他企业，节省了大量土地租金。

2. 强大的谈判议价能力

以中石油、中石化、国家电网等资源垄断型为代表的国有垄断企业对石油产品、电力产品不同于国际市场价格或者民营价格，由国家发改委等相关部门制定，实现管制价格，管制价格高于市场价格则实际上构成了对这些垄断国企的补贴，需要计入垄断租金。其他垄断国企作为处于行业垄断地位，具有价格制定权，由此带来的价格租需要计入垄断租金。

3. 低息贷款

国有垄断企业依托于政府支持、垄断牌照，具有规模大、经营风险小的特点，相较于民营企业更容易获得国有商业银行的贷款。同时，国有垄断企业的贷款规模远远大于民营企业。银行为国有垄断企业提供贷款成本与风险最低，从而收取的利息费用相对更低，提供优惠贷款或无担保贷款。2009年，香港金融研究中心通过对中国各地 28 万家工业企业的数据分析得出，2001~2005 年，私有企业借贷平均利率超过国有企业 2 个百分点，国有企业平均利率为 2.55%，融资成本几乎只是私有企业的一半。该部分垄断国企与私有企业贷款利息差造成的成本节约属于垄断租金的一部分。

4. 政府补贴

国家统计局数据显示，2005 年国家财政用于国有企业亏损垄断补贴达到3 652.92 亿元。在中国加入 WTO 之后，承诺立即取消对国有企业补贴，2007年之后公布的数据中也没有一般经营性企业的亏损补贴。但是例如国有企业中国石油在 2009~2011 年，获得的政府补助分别是 11 亿元、15.99 亿元和67.34 亿元。而相对于民营同行业企业，并没有相应的政府补贴。

6.5 结论与政策建议

本章分析了中国国有企业高管薪酬制度的现状和存在的问题，得出以下结论：第一，经济因素、社会环境因素、企业内部因素、个人因素等均影响中国企业高管薪酬的制定。第二，目前中国国有企业高层管理人员薪酬制度暴露出的问题主要有：①薪酬管理失衡；②国企高管存在双重身份；③机制不健全；④行业间不平衡。

　　针对行业间不平衡的问题，本章随后着重分析了垄断行业的国有企业。通过对中国垄断行业国有企业的高管薪酬的统计，筛选具有典型的薪酬定价不合理的企业以及有代表性的银行业研究当前中国垄断行业高管薪酬分配的特点及问题，同时就中国当下的垄断国企薪酬评价体系需要考量的基于中国的税法、政策下垄断租金的计算与排除后真实业绩基础，得出以下三个结论：第一，垄断行业国有企业高管薪酬制定存在严重的不合理问题，超出同行业标准较高，同时基础工资部分占比较大，绩效激励不足。过低的高管薪酬同样不利于企业运行，发挥企业家才能，造成人才流失浪费。第二，银行业国有控股四大银行较同行业商业股份银行高管薪酬很低，并受限薪影响，有进一步下降的趋势，伴随而来的是四大行高管离职问题。如何更好地设计薪酬分配机制，促进激励作用，防止人才流失至关重要。第三，国有垄断企业由于自然垄断、行政垄断的先天优势，经营业绩中包含价格租、土地租等垄断租金利润，需要剔除这些垄断牌照价值，基于高管真实管理能力下的经营业绩来制定合理的薪酬分配机制。

　　对于国企高管薪酬改革，本章提出以下建议：绝不能再重复"头痛医头、脚痛医脚"的老路，而要在推进改革的过程中，既遵循薪资管理的一般规律，同时又关注中国国有企业高管薪酬的特殊形成机制，坚持兼顾内部公平与外部公平、规范薪酬结构与薪资水平、确保程序合理与监管到位、协调激励机制与约束机制的原则，努力构建起一个全面系统的国有企业高管薪资管理体系，从而顺利地解决当前国有企业生产所面临的诸多问题。

　　针对垄断行业的国企薪酬制度，特别给出以下建议：第一，在激励机制设计中，应该对于垄断行业国企进行分类设计，对于自然垄断建立合理的高管薪酬激励体制，实现股东利益最大化。有效的薪酬激励机制约束和激励高管行为，防止人才的流失，同时实现高管自然利益与企业价值的最大化。分类结构有助于减少社会收入分配不公现象。第二，在薪酬激励机制设计中，需要通过中长期方式，如股权激励等长期方式，不应只是单一的短期薪酬激励，进而实现高管与股东风险共担、利益共享。第三，对于垄断行业国有企业的特殊性，需要剔除垄断牌照租金下高管的名义经营绩效，而不是高管实际经营绩效。从而提高高管薪酬与经营绩效的关联度，避免因噎废食，矫枉过正，挫伤企业家有为进取的精神。

第 7 章　从寻租活动看企业家才能错配

7.1 引　言

中国经济迈入新经济时期，供给和需求结构上都发生了巨大的变化。过去供求特点是需求饥渴，供给不足，甚至是短缺经济。但是到了现在上中等收入阶段，需求膨胀转化为需求疲软，经济短缺转变为产能过剩。例如，中国本土光纤厂商在 2009 年发牌 3G 以来，就进入了一段迅猛的发展时期，产业规模增长迅速，在和外资厂商的较量中强势胜出，最终占据了超过 70% 以上的国内光纤市场的份额。随着中国光纤市场在国际光纤市场上占据的份额越来越高，中国光纤企业在整个世界的光纤行业的规模也得到了发展，地位也越来越高。但是，好景不长，就在我们中国光纤厂商争相扩大产业规模，越来越多的厂商也投入到光纤产业的情况下，产能过剩，价格竞争激烈等问题也慢慢浮出了水面。2013 年上半年，收入和利润达不到预期，甚至下降的情况在中国光纤行业厂商中数见不鲜。其中以北方光纤大厂鑫茂科技为典型代表。在光纤企业大规模扩产的前提下，2012 年，鑫茂科技光纤营收增加 36%，净利润增加 165%；但是 2013 年上半年，光通信业务同比下降了足足有 31%，毛利率仅仅只达到了 8.75%，甚至在第三季度一度亏损。

又例如 2015 年底，浙江省舟山市中级人民法院审理了五洲船舶破产案。五洲船舶作为一家国有造船厂，是近十年来第一家宣布破产的国有造船厂。然而，这不是一个个例，而仅仅是造船企业关停倒闭浪潮到来之前的一个开端。业内人士表明，需求疲软，产能过剩，国家补助力度有限，难以顾及民营企业和地方国营企业等因素是造成这一两年大批造船厂业务惨淡、濒临倒闭的主要原因。五洲船舶的股东之一浙江海运集团是国有控股公司，也是浙江省最大型海运企业之一。虽然这几年民营造船企业倒闭的案例时有发生，但是五洲船舶的倒闭，无疑让我们见识了造船行业现在面临的困境是多么严峻。还将有多少造船公司会在接下来的几年里破产倒闭，我们不得而知，但是，可以预计的是，数目一定不会非常可观。据工信部预测，中国目前造船能力大约为在 8 000 万载重吨。但是，同时期全球的需求量也只是 8 000 万 ~ 9 000 万载重吨，可以说，中国造船行业现在的供给能力远远大于同时期的需求能力，产能过剩，或者说需求疲软是一个不争的事实。

投资需求疲软，关键因素在于国家在经济发展过程中自主研发和自主创新能力没有相对于经济发展有超前速度的增长。而在原有产品技术不变，原有产业结构不变的情况下扩大投资规模，就会形成低水平的重复投资。低水平重复规模扩张形成的产能缺乏竞争力，容易被经济危机淘汰掉，形成巨大的经济泡沫，2015 年 12 月 9 日李克强总理召开的国务院常务会议上也提出了严控产能过剩行业投资的要求。

实体经济创新力不够，没有新的投资机会，银行对实体经济没有信心。钱聚集在虚拟经济，金融资本进不到实体经济来，而实体经济中真正需要钱的时候融资成本非常高，这也是 2008 年以后楼市火热、2014 年以来资本市场火热的原因之一。但是虚拟经济与实体经济是相辅相成的，没有实体经济的依托，虚拟经济最终也会破灭。正是由于实体经济需求萎靡以及虚拟经济的相对火热，许多企业逐渐从"生产性创利"转向为"寻租性逐利"，这从某种程度上来说，是对企业家才能的资源错配。

我们通常意义下理解的"寻租"定义为：在没有从事生产的情况下，为垄断社会资源或维持垄断地位，从而得到垄断利润（亦即经济租）所从事的一种非生产性寻利活动。政府运用行政权力对企业和个人的经济活动进行干预和管制，妨碍了市场竞争的作用，从而创造了少数有特权者取得超额收入的机会，这种超额收入被称为"租金"，谋求这种权力以获得租金的活动，被称作"寻租活动"。在本章中我们借用寻租的概念，但对其定义修改后作如下拓展：本章中的"寻租性活动"指企业家从事的非生产性逐利行为，从而将其与"生产性创利"的活动区分开来。

近年来民营企业转向房地产、金融，例子比比皆是，例如格力电器转向地产行业，上市公司甚至更名为"匹凸匹"等。据不完全统计，目前 A 股已有超过 40 家上市公司通过收购、入股或自建的方式布局到 P2P 行业中。2014 年 7 月 1 日，熊猫烟花发布公告称公司将斥资 1 亿元建立新的业务线 P2P 平台银湖网。除此之外，天源迪科、沃尔核材、科陆电子、海能达、兴森科技、奥拓电子、得润电子、华鹏飞、佳士科技、顺络电子、汤臣倍健、欣旺达、新宙邦、宇顺电子、证通电子、万好万家、农产品、绵世股份、御银股份、通达股份等上市公司均对 P2P 行业有所布局。这就形成了金融业的过度盘剥、过度服务，金融到最后还是要为实业服务的，没有实业的支撑金融业也不能得到持续的发展。接下来本章试图从上市公司的财务数据中来证实这一点。

7.2 相关文献回顾

7.2.1 过度投资度量的模型

Jensen 首次提出了过度投资这一名词，从企业管理者与股东代理冲突角度展开分析，将过度投资定义为企业将自由现金流投资于 NPV 为负的项目的一种非效率投资行为（Jensen & Meckling，1976）。Vogt 在投资—现金流敏感性分析的基础上，从实证角度对过度投资与投资不足进行了区分，并获得了企业过度投资的实证证据（Vogt，1994）。除此之外，在对企业过度投资的度量方面主要还有比较实际投资额和理想投资额的方法。代表性的方法是 Richardson 的残差度量模型（Richardson，2006）。

（1）Vogt 非效率投资判别模型如下：

$$\left(\frac{I}{K}\right)_{i,t} = \alpha_1 \left(\frac{CF}{K}\right)_{i,t} + \alpha_2 \left(\frac{DCASH}{K}\right)_{i,t} + \alpha_3 \left(\frac{SALES}{K}\right)_{i,t} +$$

$$\alpha_4 Q_{i,t-1} + \alpha_5 \left(\frac{CF}{K}\right)_{i,t} Q_{i,t-1} + \mu_i + \tau_i + \varepsilon_i$$

其中，I 定义为本期固定资产投资支出；K 定义为期初固定资产存量；CF 定义为本期发生的自由现金流；$DCASH$ 定义为现金股利；$SALES$ 定义为本期销售收入；Q 定义为投资机会。在该模型中，交乘项系数显著为负表示过度投资。中国学者在运用这个模型时都对该模型做了一定的改进。

梅丹在模型中加入交叉项 $Q_{i,t-1}\dfrac{CF_{i,t}}{K_{i,t-1}}$，当交叉项的系数为正时，表示公司受融资约束，可能投资不足；当交叉项的系数为负时，表示公司存在过度投资（梅丹，2005）。为了区别大规模公司和小规模公司投资影响因素的特点，又加入了公司规模与现金流、托宾 Q 值、主营业务收入的交叉项，以考虑大公司和小公司的固定资产投资分别对现金流、远期投资机会和近期投资机会的敏感程度。

（2）Richardson 的残差度量模型如下：

$$I_{new,t} = \alpha_0 + \alpha_1 V/P_{t-1} + \alpha_2 Leverage_{t-1} + \alpha_3 Cash_{t-1} + \alpha_4 Age_{t-1} + \alpha_5 Size_{t-1} +$$

$$\alpha_6 Returns_{t-1} + \alpha_7 I_{new,t-1} + \sum YearIndicator + \sum IndustryIndicator$$

其中，V/P 定义为投资机会；$Leverage$ 定义为资产负债率；$Cash$ 定义为现金存量；Age 定义为企业成立年数；$Size$ 定义为企业规模；$Returns$ 定义为股票收益率；$I_{new,t}$ 定义为上期新增 NPV 为正的项目投资；模型中正残差表示企业投资过度。

7.2.2 寻租的社会成本

寻租是纯粹的再分配任务，不具有生产性，而且虚拟经济必须以实体经济为依托，否则泡沫终将破裂。所以，寻租活动对于整个社会的总体效益最大化，其实是一种浪费，甚至是一种损失。如果一个经济体中最聪明的大脑在高回报的诱导下从事寻租活动，而不是投身于需要创新人才的生产和商业活动，长此以来，整个社会的发展必将畸形、停滞，甚至倒退。

历史上，"寻租"的例子比比皆是。工业革命时期，英国就拥有比较完善的财产保护制度和专利制度，工商业领域吸引了无数的社会精英投身进去。而在同时期的中国，中国的有志之士，社会精英们醉心于科举考试，视生产性活动为低等人干的活动，梦想一举成名，获取高额的"寻租"收益。在当时的社会制度下，游戏规则给予寻租活动极大的回报，而工商业等生产性活动却没有得到足够的重视，特别是商业，社会地位极低。古来就有"士农工商"的说法，士排在第一位，现实了对寻租的疯狂追求，工商被排在最后两位，足可见在当时其社会地位低下。结果，工业革命结束之后，英国的国力突飞猛进，而中国却停滞不前，究其原因，社会精英醉心于"寻租"活动是根源之一。

"寻租"活动在当今世界各地都是一个很普遍的情况。世界上最贫穷的撒哈拉以南非洲地区，也是公认的最腐败的地区之一。饱受"拉美陷阱"困扰的拉丁美洲，一些公共部门的"寻租"也很严重，是社会陷入了严重的两极分化和生产停滞的重要原因之一。而且，除了非法的"寻租"活动以外，某些合理的再分配也在扭曲人才配置。在美国，进入"华尔街"是很多名校毕业生的梦想之一。在中国，各个高等院校的经管类、金融类专业分数居高不下，吸引了大部分优秀学子就读。金融行业对重点院校的毕业生吸引力十分惊人。虚拟经济吸收了过多的社会精英，导致了人才资源的极大浪费，产生了极大的社会成本。

但是因为"寻租"产生的成本难以准确地计量，所以，对"寻租"的研究大都分析的是寻租和人才误配的理论机制，很少有人对造成的损失进行估计。最近，有一个 OLG 模型，对成本问题的分析有一定的参考意义。

OLG 模型考虑两代人：年轻人和老年人。它假设年轻人能力服从正态分布，然后，他们会选择能让自己效用最大化的职业，根据职业获得相应的收入。一共有三种职业可供选择：工人、寻租者和企业家。工人通过提供生产要素（自己的劳动），获得工资收入，企业家通过提供生产要素（企业家能力），得到收入（也就是利润）。但是寻租者不创造任何价值，他只能通过再分配活动来获取收入（李世刚、尹恒，2014）。

OLG 模型通过计算得出（具体过程从略），在寻租职位的非货币性吸引力比较正常区域内，这种社会成本大约相当于潜在产出的 10% ~ 20%；如果寻租的魅力大到（假设回到科举时代，精英们可以通过寻租获得生杀大权，能够随意剥夺富商巨贾的万贯家财）将社会精英都吸引过去，社会成本将是灾难性的，总产出可能只有潜在产出的四分之一。

从数量级上来看，寻租的成本在各国经济发展的历史中起到了不可忽视的作用。工业革命、拉美陷阱概莫能外。所以，研究"寻租"不仅是有意义的，而且意义非常重大。

7.2.3　企业家如何在寻租和寻利之间进行选择

企业家们可以选择生产性的寻利活动，进行创新、研发，带动社会发展，也可以选择非生产性的寻租，只是进行财富的转移，浪费社会资源。当今社会，不同的企业家在寻租和寻利的选择上大有不同。

那么，对于一个企业家来说，到底是寻租还是寻利，是由哪些因素决定的呢？关于这个问题的最早讨论可以追溯到 Veblen，他认为企业家们只会想尽各种办法增加自己的财富和声望，而不会考虑他的行为在多大程度上是对社会有利的，甚至有害也毫不在意（李晓敏，2011）。Hobsbawm 补充到企业家没有创新的倾向，他们唯一在意的就是利润。但是 Veblen 和 Hobsbawm 没有注意到制度在决定企业家行为里起的作用。

鲍莫尔认为，所谓企业家资源，即具有开拓精神，富有创造力的精英人才及其才能。但是这种资源也是有限的，所以说，社会制度决定了这些优质资源会流向哪里，到底是生产性的寻利活动还是非生产性的寻租活动。所以，一个社会发展的好坏，往往不取决于社会资源的好坏，而是社会制度的好坏，因为他们对资源有着引导作用。根据这个，他总结出三条经验：①不同的时代与社会，制度往往不尽相同，甚至很不一样，所以，决定企业家资源的制度也很不一样。②不同的社会制度，会导致企业家资源的分配结果完全不一样。③企业家资源到底是应用在生产性的寻利活动还是非生产性的寻租活动，对一个社会的资源利用最大化，发展创新的影响是很巨大的。

随后，Murphy 等详细讨论了影响企业家才能配置的各种因素，其中影响因素最大的是关乎政府和市场关系的制度环境。不少学者还对上述理论进行过实证检验。比如说 Harry P. Bowen 和 Dirk De Clereq 用 40 个国家 2002～2004 年的数据检验假设，发现企业家才能向配置较高的企业增加时，与一国的财政和教育政策正向相关，而一国的腐败程度加重，则会减弱这种配置趋向，进而从经验上证明制度特征显著影响企业家才能的配置。

而一国企业家所从事寻利活动的多少取决于寻利活动的总供给和总需求，所以一国的制度环境和政府政策可以从增加总供给和总需求两个方面来增加寻利活动。

除了制度环境，企业家精神的强弱也能在一定程度上影响企业家寻利和寻租活动的选择，但是企业家精神短时间之内是稳定的，很难改变，所以，只有在考虑长时间的影响因素时，我们可以考虑企业家精神。比如说我们可以在社会上倡导企业家精神文化，鼓励冒险和进取精神，这样的行为从长远来看，有利于寻利活动的增加。

而在短期，政府应该通过制度改革改善中国政治制度和经济制度的质量，提高私有产权的保护程度，完善相应法律法规，减少和约束政府部门的权利，这样，才能让更多企业家资源流向寻利而不是寻租。

7.2.4 民营企业与过度投资

强政府和弱市场的交融成为市场经济的突出特征。由于民营企业生存发展所需的各种稀缺资源都受制于政府，在缺乏制度庇护下为了自身的经济利益目标，民营企业与地方政府及其官员建立政治联系成为民营企业解决资源限制的最佳选择。为了获得各种政治资源、特权、优惠乃至垄断，民营企业往往花费昂贵的成本去"寻租"。许多专家学者都对民营企业的政治关联与过度投资有研究。梁莱歆、冯延超以 2006~2009 年上市的民营企业为样本，对政治关联和过度投资之间的关系进行了实证检验（梁莱歆、冯延超，2010）。结果表明，政治关联度越高的企业过度投资也越多。徐业坤等人以2004~2011年民营上市公司为样本，实证检验了政治不确定性对企业投资支出水平的影响，并进一步考察了政治关联的作用（徐业坤、钱先航、李维安，2013）。结果显示，政治联系特别是具有政治身份领导者的企业投资支出受到政治不确定性的影响程度更大，当不确定性消除之后，企业投资支出水平会高于非政治联系企业。罗党论等人的实证研究结果表明政治关联对企业获得更多的政府帮助，从而能够促进企业有更强的投资能力（罗党论、刘晓龙，2009）。

许多学者对于民营企业寻租行为的动机、表现及评价也有研究。余明桂、回雅甫和潘红波的研究发现民营企业与地方政府建立政治联系能够得到更多的财政补助，在政治联系作用下，过度投资成为民营企业和地方政府实现各自利益目标和满足各自需求的一种方式，这种联系在制度约束弱的地方更加盛行（余明桂、回雅甫和潘红波，2010）。杜兴强、陈韫慧、杜颖洁使用上市民营企业高管政治联系的数据，以超额管理费用作为寻租的普代变量，数据测算表明政治联系、政府官员类政治联系均与超额管理费用显著正相关，这就是寻租的结果（杜兴强、陈韫慧和杜颖洁，2010）。李莉、薛冬辉认为在中国政治关联主要是通过寻租机制以降低民营企业的融资约束程度，且在市场化资源配置地区，政治关联因可以降低寻租成本而使得民营企业不受融资约束（李莉、薛冬辉，2011）。黄玖立、李坤望将腐败活动用招待费近似刻画，与企业所获得的政府订单相比较，实证结果表明，腐败活动能够给企业带来更多的政府订单（黄玖立、李坤望，2013）。魏下海、董志强和金钊等认为虽然民营企业因寻租而繁荣，但这一结果不能视为对腐败"润滑剂"假说的支持。因为寻租虽然可以帮助企业获得更多开工机会，但寻租本身是一种需要耗费资源的非生产性活动（魏下海、董志强和金钊，2015）。如果企业与政府官员打交道的总时间更多，企业的销售增长也会更高（邓朝晖、周光和李林，2011）。

在所有行业中，民营企业进行寻租活动动机最强的行业应为房地产及金融业。近年来，在 A 股上市公司中，涉足房地产业的数量不断增加。其中，除通过关联企业和股权投资两种方式直接涉足房地产外，还有部分上市公司将土地当作资本运作的工具，出现大量"地王"被闲置的现象。邓朝晖等人以 119 家面向房地产行业实行多元化战略的上市公司为研究对象，发现转型向房地产行业实行多元化战略对企业的经营绩效是不利的（邓朝晖等，2011）。除房地产投资外，互联网金融行业也成为近两年的投资热门，尤其是 P2P 领域。据清科研究中心的统计数据显示，2014 年中国互联网金融共有 193 起融资事件，仅 2014 年就有 20 多家上市公司跨界参与 P2P 行业。

虽然有很多文献提到如何度量上市公司的过度投资或分析过度投资与上市公司政治背景之间的联系，但少有文献通过财务报表中的数据来分析民营企业寻租活动的程度范围及变化趋势，本章试图从公开的财务数据中论证上市公司的寻租活动近年来是否呈现增长的趋势，即上市公司的管理者是否从"生产性创利"的活动逐渐转变为"寻租性逐利"，从而造成企业家才能的错配。

7.3　描述性统计分析

本章的样本选取如下：沪深股票中的制造业（按证监会行业分类）民营企业上市公司，共 1 136 家企业，出于财报数据每年的可比性，剔除在 2010 年后（含）上市的公司。时间范围为 2010～2014 年，主要是出于会计口径一致（2007 年会计准则变更）以及样本数量的考虑（剔除 2010 年后上市的公司还有 427 家企业）。数据来源于 Wind 金融数据库。

下文分别从资产负债表、利润表以及现金流量表中选取适当的财务数据观察上市公司近几年是否有转向房地产投资的倾向。

7.3.1 从资产负债表看：投资性房地产

在这 427 家企业中，64 家上市公司的投资性房地产从无到有，有 39 家企业投资性房地产增速明显，5 年内增长超过 25%，这从一定程度上说明上市公司房地产投资持续升温。图 7-1 表述了五年来上市公司投资性房地产的增速情况，表 7-1 给出了五年来投资性房地产增速超过 25% 的上市公司的具体数据。

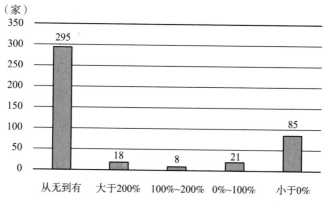

图 7-1　五年来上市公司投资性房地产增速公布情况

表 7-1　五年来投资性房地产增速超过 25% 的上市公司（按降序排列）　单位：%

公司名称	5 年来增幅	公司名称	5 年来增幅
七喜控股	99 027.86	智度投资	156.36
中技控股	34 298.07	京新药业	155.77
新日恒力	15 766.47	华邦健康	147.72
界龙实业	13 082.98	广博股份	130.31
合力泰	7 550.92	大族激光	125.20
新奥股份	2 312.53	鄂尔多斯	100.24

续表

公司名称	5 年来增幅	公司名称	5 年来增幅
东方金钰	2 038.14	软控股份	95.72
浙江龙盛	1 189.81	宁波韵升	95.70
康美药业	787.07	美邦服饰	87.71
冠福股份	714.41	七匹狼	82.59
大杨创世	570.39	美欣达	73.90
信威集团	377.14	莱美药业	71.66
宏发股份	350.06	海澜之家	41.25
理工监测	338.46	宁波华翔	40.57
盾安环境	295.24	山水文化	38.43
巨轮智能	247.85	同洲电子	34.81
山鹰纸业	234.43	维科精华	32.19
桂林三金	215.91	华塑控股	27.76
九鼎新材	187.98	保千里	25.43
升华拜克	181.24		

表 7-2 给出了投资性房地产 5 年来增幅超过 1 000% 的 8 家上市公司的具

表 7-2　　投资性房地产增幅超过 1 000% 的上市公司（按降序排列）

公司名称	2010 年（元）	2011 年（元）	2012 年（元）	2013 年（元）	2014 年（元）	5 年来增幅（%）
七喜控股	211 280.1	3 827 631.85	3 442 953.69	124 463 163	209 437 441.7100	99 027.86
中技控股	3 946 569.76	135 113 508	153 127 129.1	154 329 930.6	1 357 543 855.1600	34 298.07
新日恒力	555 120.79	538 254.31	521 388.35	90 742 446.73	88 078 054.3300	15 766.47
界龙实业	754 749.42	622 212.3	304 516 371.5	97 998 237.67	99 498 494.7600	13 082.98
合力泰	87 829.75	81 343.87	74 857.99	68 372.11	6 719 786.4700	7 550.92
新奥股份	3 164 496.17	4 663 798.02	0	0	76 344 566.0300	2 312.53
东方金钰	5 146 752.86	0	0	113 653 161.3	110 044 621.9500	2 038.14
浙江龙盛	1 715 161.74	29 056 618.39	7 053 202.69	22 546 462.45	22 122 331.6700	1 189.81

体数据。其中以七喜控股为例，七喜控股股份有限公司董事会于 2015 年 5 月 6 日收到深圳证券交易所下发的《关于对七喜控股股份有限公司 2014 年年报的问询函》（中小板年报问询函 [2015] 第 60 号），其中一条问询就是说明报告期末投资性房地产（账面价值为 2.09 亿元，占净资产的 42.22%）的基本情况，包括但不限于账面价值、用途、出售或出租情况等。

7.3.2 从资产负债表看：固定资产与营收的相对增比

153 家上市公司（超过样本数的 $\frac{1}{3}$）固定资产增长速度超过营业收入增长速度的 2 倍，极大值为 610 倍。排除企业营业收入巨幅下跌（下跌幅度超过 20%）影响后，仍有 28 家上市公司固定资产的增速明显，超过营业收入增幅的 200%。固定资产相对营收增速超过 200% 的上市公司如表 7-3 所示。

表 7-3　　固定资产相对营收增速超过 200% 的上市公司（按降序排列）　　单位：%

公司名称	固定资产增速	营收增速	相对增速	公司名称	固定资产增速	营收增速	相对增速
紫江企业	1.001846	0.001641	610.4709	双良节能	1.801796	0.282645	6.374757
宁波华翔	2.535308	0.006402	395.9896	吉林敖东	2.361786	0.373127	6.329716
美盈森	8.107692	0.029669	273.2694	博汇纸业	1.638877	0.262475	6.243929
亚宝药业	2.413109	0.01256	192.1191	普利特	6.111656	0.982535	6.220293
栋梁新材	0.853996	0.006521	130.9523	恩华药业	1.435154	0.231584	6.197127
山河智能	2.56706	0.020178	127.2202	恒邦股份	1.929367	0.313	6.164104
宇通客车	3.287992	0.026874	122.3463	凯恩股份	1.558507	0.25415	6.132243
智慧能源	2.875618	0.030584	94.02259	浙江医药	2.066788	0.3382	6.11115
小天鹅 B	0.891023	0.012372	72.02113	天润曲轴	2.380396	0.391214	6.084638
金圆股份	1 629.838	26.9864	60.39481	楚江新材	4.15847	0.686131	6.060754
海澜之家	3.986887	0.079008	50.4617	大洋电机	2.377876	0.4136	5.749218
*ST 中富	0.63465	0.012622	50.28153	万向钱潮	1.400913	0.247878	5.651625
梅花生物	3.394596	0.079622	42.63409	中银绒业	3.432818	0.613906	5.591761
太阳纸业	1.332959	0.032338	41.21932	丰华股份	4.125556	0.753924	5.472113

续表

公司名称	固定资产增速	营收增速	相对增速	公司名称	固定资产增速	营收增速	相对增速
三一重工	2.615699	0.066526	39.31832	劲嘉股份	1.106319	0.202332	5.467849
中利科技	7.554324	0.208108	36.29993	上海莱士	10.12517	1.926479	5.255792
特变电工	3.127183	0.094641	33.04249	歌尔声学	4.113779	0.790254	5.205643
鄂尔多斯	2.00031	0.063038	31.73165	富安娜	2.336163	0.449289	5.199685
康美药业	4.455939	0.151853	29.34382	中电鑫龙	5.556801	1.083471	5.128705
长电科技	1.570447	0.054029	29.06698	特锐德	31.58208	6.235739	5.064689
保千里	0.233306	0.008372	27.86813	远兴能源	2.969799	0.593456	5.004244
卧龙电气	5.047081	0.205784	24.52611	金城股份	0.742936	0.150153	4.94787
金发科技	2.040481	0.084308	24.20261	动力源	4.238043	0.870454	4.868771
华孚色纺	2.251678	0.093844	23.99395	东凌粮油	1.825749	0.404813	4.51011
桂林三金	0.941937	0.044855	20.99967	丰原药业	1.279649	0.285968	4.474804
海南海药	2.266957	0.109582	20.68729	鲁泰 B	1.353052	0.307244	4.403839
乐普医疗	2.956379	0.150352	19.66302	万马股份	2.208009	0.520161	4.244858
小天鹅 A	0.891023	0.047124	18.90814	天奇股份	1.418693	0.371802	3.815726
中技控股	1586.907	84.22987	18.84019	鑫科材料	1.761542	0.467605	3.767159
海特高新	2.635718	0.144041	18.2984	精达股份	1.423995	0.37909	3.756346
德豪润达	6.61374	0.384583	17.19715	新安股份	1.657023	0.453208	3.65621
方大特钢	1.138147	0.066562	17.09908	人福医药	5.037627	1.384905	3.637524
久立特材	2.297765	0.136098	16.88322	大杨创世	0.684341	0.190737	3.587879
乐通股份	6.373877	0.396547	16.07344	宇顺电子	10.0246	2.807179	3.571058
曙光股份	1.776512	0.113125	15.70397	华泰股份	1.228816	0.35142	3.49672
鸿达兴业	19.94252	1.347741	14.797	宝德股份	29.82	8.586397	3.472936
丽珠集团	3.66142	0.254826	14.3683	美锦能源	0.499582	0.144397	3.459783
鲁泰 A	1.353052	0.094493	14.31901	万丰奥威	1.904087	0.552077	3.448954
齐心集团	4.856235	0.343909	14.1207	盾安环境	2.645983	0.774936	3.414452
新洋丰	5.747515	0.413164	13.91099	亨通光电	3.957963	1.165277	3.396586
海大集团	4.106824	0.306742	13.38851	东方网络	1.328179	0.403637	3.290529
罗莱家纺	4.718958	0.353024	13.36723	ST 生化	1.266555	0.38864	3.25894

续表

公司名称	固定资产增速	营收增速	相对增速	公司名称	固定资产增速	营收增速	相对增速
亿利能源	1.450895	0.109155	13.29207	科陆电子	4.349303	1.337381	3.252106
联创光电	1.196497	0.091474	13.08025	宗申动力	1.297591	0.419218	3.095264
新奥股份	15.09459	1.163264	12.97606	瑞贝卡	1.404376	0.454244	3.091677
浙江龙盛	1.824771	0.144357	12.64073	益佰制药	2.214695	0.723322	3.061839
三花股份	4.061755	0.323394	12.55979	东方雨虹	4.359898	1.450435	3.005924
众生药业	3.479297	0.286103	12.16098	承德露露	1.314922	0.443969	2.961742
永鼎股份	2.809029	0.233448	12.03278	恒逸石化	60.4017	20.52608	2.942681
中捷资源	1.766028	0.157502	11.21276	海亮股份	0.958197	0.32583	2.940787
传化股份	3.502185	0.324707	10.78567	茂化实华	2.507407	0.879465	2.851061
莲花味精	0.594118	0.055127	10.77717	三房巷	0.652703	0.230688	2.829376
海马汽车	1.368214	0.127918	10.69599	东阳光科	1.435627	0.51511	2.78703
信立泰	4.179064	0.391404	10.6771	云海金属	1.203479	0.43239	2.78332
健康元	2.007934	0.18889	10.63015	奥特佳	2.096789	0.755133	2.776714
精功科技	0.721962	0.072375	9.975264	新疆众和	3.895033	1.410583	2.761293
华帝股份	1.850094	0.186476	9.921362	天士力	2.402883	0.873428	2.751094
新日恒力	1.366059	0.139117	9.819507	美欣达	1.448247	0.543469	2.664819
南钢股份	1.432499	0.147839	9.689562	兔宝宝	0.813577	0.305894	2.659671
新希望	4.658315	0.482857	9.647396	通化金马	1.04663	0.396121	2.642194
大华股份	5.65762	0.59846	9.453631	大恒科技	0.859775	0.333185	2.580472
九阳股份	1.688442	0.189864	8.892912	濮耐股份	1.964687	0.768467	2.556631
鹏欣资源	29.97863	3.405404	8.803254	士兰微	1.5586	0.625552	2.491558
宜华木业	1.511974	0.179712	8.413313	合兴包装	1.709233	0.690022	2.477072
联化科技	3.254575	0.393076	8.279768	海利得	1.26818	0.535132	2.369843
七喜控股	0.4454	0.055203	8.068375	合力泰	2.109824	0.905227	2.330711
*ST安泰	0.891742	0.110952	8.037178	永太科技	4.334217	1.901458	2.279417
正邦科技	3.870088	0.494301	7.829423	科达洁能	2.601166	1.142854	2.276027
模塑科技	1.08322	0.140536	7.707777	北斗星通	5.457703	2.447064	2.230307
维维股份	1.187721	0.156998	7.565192	杉杉股份	0.614281	0.280134	2.192814

续表

公司名称	固定资产增速	营收增速	相对增速	公司名称	固定资产增速	营收增速	相对增速
通富微电	1.726033	0.22966	7.515609	复星医药	3.522487	1.609485	2.18858
通威股份	1.266525	0.170848	7.413176	奥瑞德	1.748426	0.814175	2.147481
孚日股份	0.937347	0.12834	7.303608	亚太股份	2.103771	0.990983	2.122913
东方金钰	7.072034	1.023776	6.907793	金晶科技	1.359469	0.643834	2.111522
红太阳	3.475669	0.507308	6.8512	方大炭素	1.064841	0.50762	2.097712
华仪电气	5.604614	0.819358	6.840251	精艺股份	1.67764	0.824702	2.034238
仁和药业	3.654337	0.537719	6.796001				

当然不可否认的是，固定资产的增速相对于营业收入的增速明显不能够完全说明这部分的固定资产是冗余的，这是由于固定资产使用年限长的特性，当年固定资产的增长可能不会完全反映到当年营业收入的增幅中去，但我们仍可以通过固定资产增幅明显的样本数量（近 $\frac{1}{3}$）及增幅之大（以 200% 为标准，极值甚至达到 610 倍）看到上市公司可能存在过度投资的问题，此外，我们也可以通过在固定资产明显增加后几年的营收表现来分析这部分增加的固定资产是否属于过度投资。五年来上市公司固定资产相对营收增速分布情况如图 7-2 所示。

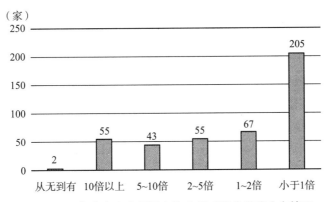

图 7-2　五年来上市公司固定资产相对营收增速分布情况

7.3.3 从利润表看：主营业务收入占总收入的比重

主营业务从一定程度上反映了企业的生产性创利情况，观测上市公司营业收入占总收入的比重可以帮助我们看到企业收入的构成情况，如图 7 - 3 所示。具体计算公式为：主营业务收入（营业收入 + 非流动资产处置净损失）。结果显示，40 家（样本数的近 $\frac{1}{10}$）上市公司的主营业务收入占比下降超过 5%（见表 7 - 4），这部分上市公司很可能存在寻租性逐利大幅上升的情况。

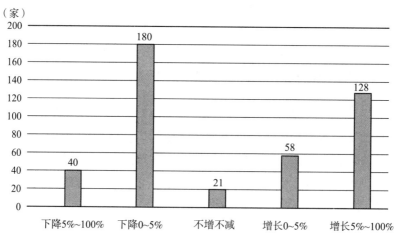

图 7 - 3　五年来上市公司主营业务收入占总收入的比重变化（分布情况）

表 7 - 4　　主营业务收入占比下降超过 5% 的上市公司（按升序排列）　　单位：%

公司代码	公司名称	2010 年	2011 年	2012 年	2013 年	2014 年	比重下降
002130. SZ	沃尔核材	1	0.988920723	0	0	0	-1
600408. SH	*ST 安泰	0.998143162	0.997808412	0.999686594	0.999575503	0	-0.99814
600363. SH	联创光电	0.971566202	0.979324385	0.972462153	0.980987203	0	-0.97157
600401. SH	*ST 海润	0.970134242	0	0	0	0	-0.97013
600596. SH	新安股份	0.957827769	0.965095926	0.970549302	0.973319511	0	-0.95783
600687. SH	刚泰控股	0.995638305	0.999382373	0.986899176	0.374709778	0.071954059	-0.92368

续表

公司代码	公司名称	2010 年	2011 年	2012 年	2013 年	2014 年	比重下降
000595. SZ	宝塔实业	0.920736064	0.879591017	0.913755159	0.931903172	0.648889289	-0.27185
600196. SH	复星医药	0.984438531	0.987559542	0.988829813	0.990113994	0.734069134	-0.25037
300029. SZ	天龙光电	0.983780895	0.968941417	0.829474401	0.732730787	0.746183211	-0.2376
002045. SZ	国光电器	1.192283639	0.977453699	0.972289619	0.971199833	0.973797434	-0.21849
000572. SZ	海马汽车	1.140660676	1.13453393	1.156606251	1.254161713	0.934650709	-0.20601
600146. SH	商赢环球	0.880781716	0.98572018	0.895480939	0.825718695	0.689674662	-0.19111
600521. SH	华海药业	0.987152532	0.985704706	0.985036722	0.990626771	0.811882822	-0.17527
600615. SH	丰华股份	1	0.995947674	0.98203894	0.830683983	0.826155758	-0.17384
002203. SZ	海亮股份	0.996725482	0.889214079	0.81851766	0.730129535	0.83077664	-0.16595
600869. SH	智慧能源	0.999539965	0.999672623	0.99876046	0.996899659	0.842551054	-0.15699
000995. SZ	*ST 皇台	0.97235596	0.997215095	0.924532879	0.915059061	0.826001563	-0.14635
002011. SZ	盾安环境	1	1	0.836887211	0.803828837	0.859949054	-0.14005
002021. SZ	中捷资源	0.999768084	0.894449095	0.880673869	0.880391228	0.871978053	-0.12779
600847. SH	万里股份	0.901299635	0.926601298	0.926536537	0.924927097	0.77501006	-0.12629
000055. SZ	方大集团	0.960154563	0.960878642	0.963043502	0.97145132	0.84794352	-0.11221
200055. SZ	方大 B	0.960154563	0.960878642	0.963043502	0.97145132	0.84794352	-0.11221
600870. SH	*ST 厦华	0.989016844	0.99454626	0.995506327	0.990106314	0.883905203	-0.10511
000703. SZ	恒逸石化	1	0.901056837	0.893461986	0.852048375	0.91261935	-0.08738
002164. SZ	宁波东力	0.992698178	0.966803913	0.981723559	0.98446374	0.905364526	-0.08733
000418. SZ	小天鹅 A	1	1	0.893244653	0.915968185	0.914513449	-0.08549
200418. SZ	小天鹅 B	1	1	0.893244653	0.915968185	0.914513449	-0.08549
600288. SH	大恒科技	0.990496995	0.989836345	0.98836655	0.978792752	0.913991785	-0.07651
002196. SZ	方正电机	0.981283105	0.931077554	0.903574321	0.903008986	0.909831747	-0.07145
002075. SZ	沙钢股份	1	0.961721088	0.938568972	0.946781131	0.929454675	-0.07055
002219. SZ	恒康医疗	0.993968865	1	0.999416971	0.901642637	0.925143045	-0.06883
600152. SH	维科精华	0.979797186	0.984186702	0.980526346	0.966273712	0.915354907	-0.06444
002193. SZ	山东如意	0.982632884	0.882208264	0.790996428	0.996900012	0.921407964	-0.06122
002289. SZ	宇顺电子	0.995180553	0.996207746	0.989739832	0.992983244	0.934434099	-0.06075

续表

公司代码	公司名称	2010 年	2011 年	2012 年	2013 年	2014 年	比重下降
600252. SH	中恒集团	1. 055977352	0. 918790733	0. 966269837	0. 989477081	0. 99723412	− 0. 05874
002072. SZ	凯瑞德	0. 985733693	0. 941956718	0. 917652614	0. 866953821	0. 927058201	− 0. 05868
000020. SZ	深华发 A	0. 939473104	0. 945018134	0. 9321893	0. 933418301	0. 885050399	− 0. 05442
200020. SZ	深华发 B	0. 939473104	0. 945018134	0. 9321893	0. 933418301	0. 885050399	− 0. 05442
600481. SH	双良节能	0. 986760003	0. 986015098	0. 981685478	0. 981183649	0. 933312164	− 0. 05345
000509. SZ	华塑控股	0. 980545671	0. 981703334	0. 970602501	0. 963557053	0. 929184867	− 0. 05136

7.3.4 从现金流量表看：构建固定资产、无形资产和其他长期资产支付的现金

从现金流量表中我们可以比较直接地看出上市公司投资活动支付现金的变化趋势。71 家企业的构建固定资产、无形资产和其他长期资产支付的现金增幅超过了300%，13 家企业的增速超过了 10 000%，极大值甚至达到了 5 274 088%。从现金流量表的角度来看企业过度投资的问题不仅较为可靠并且结果也较为显著，如图 7 - 4 所示。现金增幅超过 100% 的上市公司如表 7 - 5 所示。

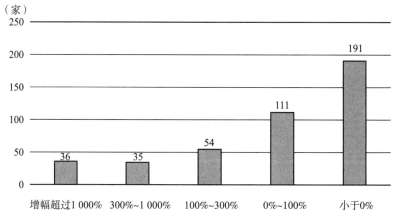

图 7 - 4 五年来上市公司构建固定资产、无形资产和
其他长期资产支付的现金增速（分布情况）

表 7 - 5　构建固定资产、无形资产和其他长期资产支付的现金增幅超过 100 % 的上市公司（按降序排列）

公司代码	公司名称	2010 年（元）	2011 年（元）	2012 年（元）	2013 年（元）	2014 年（元）	增幅（%）
600634. SH	中技控股	8 319.22	788 368.94	1 108 477.6700	395 818 905.3000	438 771 274.5600	52 740.88
000413. SZ	东旭光电	75 040.42	226 057.55	704 021 936.4200	2 254 600 150.1800	1 139 622 693.1200	15 185.78
200413. SZ	东旭 B	75 040.42	226 057.55	704 021 936.4200	2 254 600 150.1800	1 139 622 693.1200	15 185.78
000672. SZ	上峰水泥	352 806.8	693 476.38	6 419 000.0000	108 190 118.6800	243 050 909.8900	687.9065
600699. SH	均胜电子	1 347 442.12	94 944 843.66	551 195 893.4500	578 560 517.2000	758 213 691.8700	561.7059
000068. SZ	*ST 华赛	10 881	3 438	0.0000	2 046 660.5900	4 192 724.1400	384.3253
000546. SZ	金圆股份	850 706	152 396	3 047 304.0900	14 441 222.4900	271 157 522.3000	317.7441
000703. SZ	恒逸石化	1 901 658.63	1 693 761 266	728 784 790.2100	1 048 028 898.3500	516 757 794.4400	270.7406
600615. SH	丰华股份	41 300	4 582	464 794.0000	4 149 820.6000	5 275 555.6000	126.7374
002002. SZ	鸿达兴业	4 495 274.71	4 465 476.2	12 963 331.6600	1 373 410 239.4000	478 353 611.8400	105.4125
600613. SH	神奇制药	574 379.29	2 146 382.65	1 033 222.3900	55 580 633.5400	60 371 475.5300	104.1073
600687. SH	刚泰控股	437 280.8	816 935	7 597 044.7100	154 066 136.6900	44 486 807.9100	100.7351
000760. SZ	斯太尔	3 696 116.94	17 482 747.45	14 359 726.9500	59 671 625.7800	369 091 469.7700	98.85925
600401. SH	*ST 海润	13 321 912.85	2 529 068 166	2 443 748 968.2900	1 601 793 567.8100	1 225 284 350.9200	90.97511
000611. SZ	*ST 蒙发	2 160 275.5	19 587.39	61 296.0000	825 515.7300	148 020 620.0000	67.51933
600365. SH	通葡股份	1 732 548.49	181 457	272 978.0000	32 944 053.2400	96 937 068.4900	54.95057
000622. SZ	恒立实业	958 997.54	2 005 360.34	1 227 041.8000	2 338 584.6000	46 844 318.0600	47.84717
002145. SZ	中核钛白	2 995 681.86	9 716 964.26	11 420 315.4400	112 778 770.0500	140 477 744.3100	45.89341

公司代码	公司名称	2010 年（元）	2011 年（元）	2012 年（元）	2013 年（元）	2014 年（元）	增幅（%）
002170. SZ	芭田股份	24 709 415.59	80 708 815.7	228 345 210.8400	369 708 693.8300	1 120 446 512.9900	44.34492
000576. SZ	广东甘化	4 262 223.2	68 944 679.75	129 943 432.7000	389 852 635.7800	112 668 164.6700	25.43413
000908. SZ	景峰医药	3 930 348.51	4 849 725.91	5 179 664.6000	1 712 204.4800	100 598 926.2800	24.59542
600885. SH	宏发股份	17 231 347.06	10 893 786.11	93 103 285.5200	203 606 665.3700	404 623 731.0900	22.48184
000955. SZ	欣龙控股	5 007 526.68	7 361 225.7	121 128 533.2400	52 910 514.0100	114 584 759.6500	21.88251
000670. SZ	盈方微	2 343 388.07	520 781	4 750.0000	291 736.9000	50 634 408.1900	20.60735
600055. SH	华润万东	3 528 804.88	7 567 061.82	18 366 209.2300	41 127 271.1300	75 898 670.2300	20.50832
002220. SZ	天宝股份	20 588 474	599 270 919.8	270 442 197.1000	725 962 129.7700	427 601 025.9600	19.76895
600237. SH	铜峰电子	12 928 669.29	62 490 087.81	124 021 928.1200	192 202 240.9400	252 282 414.0100	18.51341
600398. SH	海澜之家	46 484 406	119 974 091.5	34 787 179.9900	65 737 437.4500	887 253 490.1700	18.08712
600490. SH	鹏欣资源	17 672 445.26	838 415.43	295 721 423.0800	139 827 773.4100	321 497 033.9600	17.19199
000766. SZ	通化金马	10 204 663.06	8 142 826.97	19 409 248.3900	157 655 170.0100	183 391 090.9300	16.9713
002064. SZ	华峰氨纶	70 650 054.54	422 978 880.6	148 149 263.1200	293 265 874.0300	1 209 741 194.8900	16.123
600485. SH	信威集团	3 412 911.16	5 912 034.25	4 026 438.7900	17 996 075.7000	56 756 865.1600	15.63004
002226. SZ	江南化工	13 593 423.29	85 857 469.98	127 739 657.9500	178 871 162.1400	212 117 051.6400	14.60439
002175. SZ	东方网络	6 627 480.64	27 361 247.79	6 600 937.7600	27 981 384.6500	102 286 462.8000	14.43369
600803. SH	新奥股份	24 354 280.16	87 772 003.66	108 615 500.6500	300 453 609.1300	342 344 643.4400	13.05686
002312. SZ	三泰控股	29 468 461.78	78 866 937.83	142 663 844.2500	93 783 643.2100	369 325 397.5200	11.5329

续表

公司代码	公司名称	2010 年（元）	2011 年（元）	2012 年（元）	2013 年（元）	2014 年（元）	增幅（%）
600211. SH	西藏药业	2 577 880. 53	2 310 055. 68	4 418 251. 6200	34 117 801. 4900	27 923 429. 2900	9. 831933
002026. SZ	山东威达	13 400 030. 1	16 443 498. 77	18 213 289. 3300	98 469 652. 0000	140 151 593. 0800	9. 459051
002004. SZ	华邦健康	56 870 930. 95	95 765 250. 59	315 210 829. 5000	379 809 039. 1000	585 539 376. 7300	9. 295934
002121. SZ	科陆电子	77 994 840. 2	182 209 332	217 491 499. 8500	192 416 228. 2000	798 267 439. 2000	9. 234875
600568. SH	中珠控股	12 317 837. 1	3 004 798. 32	6 226 189. 1200	92 539 790. 7200	122 071 189. 7300	8. 910116
000902. SZ	新洋丰	35 950 153. 6	30 391 089. 09	2 141 928. 7600	15 030 573. 4900	345 254 697. 5200	8. 603706
000982. SZ	中银绒业	287 014 638. 8	250 347 305. 5	492 039 676. 7800	1 917 172 815. 7200	2 730 906 289. 2500	8. 514868
000995. SZ	*ST 皇台	1 696 991. 94	4 448 619. 32	1 244 481. 0000	3 060 867. 2000	16 085 459. 8700	8. 478807
000008. SZ	神州高铁	326 999. 64	91 336. 22	7 957 734. 6200	10 930 115. 5400	2 851 637. 5200	7. 720614
002085. SZ	万丰奥威	70 984 439. 62	177 909 772. 4	287 867 578. 7900	487 110 490. 7000	590 960 050. 9100	7. 325206
300009. SZ	安科生物	11 180 698. 95	82 540 949. 37	59 420 481. 5000	31 635 635. 4700	88 039 089. 9600	6. 874203
002239. SZ	奥特佳	1 751 943. 39	40 502 519. 57	40 308 816. 5900	25 557 743. 3000	13 449 452. 1100	6. 676876
600233. SH	大杨创世	11 596 071. 91	16 524 848. 93	7 156 516. 4100	23 929 955. 3200	84 355 518. 0900	6. 274491
600216. SH	浙江医药	145 896 266. 5	344 582 491. 8	945 495 279. 5400	1 187 462 210. 6000	991 756 351. 9500	5. 797682
002089. SZ	新海宜	59 485 102. 04	260 203 099. 8	280 777 767. 5700	272 004 386. 1000	398 111 336. 4700	5. 692623
000876. SZ	新希望	333 821 047. 3	1 716 513 954	2 038 242 918. 3700	2 353 608 405. 7800	2 199 213 769. 2200	5. 588002
002169. SZ	智光电气	29 830 819. 88	65 054 342. 22	128 721 175. 9200	108 455 535. 8800	176 051 381. 7900	4. 901661
002139. SZ	拓邦股份	13 660 741. 32	45 440 906. 06	69 223 749. 1200	42 231 605. 5800	71 036 571. 6700	4. 200052

续表

公司代码	公司名称	2010 年（元）	2011 年（元）	2012 年（元）	2013 年（元）	2014 年（元）	增幅（%）
000716. SZ	黑芝麻	42 049 770.72	33 061 208.5	120 303 608.2700	37 651 434.8800	217 404 573.2400	4.170173
002176. SZ	江特电机	31 607 703.9	114 055 804.7	241 627 909.7900	193 223 552.1000	162 108 600.5400	4.128769
002157. SZ	正邦科技	293 713 190.9	261 181 714.7	936 610 922.4100	1 227 764 255.1100	1 466 654 263.5600	3.993491
300032. SZ	金龙机电	30 868 044.62	45 338 189.34	401 796 738.7200	280 313 174.4400	150 944 228.2200	3.889983
000585. SZ	东北电气	2 219 693.76	4 220 904.86	3 738 698.3000	11 168 095.3500	10 790 467.2700	3.861241
000637. SZ	茂化实华	20 418 006.46	90 195 390.01	123 305 808.2900	141 307 448.6800	98 267 959.3800	3.812809
000650. SZ	仁和药业	28 579 387.08	101 466 665.1	242 096 293.4400	94 084 513.9400	137 537 563.4500	3.812474
002271. SZ	东方雨虹	115 075 703.8	188 882 429.5	261 046 079.2000	366 020 177.0900	535 289 762.5500	3.651631
600255. SH	鑫科材料	40 668 085.14	45 360 292.72	262 279 472.0100	551 674 342.0700	185 490 036.2300	3.561071
600535. SH	天士力	166 130 764.3	422 578 747.8	390 021 911.8700	663 562 178.4800	754 934 247.2000	3.544217
600537. SH	亿晶光电	61 710 731.38	991 269 040.1	287 107 144.9200	106 360 529.2800	274 087 461.4500	3.441488
600234. SH	山水文化	234 594.88	6 634 878.55	1 530 586.3400	5 726 700.0000	1 039 399.3200	3.430614
002236. SZ	大华股份	29 366 658.87	107 846 940.9	181 125 202.3000	165 559 396.9500	127 315 815.4400	3.335386
600538. SH	国发股份	12 363 278.79	12 237 415.61	20 976 861.1200	21 341 221.8300	53 327 377.9700	3.313369
600781. SH	辅仁药业	47 460 316.45	74 068 891.47	166 233 565.3300	64 943 135.5000	196 451 687.4700	3.139283
000782. SZ	美达股份	57 321 984.63	80 495 842.05	138 216 741.3800	112 195 253.1600	236 131 896.4300	3.119395
600594. SH	益佰制药	49 655 280.19	142 338 942.5	209 641 131.2600	273 483 497.9500	203 935 836.1900	3.107032

7.4　结论与启示

第一，中国经济迈入新经济时期之后，供给和需求结构上都发生了巨大的变化。过去供求特点是需求饥渴，供给不足，甚至是短缺经济。但是到了现在上中等收入阶段，需求膨胀转化为需求疲软，经济短缺转变为产能过剩。

第二，实体经济创新力不够，没有新的投资机会，银行对实体经济没有信心。钱聚集在虚拟经济，金融资本进不到实体经济中来，而实体经济中真正需要钱的时候融资成本非常高。许多企业逐渐从"生产性创利"转向为"寻租性逐利"，形成了企业家的才能错配。近年来，民营企业转向房地产、金融，例子比比皆是。

第三，寻租带来了巨大的社会成本，但是因为"寻租"产生的成本难以准确地计量，所以，对"寻租"的研究大都分析的是寻租和人才误配置的理论机制，很少有人对造成的损失进行估计。OLG 模型在一定程度上能解释"寻租"行为的成本。

第四，企业家在寻租和寻利做出选择。政府应当从政策上鼓励生产性创利而非寻租性逐利，减少企业家的逐利行为，鼓励企业家将资源尽可能多地配置到生产中去。方法有宣扬提倡企业家从实际生产中获取利润，肯定企业家的价值。促进市场在资源配置中的作用，减少政府的干预程度以及政府官员在资源配置中的权力，进一步推进社会的公平与法制，从而从根本上减少企业家的寻租行为。

最后，我们通过资产负债表、利润表以及现金流量表中的数据，进行判断，发现民营企业转向房地产业的趋势十分明显。

第8章　从上市公司高级管理人员违规违法看企业家才能错配

8.1 高管违规违法问题的提出

到目前为止国内所进行的国企改革，其推出的政策对民营企业家有很强的误导性，这对中国的经济发展来说不是一个好的信号，中国的经济运行状况与企业家才能配置有着很大关系。近些年来，政府的反腐败力度不断加强，一个官员倒下就会有更多的企业家倒下，后果就是经济衰退。最近几年的企业家流向呈现出：国有企业到民营企业，民营企业家流向国外，国企民企一大部分企业家流向监狱的趋势。其中，上市公司高管犯罪、外逃、失踪事件引起社会广泛关注，本章认为这一问题的集中爆发并非一日之寒，境内上市公司积弊已久，上市公司高管的激励约束机制建设问题没有得到根本解决，尤其是缺乏长期激励机制。而现行法律法规严重滞后于快速发展的市场，导致公司经营被操纵的漏洞极多，在法律法规惩治违法犯罪相对不力的情况下，正因为高级管理人员进行违法违规活动的成本不高，所以有些上市公司高管难挡诱惑。因此，对上市公司高管犯罪率的研究显得十分重要，此项研究有利于为将来的国企改革提出建设性意见，从而促进中国经济的发展。

本章主要分析 2013～2015 年 3 年的数据，对全部 A 股 2 790 家上市公司高级管理人员违规违法事件进行统计，并计算出违规违法率，然后结合相关经济学理论，对此现象进行深入研究。

8.2 相关文献回顾

目前，对上市公司高管违规违法以及犯罪的研究，多关注成因、特征以及监管控制措施等方面。中国学者王前锋的观点是，一来高级管理人员违规违法会不利于股价，二来高管本人所属的行业与其犯罪之间关系并不紧密（王前锋，2007）。另有学者认为，中国上市公司高级管理人员的职务类、经济类犯罪和公司治理特征之间相关性较强，提出建议是，要解决高管犯罪问题，就要完善公司治理机制（庞金勇、杨延村，2007）。法律方面，金泽刚等人虽然并未提到上市公司高级管理层的激励机制，但建议设立民事赔偿责任和市场禁入制度；同时指出要发挥刑法的惩处犯罪、威慑罪犯的作用，大幅度提高高级管理层的犯罪成本（金泽刚、于鹏，2010）。而学者张蕊从激励方面进行了研究，分析高级管理层职务犯罪的特征，她认为要防范企业高管侵占性职务犯罪，需要制定合理的薪酬与激励制度、有效的企业内部权力制衡机制（张蕊，2011）。佘脊等人的论文提到高级管理层一旦涉案，对此进行的披露会使股价向下波动，但未提及这一信息披露行为对经济增长指标和劳动生产率的影响（佘脊、徐永超和曾小忠，2012）。李松松等人也研究了高管犯罪信息的披露对股价波动的影响，证实了高管犯罪信息的披露对股价波动的消极影响（李松松、董斌，2014）。Biggerstaff 等也研究了 CEO 在其公司高管以及员工犯罪行为中所扮演的角色，他发现独立董事以及外聘人员有时也会成为企业违法违规的主要责任人之一（Biggerstaff & Edward，2014）。Khanna 等重点研究了 CEO 和高管的失职、腐败行为，以及集团诈骗现象，通过一系列模型总结出上述行为对消费者以及公司未来的消极影响（Khanna，Kim & Yao，2015）。

综上所述，目前关于上市公司高管违法违规以及犯罪的研究，对于相关数据的描述性统计还不深入。本章搜集整理了 2013～2015 年全部 A 股 2 790 家上市公司高级管理人员违规违法事件的相关数据，并结合相关经济学理论进行了分析。

8.3 描述性统计分析

本章首先介绍犯罪率的计算方法，我们将每家公司的高管违规违法率定义为：违规被调查的高管人数与当年高管总人数之比。本章数据是从 Wind 数据库、各上市公司 2013～2015 年年度报告中如实摘录得出。

8.3.1 对于 2013 年的统计分析

2013 年，共有 75 家上市公司违规被调查。其中，制造业公司有 42 家，零售业公司有2家、采矿业公司有5家、服饰业公司有2家、房地产业公司有4家、公共设施管理业公司有3家、农业公司有1家、新闻和出版业公司有1家、批发业公司有4家、餐饮业公司有4家、畜牧业公司有1家、纺织业公司有1家、服务业公司有9家、加工业公司有2家、综合公司有2家、住宿业公司有1家、运输业公司有2家（见表8-1）。

表8-1　　　　　　2013年上市公司高管违法违规率　　　　单位：%

公司	违法违规率	公司	违法违规率
大有能源	45.8	步森股份	29
荣盛发展	5.2	海通证券	14
*ST海润	10.3	*ST云网	9.3
*ST新亿	25.9	*ST成城	13.3
*ST博元	5.9	ST宏盛	11.7
西藏旅游	9	华泰证券	5.2
山水文化	11	奥普光电	4.1
方正证券	16	人人乐	30
同花顺	7.6	南华生物	23
广发证券	15.3	*ST中富	33
键桥通讯	33	恒生电子	8.6
仁和药业	4.1	金宇车城	15
索芙特	21	宏磊股份	10.5
迪威视讯	18.7	金运激光	18.7
四方达	8.3	创兴资源	39.1
勤上光电	12.5	宏达新材	5.8
东方网络	5	五洲交通	14.8
皖江物流	47.8	烯碳新材	33
新中基	16.7	盛达矿业	5
丽珠集团	4.5	浪莎股份	8.3
*ST安泰	28	宝光股份	4.1
商赢环球	16.7	恒顺众昇	9

续表

公司	违法违规率	公司	违法违规率
人民同泰	13	经纬电材	16.7
雏鹰农牧	5.5	青海华鼎	4.7
柳化股份	15.4	华海药业	4.7
力帆股份	3	亚太实业	12.5
现代制药	5	威华股份	4.2
北大荒	36.4	顺地科技	38.7
启明信息	5	露笑科技	27.7
德奥通航	16.7	上海家化	53.1
上海物贸	56.2	协鑫集成	23.6
国信证券	9.5	齐星铁塔	57.1
零七股份	4	*ST 舜船	39.2
匹凸匹	5	大连控股	17.3
科伦药业	37.8	阳光照明	5.8
青鸟华光	51.8	中国中期	26.7
江泉实业	8.3		

通过以上数据我们可以得出，共有 75 家上市公司在 2013 年出现了违规、违法行为；违规违法率最低为 3%，最高为 56.2%，平均违规违法率为 18.04%。

2013 年，违规违法的高管人数为 428 位，其中所在公司属于制造业的高管高达 201 位，占比为 47%，其余高管所在公司的违规违法率远远低于制造业，可以看出 2013 年上市公司违规违法率的行业分布主要集中在制造业。

8.3.2 对 2014 年的统计分析

有 116 家上市公司在 2014 年因为违规、违法行为被调查。其中，运输业公司有 5 家、服饰业公司有 2 家、纺织业公司有 5 家、房地产业公司有 6 家、生态保护和环境治理业公司有 1 家、公共设施管理业公司有 1 家、加工业公司有 10 家、农业公司有 2 家、零售业公司有 1 家、制造业公司有 58 家、服务业公司有 5 家、住宿业公司有 2 家、渔业公司有 1 家、新闻和出版业公司有 1 家、批发业公司有 9 家、建筑业公司有 1 家（见表 8 - 2）。

表 8 - 2　　　　　　　2014 年上市公司高管违法违规率　　　　单位：%

公司	违法违规率	公司	违法违规率
利达光电	9	露笑科技	27.7
零七股份	8	报喜鸟	4.7
勤上光电	19	风神股份	41.8
山水文化	15.7	键桥通讯	36.3
国祯环保	20	禾盛新材	21.4
三木集团	25	国金证券	8.6
*ST 中富	20.5	赣锋锂业	14.3
西藏旅游	10	神开股份	46.4
康达尔	4.5	和佳股份	10
*ST 新梅	4.7	獐子岛	8.8
华锐风电	53	宝馨科技	5.8
三峡新材	39.4	浙富控股	8
华东数控	6.25	迪威视讯	11
金谷源	27	博汇纸业	41.8
天津磁卡	47.3	上海三毛	14.28
ST 生化	41.6	金利科技	10
西藏珠峰	4.5	冠豪高新	7.1
湖南天雁	5.2	同洲电子	6.4
宏磊股份	36.8	*ST 蒙发	9
慧球科技	3.8	海联讯	41.4
*ST 新都	25.9	广东明珠	7.1
南纺股份	13.6	西宁特钢	8.6
北大荒	5	以岭药业	9
皇庭国际	16.7	天赐材料	5.5

续表

公司	违法违规率	公司	违法违规率
天目药业	14.8	林州重机	9
宝德股份	16.7	天海投资	33
金城股份	21.8	珠江控股	15.7
茂化实华	7.6	华塑控股	27
*ST 霞客	15.4	康芝药业	21
厦门钨业	3.5	盐田港	4.7
得利斯	16.7	天通股份	3.7
国栋建设	6.7	西藏药业	3.4
五洲交通	38	福安药业	5.2
华丽家族	21	南京医药	7.6
科伦药业	26.8	风范股份	12.5
莲花味精	50	浙报传媒	8.6
新赛股份	14.3	航天通信	17.2
欣龙控股	50	人民同泰	20
南方轴承	6.25	友利控股	12
*ST 成城	48.3	中泰桥梁	10.3
凯瑞德	20	步森股份	4.3
协鑫集成	23.6	新中基	28
金莱特	5.5	现代制药	4.3
宝硕股份	36	正邦科技	23.5
荣丰控股	28.5	天龙光电	12.5

从表 8-2 可以看出，与 2013 年相比，2014 年违规违法的上市公司数量有明显上升，由 2013 的 75 家增加到 116 家，增长率为 54%；违规被调查高管数量由 2013 年的 428 位增长到 2014 的 620 位，增长率为 44%；平均违规违法率这一指标从 2013 年的 18.04% 增加到 18.06%，2014 年违规违法率最低为 3.4%，最高为 53%。

116 家在 2014 年因违规嫌疑而被调查的上市公司，共计 620 名高管牵涉其中。其中，所在公司属于制造业的有 364 名，占比达到 57.6%，其余高管所在公司所属行业违规违法率远远低于制造业。可以得出这样的结论：从行业分布上，2014 年上司公司高管违规违法行为主要集中在制造业。

8.3.3　对 2015 年的统计分析

2015 年，共有 163 家上市公司违规被调查。其中，餐饮业公司有 1 家、农业公司有 1 家、运输业公司有 2 家、房地产业公司有 14 家、服饰业公司有 2 家、畜牧业公司有 1 家、纺织业公司有 5 家、金融业公司有 1 家、公共设施管理业公司有 1 家、制造业公司有 91 家、加工业公司有 8 家、服务业公司有 9 家、建筑业公司有 3 家、林业公司有 1 家、零售业公司有 6 家、渔业公司有 2 家、批发业公司有 6 家、生态保护和环境治理业公司有 1 家、新闻和出版业公司有 1 家、采矿业公司有 5 家、住宿业公司有 1 家（见表 8 - 3）。

表 8 - 3　　　　　　　　　2015 年上市公司高管违规违法率　　　　　　　　单位：%

公司	违法违规率	公司	违法违规率
*ST 成城	3.7	三木集团	6.25
商赢环球	4.7	神剑股份	13
易华录	4.5	冠豪高新	3.7
南纺股份	38.7	勤上光电	25.9
*ST 新忆	9	龙净环保	3.125
昌九生化	9	国星光电	3.8
通源石油	6.25	恒逸石化	5
金河生物	3.5	神州泰岳	8
超图软件	4.2	天源迪科	5
东晶电子	5.8	青海春天	35.3
金谷源	6.7	彩虹精化	11.7
华星创业	5	南京医药	11
民生控股	4	光大证券	28.28
世纪游轮	22.2	紫鑫药业	34.7

续表

公司	违法违规率	公司	违法违规率
亚夏汽车	5.8	南华生物	21
宇顺电子	5.5	大杨创世	3.5
大有能源	18.75	康缘药业	3.5
中国石化	35.7	桐昆股份	44
*ST 云网	9.3	向日葵	6.8
汉王科技	7.6	三五互联	15.8
匹凸匹	15	东方锆业	14.3
三维工程	5	矿达科技	14.3
亚厦股份	6.7	*ST 海龙	47
东风汽车	9	北大荒	5
欣龙控股	31.5	*ST 春晖	4.2
康芝药业	21	中京电子	9
永清环保	5.8	山东金泰	40
万福生科	66.7	中技控股	6.7
博云新材	5.5	*ST 生化	54
兴民钢圈	17.3	福日电子	10.5
大康牧业	10.5	康盛股份	7.1
长春高新	50	华锐风电	16.7
科伦药业	33	海南椰岛	5.2
上海三毛	19	商业城	14.7
*ST 国通	19	方兴科技	14.3
零七股份	20.8	万家乐	48
海兰信	11	坚瑞消防	16.7
河池化工	17.4	沙河股份	11.5
华塑控股	8.5	威华股份	5.5
超华科技	5.8	*ST 古汉	13
武钢股份	10	宋都股份	33
辉煌科技	9.5	*ST 宏盛	21

续表

公司	违法违规率	公司	违法违规率
恒泰艾普	3.8	斯太尔	12
新中基	52.6	*ST新梅	20
宏磊股份	36.8	常铝股份	17.6
云投生态	40.7	九鼎新材	20
信邦制药	7.2	东方铁塔	5
盛路通信	5	朗科科技	8
北新路桥	14.32	康达尔	8.6
高升控股	40	佛山照明	23
西王食品	14.3	浩物股份	15.38
亚星化学	60	洛阳铝业	21
海虹控股	21.4	巴安水务	41
宝安地产	42	信维通信	5
华仁药业	4.16	津劝业	5.26
天津松江	32.14	同大股份	6.67
新华百货	5.26	开创国际	5.56
华中数控	5.56	丹邦科技	5
涪陵榨菜	3.85	亚太实业	64.7
西南证券	5.56	锐奇股份	13
银亿股份	22.22	湖北金环	34
顾地科技	19.05	中州控股	9
东方网络	22.58	维科精华	4.35
荣丰控股	20	石大胜华	5
S前锋	10	*ST狮头	6.25
金桥信息	13	有研新材	5
亚通股份	7.1	大连热电	5.26
国联水产	14.29	特力A	12
兰太实业	4.55	上海物贸	42.86
昆明机床	6.45	武昌鱼	7.69

公司	违法违规率	公司	违法违规率
青鸟华光	41.38	深华新	5
神奇制药	7.14	仟源医药	5.56
四创电子	4.17	柳化股份	24.14
烯碳新材	37	莲花健康	10
*ST 博元	34.78	长城汽车	3.125
美达股份	27.2	现代投资	9.5
金宇车城	13.33	福耀玻璃	5.56
华孚色纺	4.17	神开股份	6.25
铜陵有色	3.7	*ST 舜船	10.53
华菱星马	5	大连重工	6.9
皖江物流	46		

通过分析以上数据，2015 年与 2014 年相比，涉嫌违规牵涉调查的上市公司数量以 40.52% 的增长率从 2014 年的 116 家增加到 2015 的 163 家；违规违法高管数量由 2014 年的 620 位增加到 2015 年的 753 位，增长率为 21.45%；2015 的平均违规违法率为 35.29%，与 2014 年相比有所上升，2015 年违规违法率最低为 3.125%，最高为 66.7%。

2015 年违规被调查的上市公司高管总共有 753 名。其中，所在公司属于制造业的有 352 名，占比为 46.75%，其他高管所在公司所属行业的犯罪率远远低于制造业，由此可以看出违规违法率的行业分布主要集中在制造业。

分析不同行业上市公司的违规、违法情况，统计结果表明，仪表制造业、机械、信息技术业、石油、化学、塑料制造业、设备、塑胶这些行业的违规违法数量最多，而木材和家具制造业、金融和保险业经统计显示违规违法数量相对最少。这可能是因为，金融保险业的行业内大范围的改制活动提升了这类公司的治理水平，金融公司因而拥有了更规范的治理规则，对高管的行为要求更为严格，从而降低了这个行业内的高管违规违法率。统计发现，分析各行业高级管理层人员违规违法的概率，得出房地产业、农林牧渔业、传

播与文化产业的概率最高。不容忽视的是，传播、文化类产业中，近50%的
上市公司都发生过违规违法，这与该类产业"重创意生产、轻规范经营"的
行业特点不无关系。

8.3.4　2012～2015年趋势变化分析

综上所述，我们将2013～2015年违规违法上市公司数量、违规违法的高
管人数以及每年的平均违规违法率绘制在一张表格上，如图8-1所示。

年份	违规公司数量（家）	违规高管数量（名）	平均犯罪率（%）
2013	75	428	18.04
2014	116	620	18.06
2015	163	753	35.29

图8-1　2013～2015年趋势变化分析

由上数据可以得出：每年上市公司出现违法违规的数量在增加；违规违
法的高管人数逐年增加；平均违规违法率逐年上升；制造业的违规违法率在
各种行业中最高；每家公司每年平均违规违法高管数量为5～6人，这个数字
充分说明高管违规违法并不是个别现象，而是一种集体现象，数字背后隐藏
的是我们的体制已出现问题的现实，我们亟须将国企改革的核心和重点加以

转换调整，完善符合中国经济实际的，顺应历史大潮的经济制度来指导国企改革。

8.3.5 上市公司违规违法行为的特点

1. 违法违规行为的性质日益恶化

部分上市公司违规违法活动存在组织性、团伙性的特征，出现了组织机构，并具备明确的人员分工，公司高管（如董事长、总经理、财务负责人等）往往参与其中。例如，郑百文在公司事实上亏损的情况下，为了达到销售收入亿元、利润过万元的宏大目标，组织其子公司、分公司的财务人员虚假做账；而红光实业、大庆联谊等则被曝虚构经济效益指标，连续数年财务不实。这些上市公司知法犯法，恶意侵害公司、社会共同财产，严重违反了中国法律法规规定。

2. 违法违规行为的恶劣后果

违规违法行为不仅会给公司造成名誉上的危害，损害公司长远利益，而且会对投资者乃至整个证券市场、金融市场造成难以估量的冲击，对证券市场的正常运行秩序扰乱和破坏，同时也会使得金融市场一些基本功能，如配置资源、促进企业转换经营机制、筹集资金等发挥不出来，丧失其作为国民经济运行状况"晴雨表"的角色功能，提高了整个证券市场的系统风险。而且，上市公司违法违规会使股价波动巨大，造成投资者惨重的损失。最后，因为亏损的上市公司多出现违法违规行为，比如虚假报账、拒交税款等，此类公司的生产经营情况和财务情况必将进一步恶化。举例来说，银广夏公司违法行为败露后，股价连续跌停数天，流通市值"蒸发"多亿元。上市公司的违法、违规行为，对广大投资者的合法权益造成严重损害，挫伤投资者的投资信心，而且往往一点到面、波及广泛，为社会埋下不安定因素，严重影响社会的和谐和稳定。

3. 违法、违规行为难以查处

第一，违法违规行为根据作者的研究和分析日益呈多样化的趋势，从定期报告不按时披露到擅自改变所募资金用途，从违规炒作股票到内幕交易、虚假陈述，种种违规甚至违法行为层出不穷。

第二，单一案件中复合多种违法、违规行为，而且实务中呈现出多个行为人参与的特点，以非法买卖本公司股票行为打个比方，其往往也伴随着内幕交易行为。

第三，违法违规行为在实务中手法多样化特点日益明显。打个比方，不同上市公司为了达到非法买卖本公司股票的目的，有的公司是直接打到公司或其职工的账户内，有的是通过股市，有的通过关联账户，有的是通过有业务来往的单位，有的是通过银行或其他金融机构，种类繁多，难以尽数。

第四，违法违规行为越发隐蔽、难以查处。现在的工作者们，因为有了之前的落马人员的经验，在实施违法违规行为时，往往人为增加周转，并精心设计、布置各种假象，为证券监管机构提高调查难度。调查周期长、查处效果差的问题也十分严峻。

8.4　结论与启示

经过对 2013 年、2014 年、2015 年的数据进行初步分析判断，可以得出以下结论。

第一，违规违法的上市公司数量逐年增加，违规违法的高管人数逐年增加，但是不同行业之间的情况大不相同。通过对《中国上市公司法律风险指数报告》中体现的法律风险进行分析，可知在 2015 年的统计中可得：2014年度中国大约 2 700 家上市公司中，共发生诉讼 15 876 次，有 376 次违规行为，其中有 323 位高管牵涉其中、被追究责任，与 2013 年相比较明显增长。数据显示在 2013 年度，共有 184 次上市公司违规行为记录在案，其中有 207位高级管理人员牵涉其中、被追究法律责任，诉讼 7 860 件。中国法人团体共计有 68 次违规行为，总计 61 位高级管理人员被追究法律责任，诉讼案件 2 013 件。2014 年比 2013 年分别增长 204%，156%，202%。可知国有法人违规次数上升。总体行业法律风险稳定，但个别行业有较大的上升幅度——如仓储行业、交通运输行业、金融行业。2013 年数据显示金融行业有 5 719

件诉讼，而 2014 年则增加到 13 544 件，净涉案资产也有大幅增加，2013 年涉案 596.36 亿元，而 2014 年则增加到 931.69 亿元。也有部分行业法律风险有明显下降——如水利行业、公共设施管理行业、房地产行业、环境行业和采矿行业。其中房地产行业因为高级管理人员违规违法次数下降（责任人从 10 人降为 2 人，违规次数从 9 次降到 4 次），整体法律风险排序于 2014 年降为 33 名（2013 年第 6 名）。

第二，高管腐败概率与地区腐败概率呈正相关。显而易见，一个地区，如果高管腐败率高，那么整个地区的腐败就会更严重，而一个地方如果腐败严重，那么高管在这种不良的风气下要保持两袖清风，也很难，所以地区腐败更容易催生高管腐败。而且地区性的腐败，数据显示，对于民营企业和国有企业的高级管理人员都有影响，但对民企的影响远大于对国企。究其原因，可能和这几年政府的反腐政策有关。

第三，违法违规率在不同的地域，表现出不同的特点。2014 年根据法律风险指数测评了内地省市的 2 628 家公司，其中来自宁夏回族自治区、青海省和山西省的上市公司违法违规现象最严重，其违法违规指数相较于整体均值，分别高了 40%、23.14%、17.18%；地区内上市公司违法违规现象最轻的地区是北京市，其违法违规指数相较于整体均值，低了 8.24%。对中国上市公司 2011～2014 年的分析显示，违法违规地域性分布的演进趋势是动态、不均衡的——无论是违法违规指数高的省份（如青海、宁夏、山西），还是违法违规指数低的省市（如北京、上海），地区内的上市公司的违法违规指数都较为稳定，但对于违法违规指数居中的省市来说，其上市公司的违法违规指数快速变化，且上市公司违法违规是水平呈现出南北差异，北方省份高于南方。黑龙江省和内蒙古境内上市公司的违法违规现象有恶化趋势，而云南省、四川省境内上市公司的违法违规现象则有所改进。

第四，高级管理层掌握的行政权和控制权过大，也会诱发腐败。高管被赋予了过高的控制权，有很高操作空间给自己牟利，而其他人碍于权利无法监督，也没有一个行之有效的监管体系对其监控。而行政权则大大刺激高管行使权利为个人谋取利益。行政权和控制权，一个是动机，一个是条件，相辅相成。特别是那种在企业内部有很高的控制权，在企业外部有很高的行政权的高管，其腐败的概率会非常高。

第五，处罚机制不够完善。监管机构对拥有政府背景的高管往往从轻处罚。国企经营者花费大量时间精力处理与政府的关系，就是因为中国国有企业的高管不是由企业内部提拔，而是由政府有关部门任命的。而且由于他们身份的特殊性，工作的需要，他们随时在政府官员和企业领导之间进行角色互换。所以，实际控制人为国有性质的公司，如果其高管发生了违法违规行为，那么从轻处罚也就不显得奇怪了。还有一点，中国的监管机构都是采取先发现，再处理的方法。只有出现了严重的后果之后才开始进行调查处理，效果非常不理想。事前预防、事中监督、事后惩治相结合的监管机制才是更应该提倡的。还有一点，处罚机制不公开、公正、公平，对待不同的公司，不同的个人，监管机构往往难以一视同仁，这对于完善整个证券行业的市场监控体系也是极为不利的一点。

第六，公司内部制度不完善。很多公司，给予高管太大的权力，而监管部门往往因为各种原因最终被高管层所控制，使得监管部门形同虚设。光靠外部的力量还是不够，如果企业能够在内部就将腐败扼杀在摇篮里，不给其提供"温床"，从而加强内部监管力度，使内外部监管相结合。

第七，薪酬制度。很多公司，高管的薪酬是与业绩是直接挂钩的。所以说，高管为了能让自己得到更多的薪酬，就有一种利用违法违规行为提升公司业绩的激励。在这种激励下，高管很难在三番五次的诱惑下紧守住阵地，往往会受不住诱惑，采取违法违规的手段，给公司带来利益，从而给自己带来加薪升职。

基于本章的研究，笔者提出以下建议。

其一，激励高管自我监督，引导高管自我管理。正如前文所说，因为高管的薪酬往往和业绩相关，所以高管有利用违法违纪的手段提高业绩，从而获得更高的薪酬的激励。内因才是根本原因，如果我们能够给足高管激励，让他能够自己约束自己遵纪守法，那么问题就很简单了。

但是，这个激励如何给呢？笔者认为，声望机制是一个极好的机制。我们可以给具有良好声誉的高管一个优秀的职业发展预期，那么在当下，所有高管都有一种遵纪守法，维持良好声誉，换来以后更好的待遇的激励。当然，我们也可以提供一些外在报酬，比如给无污点的公司高管一定的现金报酬，或者股权报酬等。不过，笔者认为，最行之有效的，还是内在激励。因为很多高管，都拥有不错的物质条件，这个时候，外在激励的边际效应会比较低，那么，相比较而言，内在激励的边际效应就会很高。所以，如果能让高管们意识到声誉给他们带来的内心的满足和宁和，他们就会不知不觉地遵守规章制度，而且能够长远地巩固并保持下去。

其二，培育和完善经理人市场机制。我们在选择高管时，应当将道德品质作为一个非常重要的参考因素进行考虑，如果一个人能力再强，如果没有良好的道德品质，我们也不能考虑他。然后呢，选取必须讲究公平、公正、公开、完全竞争，不能再像原来一样，由政府任命，大股东指定等。而且，我们应该随时给高官们一定的压力，不能听之任之，干好干差一个样，只要表现不好，马上就会有其他的竞争者走马上任。

其三，合理化团队的结构配置。我们应该将管理部门和监督部门分离开来，不能出现监守自盗的情况。严格控制每一个人的权力，防止有人权力过大。高管在专业、性格等方面要搭配合理。而且尽量避免一位高级管理人员在一个岗位任职时间过长，要实施定期、不定期的岗位轮换制，严格杜绝拉帮结派等行为。

其四，政府带头，承担好预防高管犯罪的责任。事实证明，腐败案多发的地段，一般政治环境也较差，因为政府的腐败不仅能在政府内部蔓延，也会很快蔓延到企业高管内部，所以，政府作为一国表率，更应该以身作则，先做好自己。加大反腐力度，不仅仅是政治上，也是经济上的需求。官员和商人之间，一定要处理好关系，不然，很容易演变成违法犯罪的"温床"。另外，政府腐败，无疑促进了高管转向寻租行为，滋生了腐败和违规违纪。

其五，重视民营企业高管违规违纪行为。不能因为民营企业比国有企业规模小、影响低就听之任之，反腐败不应该区分企业性质。千里之堤毁于蚁穴，我们应该将惩治腐败的有关条款逐步落实到各个民营企业中去，将民营企业纳入整个国家反腐系统中去。

其六，约束国有企业"一把手"权力。前文提到，高级管理层权力过大将成为严重隐患，国有企业的"一把手"更不例外。因为国有企业的"一把手"往往在政府部门的官职也不低，并且和很多政府官员交往密切，有很广的关系网，所以说，这个地方尤其需要注意一下。

　　其七，上市公司改善内部治理，优胜劣汰。一旦给上市公司强大的压迫感，他们感受到优胜劣汰的压力，他们自然就会想办法做好自己。他们肯定会选择各方面都很优秀的高管，用懂法、守法的工作人员，做好各项监督工作。因为竞争压力很大，稍有不慎就会给其他公司代替，所以，公司所有者就会一丝不苟地对待各项问题，不给高管有违法违纪的机会。

第9章　从企业家与资本外流看企业家才能错配

9.1 概　　述

随着中国经济制度环境的不断变化，越来越多的企业家由"生产创利"转变为"寻租逐利"，企业家们试图通过贿赂官员为本企业得到项目、资金、特许权或土地等其他的稀缺资源。因此，在中国反腐败事业中，经常可见有民营企业家失足涉案、锒铛入狱。

2015年2月9日，昔日的某位神秘富豪刘汉在湖北咸宁被执行了死刑。一同落网的，还有与他当时一同在四川叱咤风云的刘维等4人。刘汉凭借着强大的"保护伞"，多次躲过了法律的制裁，但是，他没想到的是，再强大的"保护伞"，也有破裂的那一天。

刘汉，原属汉龙集团，是公司内的董事局主席，并兼上市公司金路集团董事长职务。其中，汉龙集团在四川的民营企业中规模最大，所营业务遍布矿产开发、能源电力多个领域，对金融证券、房地产也有涉及。刘汉控制高达数百亿元的资产，当地称之为"地头蛇"，可谓"潜在水底的真正富豪"。

据《人民日报》报道，刘汉兄弟在四川行商十多年里，屡屡触犯法律，也曾一度面临审查，而刘汉兄弟通过种种手段与各路政府官员迅速建立起复杂的关系网，帮助其升迁、为其提供毒品或直接行贿。各路官员们受利益、人情等各种牵扯，对刘汉兄弟的所作所为视而不见，置若罔闻。而刘汉兄弟也就如鱼得水，迅速通过各种非法途径，完成了资本的积累。然后资本越多，关系网也就能越铺越大，尤其是成为政协常委之后，更是一发不可收拾。刘汉被查处时牵扯出其背后多名官员，包括刘学军——德阳市公安局刑警支队原政委、吕斌——德阳市公安局装备财务处原处长和刘忠伟——什邡市人民检察院原副检察长等。此外，还牵涉众多官员，数量之大令人咋舌。

还一个典型的官商勾结案例是邢利斌案。邢利斌作为山西著名的煤业大亨，在山西的商界、政界纵横多年，人脉极广，其经营的山西联盛能源有限公司是山西省最大的民营煤炭企业，是著名的"7 000万嫁女事件"的主人公，从而广为人知。他的被查，拉开了吕梁官场的反贪序幕。

比如说，受邢立斌案件的牵连，山西省委常委、秘书长聂春玉涉嫌严重违法违纪被调查，而后不到一周，吕梁几名重量级企业家也纷纷接受调查。

聂春玉落网之后，深埋吕梁地下的官商勾结网才渐渐浮出了水面。根据聂春玉的供词，吕梁境内官商勾结现象极为严重，特别是在资源整合期，哪位商人处理得好与政府的关系，就能获取更多的利益。大煤商老板或其亲属等在政府任职的情况非常普遍。企业家可以以干股的形式从政府获利，而官员在上位时，就能从官员那里得到相应的资金支持。

如果说，原来政商勾结只限于区县级的话，那么这一次，我们可以看到，政商勾结的规模远远不限于此。但是，吕梁案件很可能不是个案，它只是一个潜在化的常态，全国各地，到底还有多少这样的政商勾结，我们还不得而知。

所以，由此可见民营企业家与政府官员勾结，在中国不算罕见，而随着彻查力度的逐渐加大，问题资本不得不选择外逃，寻求庇护。

另外，个别企业家对中国商业环境的前景信心不足，理由是中国市场经济制度远不如世界上一些发达经济体健全，因而市场的游戏规则不够完善，且政府对于私有财产和私有制经济的保护力度不够大。

有鉴于此，越来越多的企业家，尤其是那些曾经热衷于"寻租逐利"的企业家希望通过更改国籍以逃避中国法律对他们的刑事追究与制裁，比如进行直接对外投资、贸易信贷等，还有的将金融机构资产用来购买外国证券，目的是通过这样的手段将其个人资产或非法所得转移至国外，化公为私以逃避中国法律的管制。参考2014年《中国国际移民报告》，中国向海外投资移民比重逐年增加，富裕阶层拱起第三次移民浪潮，且中产阶层占移民人口的人数日益上升。报告指出，在超高净值企业主中，个人资产超过1亿元的有27%已移民，将近一半人数正在考虑移民；而高净值人群（个人资产超过1 000万元）接近$\frac{2}{3}$至少在考虑投资移民。

企业家纷纷改变国籍的后果是中国企业家资源大量流失，而企业家个人资产转移至海外，更为中国的资本市场造成巨额资金流失。但根据熊彼特的理论，企业家资源对一国的经济增长不可或缺。熊彼得认为，经济长期增长背后的推动力是企业家"破坏性的创新"，Baumol认为企业家富有建设性和创造性的活动对经济增长至关重要。因此，企业家资源与资本的大量流失势必不利于中国经济的稳定增长。

本章通过统计近年来中国企业家资源的流失与资本外逃的趋势，进一步印证本章所提出的企业家资源与资本的大量流失必不利于中国经济的稳定增长，并提出建设性的意见。

9.2　相关文献回顾

9.2.1　企业家移民

中国历史上共有两次大量海外移民的现象发生，1980 年左右曾出现过大量学子出国留学，这是第一次；1990 年开始则兴起了技术移民，这是第二次（丁咚，2014）。在金融危机席卷全球的当下，世界各个经济体饱受困扰，中国经济虽然在此次危机中相较其他国家发展较好，数据却显示中国有大量移民现象：这其中以企业家移居海外居多，中国的企业家资源呈现向外流出趋势（马腾，2014）。

之所以会出现第三次移民浪潮，很重要的一部分原因在于一种以投资移民为主体的"灰色"移民方式日渐盛行。从移民中介公司获悉，移民有两条线，中介公司"转人"，地下钱庄"转钱"。名义上，移民中介负责按红头文件的处理，包括代办移民手续和文件工作，并协助转移少量资产，实现合理避税。虽然在移民监管方面，各国如加拿大和中国都有规定，但实际操作起来，移民中介往往可以通过制作假材料帮助躲避监管。从中介人员处得知，中介公司会安排专门的人员替客户登记，因为移民过程牵扯材料非常多，但这些中介人员经验丰富，往往知道如何填写来规避审查，甚至进行作假——这就是所谓的"做材料"（薛耀文、张广瑜、张朋柱，2004）。通过移民中介这一环节，移民手续顺利完成，个人巨额资产甚至来历不明的资产就这样被转移到国外，企业家非法利益得以保存（课题组，2003）。与此相应的是中国目前有大量"裸商"，他们移民不移居，虽然仍在国内经营生意，但以通过上文的非法移民中介，将自己的资产转移到国外，之后不断将国内经商所得利润通过同种投资移民的方式转移至境外。

投资移民之所以得以繁荣发展，学者蔡敬亮等人分析指出原因如下：目前投资移民的方法不受监管；催生大量资金从非法渠道流出；移民中介行业有待规范；中国公民没有充分认识到投资移民的风险（蔡敬亮、赵仰远，2012）。姚瑶认为2008年全球金融危机之后，各发达国家为扩大国内就业而减少劳工技术移民，为复苏经济而扩大投资类商业移民，正是国家利益经济驱动的需要。各国移民政策的调整，显示了政府为经济发展而对财富更甚于对人才的需求趋势（姚瑶，2010）。

对于投资移民对中国的影响，宋成全提出一个积极的观点：改革开放多年来，中国的民间资本高速发展，目前已到一个较高的程度，在此背景之下，出于理性，中国民营企业家进行投资移民无可厚非，这也是经济发展过程中的必然现象，更是经济全球化的一种表现，不应对此大惊小怪，因为中国投资移民帮助海外政府和人民了解中国、认识中国，有助于塑造我们国家在世界印象中的新形象（宋全成，2004）。以上是对投资移民积极的意见，但也有学者对此不以为然。中国学者李影研究结果显示，中国企业家投资移民也会产生如下消极影响：中国大量资本、人才流向海外，长期来看影响中国经济发展；作为社会主义市场经济的活跃因素，大量的民营企业家向海外投资移民，也会引发中国广大公民的猜疑；一些不法分子借助投资移民的机会外逃（李影，2013）。

9.2.2 资本外逃

资本外逃，或称资本转移、资本逃避，是反映一个国家金融体系潜在危机程度的一个重要指标，也是衡量一个国家经济增长稳定状况的重要依据。资本外逃的特点是，非常隐蔽而且违反法规，而且规模很难精确测量。关于资本外逃的定义，有广义和狭义之分。资本外逃从广义上来讲，是指资本从发展中国家流入发达国家的过程，泛指包括资本和自然资源在内的一切生产要素从贫国向富国的流动；狭义上说，资本外逃则主要指非正常的资本流失，这些资本流入海外，并不是出于正常的投资目的，往往是出于规避政府合法管制而为之。由于中国长期以来一直坚持实行严格的资本管制政策，国内居民或企业家试图将其资本转移至国外，一般只能通过"灰色"移民方式这一非正常手段进行。因此，本章提到的资本外逃即指这种非正常资本外流——目的是规避监管风险或牟取不法利益。

中国国内现存的资产外逃，经作者提炼，主要包括以下5种方式。

（1）通过"价格转移"方式利用进出口渠道实现资本外逃。这种手段广见于世界各国，是不同地区不同国家的企业非法转移资金的常见方式，花样很多，而且难于被监察机关发觉，往往隐蔽于合法行为当中，总结起来主要手段包括：虚报进口数额，用高进口额骗取不法利益，少报出口额，逃避交税；口不收汇，进口不到货；制造虚假的贸易凭证骗汇；将外汇截留境外等违法行为。据悉，外逃骗汇金额已经是以千亿美金级别进行计量的了。

（2）虚报外商在华直接投资，事实上就是资本外逃。这种做法比较经典的就是：中外合谋。比如说，可以虚报外方实物投资的价值，或者中方代为垫付资金，还有收买社会中介机构为外商投资企业提供虚假验资服务等方式，通过设立合资企业，将中国境内的资产或者权益，偷偷转移到境外，并以利润形式汇回或者清盘，完成一种迂回模式的资产外逃。

（3）境内外非法串通，假借交割方式非法转移资产，主要形式是地下钱庄和手机银行。"地下钱庄"和"手机银行"其实就是通过他们与境外机构或者个人的紧密联系关系，只需要一个电话，就能完成资金在不同账户之间的转移，境内转移人民币，境外转移外币。此外，同类资本外逃模式还有所谓的"货币互换"模式，境内企业在境内替境外企业偿还债务、支付货款（以人民币方式），而境外企业则对应在境外偿还（以外币方式），这样一来可将资产转移到境外。

（4）监管部门内部违规操作导致资本外逃，这主要是指金融机构和外汇管理部门。银行等金融机构有办理审批业务的职责，有些即利用职务之便，为相关企业放宽审核标准，违规划汇资金，更有甚者伪造材料方便资产的非法转移。同时，金融机构也存在违法违规资金划拨的可能，比如说乱放外汇贷款、滥开信用证等。这些，无疑都给资金外流提供了方便快捷的渠道，助长了资金的外流。

（5）直接携带资产逃往海外。根据中国法律，境内居民出国，为了应付经常项目支出，可以携带人民币或外币现钞，这样的隐患就是居民通过将这笔资金购买证券或者转存银行，在出入境频繁的前提下，多次携带的金额总额将构成相对较大的数目。而且，现实中，部分居民出境过程中违规超额携带现钞，而且支票和信用卡在一定途径下也能转变为资产。所以，直接携带出境的资产也不能完全忽视。

国外学者 Kindleberger 研究指出，非正常的资本逃离一般是这样的，它从利率高的国家流入利率低的国家，目的是规避政治风险（Kindleberger，1937）。Lessard 等对 Kindleberger 的理论进行了进一步地发问和拓展，认为资本外逃主要是因为资本家和政府的目标存在冲突（Lessard & Williamson，1987）。具体说来，主要是因为资本原属国存在非正常风险，且高于外国的正常风险，由于资本在国内可能会被没收或因通货膨胀贬值，所以资本家才进行这种非正常的资本逃离，当然，还有汇率因素。这两位学者特别指出的是，不能将资本外逃简单地看作非法的资本外流，或是非本国意愿下的资本外流。Schneider 将资本外逃定义为不确定的居民资本流出，且往往是出于经济和政治的因素（Schneider，2002）。

9.2.3 中国资本外逃有多严重

中国在 2005 年进行了汇率制度改革，从那以后，中国共有 3 次资本流出规模引起重视——一次发生于 2007 年次贷危机，一次伴随 2010 年的欧债危机，还有 2014 年至今。其中，发生于 2007 年的跨境资本流动，从 2007 年第二季度起，至 2008 年第四季度止，共波动了 7 个季度。2010 年的跨境资本流动，也从 2010 年第四季度起，至 2012 年第三季度止，波动了 8 个季度。比较分析每一次的资本大幅外流，可以看到，几乎每一个波动种都会有短暂回调——触底这样的过程，体现外部环境的反复变化对资本流动的影响，也体现了中国运用行政政策对资本外流进行短期刺激的缓解。

我们可以观察到 1998 年到 2016 年中国非储备性质的金融账户变化如图 9-1 所示。

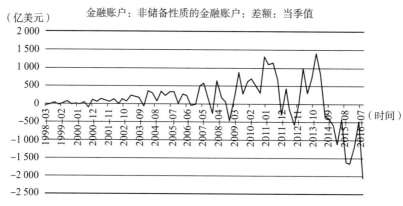

图 9 - 1   中国 1998 ~ 2015 年非储备性质的金融账户

资料来源：Wind。

从图 9 - 1 可以看出，2014 年之前，资本流出的变化幅度很小，时间很短，但是到了 2014 年之后，资本外流便出现了结构性变化，特别是 2014 年第二季度至今，已经出现了维持长达五个季度以上的逆差。

图 9 - 2 体现了中国的资本净流动，以及资产方、负债方的资本流动。

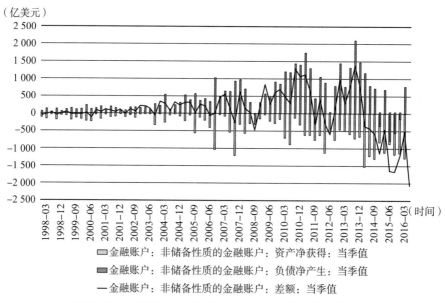

图 9 - 2   中国的资本净流动，资产方和负债方的资本流动

资料来源：Wind。

如图 9-2 可见，资产方，即本国的投资者以及负债方，即国外投资者之间的关系是反向变化关系。除了 2008 年全球金融危机和 2012 年欧债危机期间，资本流出很小，其他时间，中国资本流出规模一直处于一种比较严重的状态。自 2014 年第二季度始，资本流出规模有上升趋势，值得注意。

接下来，参考图 2.3.3 的国际收支平衡表，请分类考察资本流动情况，如图 9-3 所示。

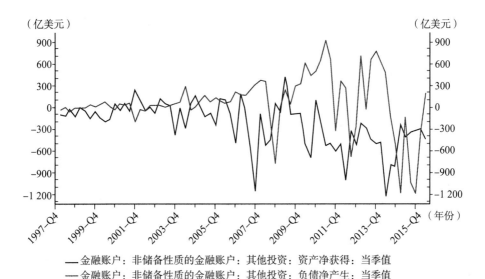

图 9-3　中国国际收支平衡表其他投资项资产方、负债方的资本流动

资料来源：Wind。

从图 9-3 中可以看出，近 10 年来有过三次比较大的资本外流，这一点与我们之前的介绍也是相吻合的。观察三次资本外流，其他投资项资产方和其他投资项负债方都有类似的变化规律，主要是三个阶段：平仓去杠杆，信贷收缩；货币贬值，资本流出；重新恢复稳定。

如上所述，中国历次跨境资本流出的数据如表 9-1 所示。

分析表 9-1 中的数据，中国短期内资本流出规模约占中国国民生产总值的 2.4%，平均每个季度 600 亿美元，一年 2 400 亿美元。

表 9 - 1　　　　　历次跨境资本流出的比较分析（其他投资）　　　单位：亿美元

	2011Q4	2012Q3	2014Q4	2015Q1	2015Q2
其他投资	-922	-983	-1 239	-1 398	-533
资产	-608	-310	-733	-227	-405
其他股权	0	0	0	0	0
货币和存款	-664	35	-279	-200	47
贷款	-188	-192	-27	-185	-356
保险和养老金	0	0	0	-27	-30
贸易信贷	-53	-131	-445	176	-46
其他应收款	297	-23	18	8	-21
负债	-314	-672	-506	-1 171	-128
其他股权	0	0	0	0	0
货币和存款	-284	-322	-10	-342	168
贷款	78	-444	-537	-580	-179
保险和养老金	0	0	0	6	8
贸易信贷	-74	94	9	-221	-136
其他应收款	-35	-1	32	-34	11
特别提款权	0	0	0	0	0
错误和遗漏	-68	-187	-666	-577	-325

资料来源：国家外汇管理局。

1980 年前后，日本经济增速为 5% ~7%，与中国现阶段增长速度类似。而同时期，日本国际收支平衡表中（见图 9 - 4），负债方、资产方、资本账户逆差分别占 GDP 比重的 3%、5%、2%，与现阶段中国的各个指标相差无几。所以说，我们可以通过分析日本的各个情况来推测中国之后可能遇到的困难，也可以借鉴日本应对资本外流的方法。

近年来，日本资本外流幅度有所上升，所以说，在当今货币政策比较宽松的全球环境下，我们应该警惕突如其来的外部冲击，不然，中国的资本账户逆差可能会迅速扩大。我们应该做好准备，避免和日本进入相同的困境。

并且，我们可以借鉴日本应对资本外流的方法。比如说：第一，放缓资本

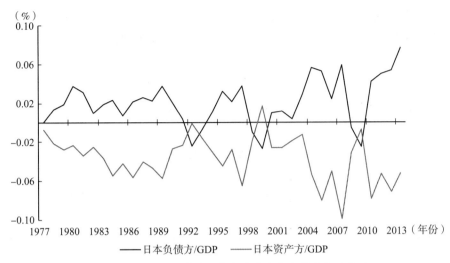

图9－4　日本国际收支平衡表资产方和负债方资本流动

资料来源：Wind 资讯。

账户的开放。因为，私人部门的证券投资渠道，是资本流出的一个重要渠道，如果大面积开放资本账户，可能会造成资本大规模流出、无法控制的场面。第二，扩大本币汇率弹性。在弹性足够大的前提下，外汇市场对本国市场的影响自然就会变小。因此有必要增强人民币弹性，降低人民币的贬值预期，方能有效对抗资本流动的冲击。

不过，日本作为发达国家，国内资本市场比较完善，而中国作为发展中国家，有些东西可能还需要自己摸索，不能生搬硬套。而且，长期来看，美元很可能脱离升值通道，人民币可能会从贬值趋势变成升值趋势，如果是这样的话，资本外流的趋势可能会在一定程度上被抑制。

9.3　描述性统计分析

9.3.1　上市公司外籍高管统计

由于无法统计中国移民人口中企业家移民的具体数字及移民时间，

本章决定通过统计上市公司中民营企业董事会成员（不包含独立董事）
中非中国国籍（含香港籍）董事数量来进一步描述中国企业家资源流失
严重。

截至2015年11月27日，中国公有上市公司2 779家，其中民营企业1 547
家，外资企业87家，其余各性质企业数量如表9－2所示。

表9－2　　　　　　　　　上市公司各性质企业数量　　　　　　　单位：家

上市公司总数	中央国有企业	地方国有企业	集体企业	公众企业	民营企业	外资企业	其他企业
2 779	338	635	16	123	1 547	87	33

资料来源：Wind资讯。

在1 547家民营企业、87家外资企业共计1 634家上市公司中，共包含
董事会成员7 698人，其中中国籍企业家7 406人，占比96%；非中国籍企
业家总数292人，占比4%。各国籍人数统计如图9－5所示。

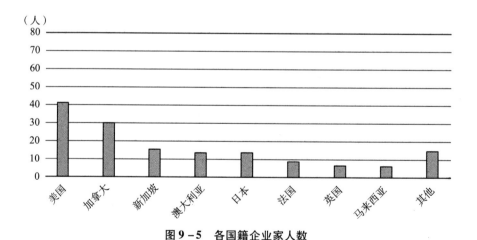

图9－5　各国籍企业家人数

在总计1 547家民营企业中，董事会成员含非中国籍企业家的企业共
115家，其中12家民营企业实际控制人为非中国籍企业家，5家民营企

业董事长为非中国国籍；87 家外资企业中，董事会中含非中国籍企业家的企业为 61 家，其中，实际控制人或董事长为非中国籍企业家的企业共61 家。

9.3.2 企业家资源流失方向统计

参照 2015 年度的《中国国际移民报告》（以下简称《报告》），全球华侨总数，截至报告时止约为 6 000 万人，中国国际移民群体在当世规模最大。报告显示，中国向国外移民中，主要是移往加拿大、澳大利亚、美国、韩国、新加坡和日本。以 2013 年为例，就有 71 798 人获得美国永久居留权，加拿大为 34 000 人，澳大利亚为 27 334 人。

据中国与全球化智库（CCG）研究显示：历史数据表明，加拿大移民中最大部分即中国人。举例来说，2001～2011 年，加拿大的中国移民人数增长率高达 63.9%，2001 年为 332 825 人，2011 年为 545 535 人。统计显示将近一半的中国移民（267 780 人）居住地为安大略省，其中 $\frac{4}{5}$ 居住在多伦多地区（224 915 人）；另外，$\frac{3}{10}$ 的中国移民选择居住在不列颠哥伦比亚省，除小部分人之外，绝大多数居住在温哥华地区。

《报告》研究显示：英国移民者中，最大比重的仍是中国人。以 2012 年为例，有 40 000 名中国人进入英国并长居于此，占英国外来移民人口的8.7%，超过了印度。同样向英国大量移民的国家，有印度的 3.7 万、波兰的2.9 万，此外还有美国（2.9 万）和澳大利亚（2.7 万）。截至 2012 年底，中国移民至英国的总数为 4.1 万～4.3 万人。2013 年这个数据为 4.6 万，占英国移民总数的 9%，仍居英国移民之首，其他国家依次为西班牙（3.3 万人），印度（3.3 万人），澳大利亚（2.9 万人），波兰（2.7 万人）。2010～2013 年，进入并定居于英国的中国人大概保持在 7 000 人的水平。

根据《报告》的统计结果，可知 2013 年度共有 154 689 人获得英国永久居留权，其中中国人有 7 244 人，在来源国中占第四位，第一位是印度（26 198 人），第二位是巴基斯坦（18 095 人），第三位是尼日利亚（7 699人）。2012 年度，英国政府统计共有 419 位投资移民，其中俄罗斯占 101 位，中国占 95 位，是第二大来源国，这一人数相较 2011 年增加了 1.4 倍。

据中国与全球化智库研究显示：2013～2014 年，澳大利亚共有 19 万永久居留类移民，中国人有 27 334 人，占 14.4%。根据《报告》的内容，在过去 10 多年间，澳大利亚境内的中国移民人数处于稳步上升的状态。中国在澳大利亚的投资移民、国际学生、商务交流、国际游客方面，都是最大的来源国，而且也是澳大利亚第二大技术移民来源国。

澳大利亚有一种重要投资者签证（significant investor visa，SIV），中国移民占了 90%。澳大利亚政府于 2012 年 11 月新增重要投资者签证于商业创新与投资项目。此后 2014 年 9 月，共颁发了 286 个此类签证，同时也为澳大利亚经济注入了 14.3 亿澳元。数据显示其中超过九成都来自于中国。同时澳大利亚政府为了继续吸引高净值投资人、移民者，于 2014 年 10 月 14 日推出"高端投资者签证"，为中国移民进入澳大利亚、在澳大利亚定居提供了新的思路。

另外，《报告指出》中国人通过投资签证（EB‑5 visa）移民美国人数也的稳定增长。2014 年度共有 9 128 位中国人通过投资移民签证成为美国永久居民，这一数据比 2013 年增长了 46.0%，而当年美国发放的投资移民签证总额只有 10 692 份。《报告》倾向于相信美国政府对 EB‑5 项目的期待非常大，因而 EB‑5 项目可以得到持久的支持。美国移民局局长表示，根据 Leon Rodriguez 先生、美国移民局局长的说法，EB‑5 项目创收效益明显，2014 年度该项目为美国创造投资机会达 55 亿美元。所以，该项目对美国来说是"至关重要的"。在美国的投资移民当中，中国移民人数是最多的。

9.3.3　资本外逃规模估算

不同学者采用不同的测算方法估计资本外逃的规模，得到的结果往往不同，因此对于应该采用哪种方法，历来都颇有争议。本章内容参考了中国学者汪小勤、陈俊在 2013 年发表的《中国资本外逃规模估算研究：1982～2011》，仿照两位学者的方式，运用修正的间接法对中国 2000～2015 年的资本外逃规模进行了估算，目的是把握中国资本外逃的变动趋势和基本规律。

1. 数据来源

资金来源项（A）= 经常项目盈余（A1）+ 外国直接投资净流入（A2）+ 外债年增加额（A3）+ 股本证券负债（A4）；资金运用项（C）= 国家外汇储备年增加额（C1）+ 对外证券投资额（C2）+ 对外贷款额（C3）+ 正常对外贸易信贷额（C4）+ 存款货币银行国外资产增加额（C5）+ 其他资产（C6）+ 居民境内除存款以外的外币资产增加额（C7）。其中，居民境内除存款以外的外币资产增加额的数据来源于《中国金融统计年鉴》，包括 1995 ~ 2011 年的各期资金流量表。其余数据来源于国家外汇管理局、1982 ~ 2011 年的中国国际收支平衡表，另有一部分数据来源于 1986 ~ 2011 年的《中国金融统计年鉴》。由于历史原因有部分数据缺失，如 1985 ~ 1996 年的股本负债额，我们采用相应年份的中国统计年鉴的 B 股、H 股、N 股筹资总额来表示。

资金来源调整项（B）：外债低报额（B1）。数据来源于：World Bank、Global Development Finance、《中国统计年鉴 1997》、《中国统计摘要 1998》、国家外汇管理局：中国国际收支平衡表（2001 ~ 2011）。

调整项（D）：对外投资中的资本外逃额（D1）+ 进出口伪报（D2）。国家外汇管理局是对外投资中的资本外逃额的数据来源：中国国际收支平衡表（1982 ~ 2011）、Board of Governors of the Federal Reserve System，其中 2002 ~ 2007 年的数据来源于 U. S. Department of the Treasury。

2. 估算结果

在间接测算法下：资本外逃金额是资金来源项与资金来源调整项之和减去资金运用项再加上调整项，同时这一金额也是经常项目盈余、FDI 净流入、外债年增加额、股本证券负债、外债低报额之和减去国家外汇储备年增加额、对外证券投资额、对外贷款额、正常对外贸易信贷额、存款货币银行国外资产增加（货币与存款）、其他资产、居民境内除存款以外的外币资产增加额（现钞与其他外币资产）之和，最后再加上对外投资中的资本外逃额及进出口伪报。具体的估算结果如表 9 - 3 所示。

表 9 - 3 　　　　　　　　　2000 ~ 2011 年中国资本外逃规模的估算结果 　　　　　单位：亿美元

年份	资金来源项 （A，+）	资金来源调整项 （B，+）	资金运用项 （C，-）	调整项 （D，+）	间接法
	A_1、A_2、A_3、A_4	B_1	C_1、…C_7	D_1、D_2	CF
2000	588.14	NA	706.49	217.35	99.00
2001	1 131.80	0.00	503.32	354.28	982.76
2002	837.91	17.83	938.39	197.32	114.67
2003	1 170.66	45.79	1 184.37	125.31	157.39
2004	1 836.44	0.00	1 849.19	439.59	426.85
2005	2 941.19	38.62	3 192.26	82.50	- 129.95
2006	4 205.11	0.00	4 226.70	170.03	148.44
2007	5 662.08	0.00	5 660.21	196.49	198.36
2008	5 519.45	57.77	5 614.86	327.57	289.93
2009	4 165.63	139.07	3 571.13	307.53	1 041.10
2010	6 427.97	0.00	5 895.30	109.39	642.05
2011	5 235.31	178.21	5 066.38	0.00	414.28

　　中国经济处于转型期，而且这种转型具有渐进性，在这一较长的转型期内，有多种因素累积并发生作用、诱发资本外逃，因此中国的资本外逃呈现不同于外国剧烈、爆炸性的特点，是比较温和缓慢的。图 9 - 6 展示了中国最近 30 年的资本外逃变动，总体来看，呈向上波动的趋势。2000 年、2001 年中国的资本外逃规模不断增加，而 2002 ~ 2008 年资本外逃的规模则有剧烈的震荡，个别年份甚至出现规模减小的现象。2008 年世界经济、金融发生危机，之后各国为了危机后的建设，纷纷开放投资移民通道，中国在此局势下资本外逃大幅增加，直至 2010 年、2011 年才有所缓和，资本外逃的规模呈现较为平稳的态势，增长速度虽受抑制，但难挡总体上升趋势。

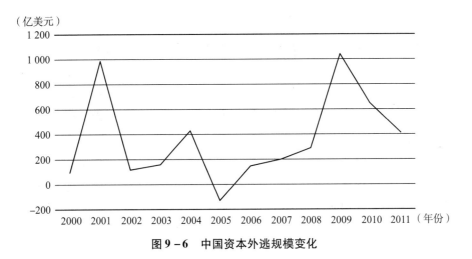

（亿美元）

图 9 - 6　中国资本外逃规模变化

9.4　影响中国资本外流的主要因素分析

我们在本书的这个部分，再简单地归纳一下资本外流的几个主要因素：①反腐力度的加大使得问题资本逃逸国外寻求庇护。②很多企业家对中国现行法制制度、未来前景持悲观态度，想将资本转移至国外，规避风险。③国内经济下行的压力。④美联储有加息的倾向。⑤人民币汇率贬值压力。

这五个原因中，前两个是主要原因，我们在引言中也详细分析了，现在稍微分析一下后三个原因。

首先，国内现在经济下行压力是比较大，但是 2016 年以来，政府对于我们当前国内经济的困难，也进行了较为全面、客观地分析，并相应出台多部宏观经济政策，来配合结构性改革。据预测，2016 年国内 GDP 增速将会保持在 6.8% 左右，这个程度的增速应该是符合我们所倡导的稳步增长的要求，所以经济下行虽然有压力，但是应该属于可控范围之内。

其次，至于美联储有加息的倾向，笔者认为还具有一定的不确定性。即使加息，美元能不能在增值的态势下长久地发展下去，美国经济的复苏前景到底如何，这些都是未知数。所以，现在就武断地以为美元的前景一定优于中国，笔者认为是不可取的。但是，这个问题不是本部分的重点，笔者就暂不做深入的探讨了。

最后，谈谈人民币贬值问题。人民币虽然之前经历过贬值，但是最近的国际收支情况表明，人民币汇率或许短期之内不会下降。2015 年中国国际收支中的经常项目顺差，余额达 2 089 亿美元，而资本项目出现逆差，金额为 470 亿美元。从国际收支的平衡机制来看，必须要输出人民币，所以，短期来看，人民币应该不会贬值。

综上所述，资本外流是诸多影响因素共同作用的结果，但是，综合所有因素看来，造成现在资本外流最为严重的还是腐败带来的灰色资本逃逸，以及法律制度不完善带来的外逃避险。虽然资本外逃有一定套利的成分在里面，但是应该不是 2014 年以来资本大规模外逃的主要原因。

9.5 结论与政策建议

随着中国改革开放的逐渐深入，特别是进入 21 世纪，中国民营企业家移民数量不断增多，资本外逃规模不断扩大，使中国企业家资源不断流失，阻碍了经济的增长，大规模的资本外逃更是为中国金融、货币市场带来沉重打击。虽然近年来由于国家经济形势良好，金融危机后国际经济形势日趋平稳，移民输入国移民标准不断提高，企业家移民、资本外逃规模增速降低，但总体上仍呈现上涨趋势。

资本在外流之前，作为中国资本的一部分，以股票、债券、房地产、实体企业等资产的形式存在于国内资产中。当资产大规模外流时，必然伴随着本国资产的大量抛售，这会引起本国资产价格暴跌。并且，如果一国的外汇储备不充足的话，就得被迫将本国货币贬值，从而进一步加剧恐慌，人们会更加争先恐后地抛售资产，加剧资本外流，从而形成一种恶性循环。而持有那些暴跌资产的人，会因为资产突如其来、不可遏制的跌价而最终面临破产，这将导致金融市场出现极大的混乱，最终由金融危机演变为经济危机。

为有效解决以上问题，本章提出以下政策建议。

第一，政府应当积极转变自身职能，减少垄断性行为，不让企业家们有"寻租逐利"的可乘之机。合理配置企业家才能，使其正确地运用到生产创利中，不为民营企业家违法犯罪创造"温床"。

第二，无论是对国有企业，还是民营企业，甚至外资企业，都要一视同仁、公平公正，不能有所偏狭；只有打破市场与行业的垄断，增强市场竞争以提高市场透明度，使得各种要素畅通地流通、充分发挥各种要素的潜能，才能真正给予民营企业家施展拳脚的平台（赵传居，2013）。

第三，建立健全法律法规，加强法律执行，从制度上和行为上保护民间资本，形成健康的法律环境。

第四，当政府官员腐败案件波及企业家时，应当严惩政府官员，而适当放宽对企业家法律上的制裁，小惩大诫。

第五，大力打击地下钱庄，和配合犯罪的非法移民中介，强调对移民中介的规范管理。

第 10 章　结论与政策建议

10.1　主　要　结　论

国有企业改革问题历久而弥新，搞好国企改革对中国的经济建设具有重大的意义。那么为什么要深化国企改革？深化国企改革会对中国的经济产生哪些影响？现行状况下中国的国有企业存在哪些问题？深化国企改革的切入点在哪里？如何将企业家才能配置更好地运用到国有企业的发展方向上？怎样的企业家才能配置才是最优的企业家才能配置？建立怎样的企业治理体系最有利于经济的发展？国有企业相关的企业家激励，怎么能够在保障国有资产的同时最大化企业家才能的效用？

针对上述问题，本书采用文献分析、描述性统计分析和理论分析相结合的方法，从理论和实证分析的角度，对深化国有企业改革的政策与实施手段、企业家才能配置问题等进行了深入的探讨，并得出如下结论。首先是国企改革方面：

第一，国有企业在国民经济中扮演着重要角色，同时也造成了社会福利的巨大损失。国有产权在生产效率方面产生了负面效应，国有企业在各类企业中的生产效率普遍最低。这种效率低下不仅局限于生产效率，更压低了企业的创新效率。

第二，造成上述效率损失的主要原因可划分为两种，一是委托代理问题，二是政策性负担。企业效率最大化的条件是剩余索取权和剩余控制权的互相对应，国企体制的先天缺陷注定了国企在剩余索取和剩余控制上的不匹配。国有企业背后由政府力量支持，生产决策上受到较大的政策影响，忽视了市场需求和自我更新的作用。国企生产决策不仅容易形成对财政支持的依赖，降低市场适应性，还会受到政府政策的影响，造成决策目标与企业利益最大化目标不一致。

第三，国企改革任重道远，目前国有企业仍存在着垄断低效、腐败寻租及人才激励制度失效等问题。新中国成立以来，中国先后实行了运营责任制、政企分离、所有权和经营权分离、建立现代企业制度、建立出资人机构等多次改革，在完善社会主义市场经济体制的问题上发挥了重要的作用，焕发了经济活力，增强了国家对于中国经济的把控程度，也提高了中国的综合实力。但是中国的国企改革进程远远没有完成，仍旧任重而道远。

第四，从国企改革的国际经验来看，国企改革需要根据不同国情因地制宜，企业家才能配置对于国有企业改革具有重大作用，且国有企业改革一定要引入竞争。

企业是经济的核心，而企业家是企业的核心，企业家才能的配置状况是否得当对于经济增长有非常重要的意义。在企业家才能配置方面，本书所得结论如下。

第一，中国国有企业薪酬制度存在严重的失衡现象。首先是垄断行业国有企业高管薪酬制定存在严重的不合理问题，超出同行业标准较高，同时基础工资部分占比较大，绩效激励不足。过低的高管薪酬同样不利于企业运行，发挥企业家才能，造成人才流失浪费。其次，部分企业如国有控股四大银行较同行业商业股份银行高管薪酬很低，并受限薪影响，有进一步下降的趋势，伴随而来的是四大行高管离职问题。如何更好地设计薪酬分配机制，促进激励作用，防止人才流失至关重要。再次，国有垄断企业由于自然垄断、行政垄断的先天优势，经营业绩中包含价格租、土地租等垄断租金利润，需要剔除这些垄断牌照价值，基于高管真实管理能力下的经营业绩来制定合理的薪酬分配机制。这些问题都造成了优质企业家的流失和激励系统失效。

第二，寻租行为对于实体经济具有严重的破坏后果，企业家才能得到有效配置对于国企改革具有重要意义。中国经济迈入新经济时期之后，供给和需求结构上都发生了巨大的变化。实体经济创新力不够，没有新的投资机会，银行对实体经济没有信心。钱聚集在虚拟经济，金融资本进不到实体经济来，而实体经济中真正需要钱的时候融资成本非常高。许多企业逐渐从"生产性创利"转向为"寻租性逐利"，形成了企业家的才能错配。寻租带了巨大的社会成本。企业家在寻租和寻利做出选择，政府应当从政策上鼓励生产性创利而非寻租性逐利，减少企业家的逐利行为，鼓励企业家将资源尽可能多地配置到生产中去。

第三，制度的不合理造成企业家才能错配，并引发企业家违规违法。本书通过近 3 年上市公司违规违法事件的统计分析，得出以下结论：赋予高管过大的行政权和控制权是腐败的重要诱因之一，高管被赋予了过高的控制权，有很高操作空间给自己牟利，而其他人碍于权力无法监督，也没有一个行之有效的监管体系对其监控；在国有企业中，监管更加低效，监管机构对拥有政府背景的高管往往从轻处罚；在公司内部，目前给予高管太大的权力，而监管部门往往因为各种原因最终被高管层所控制，使得监管部门形同虚设。

第四，随着中国改革开放的逐渐深入，特别是进入21世纪，中国民营企业家移民数量不断增多，资本外逃规模不断扩大，使中国企业家资源不断流失，阻碍了经济的增长，大规模的资本外逃更是为中国金融、货币市场带来沉重打击。虽然近年来由于国家经济形势良好，金融危机后国际经济形势日趋平稳，移民输入国移民标准不断提高，企业家移民、资本外逃规模增速降低，但总体上仍呈现上涨趋势。建设良好企业管理制度，是保护企业家发挥才能、防止资本流失的重要手段。

第五，基于MSV模型从理论和实证角度对"企业家才能配置对经济增长的作用"进行的讲究表明：①产权保护程度越高，工资越高，成为企业家所需要才能的最低要求也升高；②寻租本身并不创造财富，它只是转移财富，一旦制度环境变好后，产生财富的活动变得更加有吸引力，一部分寻租的人变成企业家，这部分曾经被浪费的人力资源转化为生产性活动，整体社会的才能配置得到改善；③当制度环境改善时，寻租的人数下降，企业家才能的配置随着制度环境的改善得到优化。总的来说，制度环境改善有利于企业家才能的优化配置对于模型的生产技术假设不敏感，无论哪个行业（寻租或是正常生产）的生产技术更好，制度环境的改善都有助于优化企业家才能的配置。

10.2　政　策　建　议

根据上文所论证的观点，我们给出的关于国企改革的总体政策建议是：

一是建立健全相关体制机制，从而加强对国有资产的监管。经营性国有资产实现集中统一管理，国有资产出资人对国有资产实行统一监管，对于国有资产的增值保值负责。国资委的下一步改革方向就是成为合格的出资人机构，分清楚什么事情该管什么事情不该管，在保证国有资产利益的前提下也给企业足够的自主权。国有资产管理机构的目标是以"管资本"为主，对于企业的日常经营不加干涉，实际是改革的最终状态，是改革的目标。之前政府花大力气解决的一些国有企业存在的一些问题，如分流冗员、辅助重组等，就是为"管资产"创造条件。总之，出资人机构应当在管理好资本运作的同时推进管理体制的改革，在调整监管结构的过程中尽力维护市场稳定。

二是进行分类改革和监督，将国有企业分为商业类和公益类，通过界定功能、分类管理、分类考核、分类发展的计划，为不同类型的企业创造最有利的发展环境。对于商业类国有企业，改革的原则是在市场中自由竞争，实现企业利润最大化，改革的方向是整体上市，国有资本可进可退。这些商业类企业不是国有资本必须要保护的项目，有条件有基础做好，就做好，做不好国有资本可以选择退出。还有一类商业类国有企业涉及国家安全和国家竞争力的范畴，比如高铁、大飞机、核电等产业的企业。对于这类企业进行双线考核，一条线考核经济效益，一条线考核重大任务完成程度。还有一种是公益类国有企业，这类企业主要是为了保障国计民生而设立的，是需要保护的领域。对于这类企业，对其进行一定的政策保护是必要的；除此之外，这类企业的成本控制与服务水平等指标也应根据其自身功能被计入考核当中，政府也要着力为企业创造一个永续经营的环境。

三是审慎发展混合所有制，面对具体工作应做到理论与实际相结合，尽量避免运用行政干预手段。混合所有制能否混合，民间资本是否愿意介入，这些都要由市场来决定，而不是行政命令，搞拉郎配。从发达国家的企业性质来看，大的公众公司一般都是混合所有制的，未上市的小公司难以达到资本的融合，对于混合所有制的实现，因而也不必强求，着力发展企业到一定规模，自然会引入民间资本。混合所有制是个合理决策，但是需要考虑到很多非经济因素，因此要逐步推进。

四是建立现代化的国有企业领导的人事管理与薪酬制度体系，《指导意见》提出了一种依据政府任命和市场化选聘这两种不同的选任方式实行的双轨制的薪酬制度，逐步实现以经济激励取代政治激励。另外也要完善健全公司法人治理体系，通过实行董事会中外部董事占多数的措施，解决以前"一把手说了算"的问题。

总之，国有企业在中国处于重要地位，一切改革均无法绕开国有企业。

因此，论证企业家才能对经济增长的重要性就必须从国有企业出发，若国有企业的企业家才能得不到合理配置，将会对经济增长产生巨大的不利影响。而且，近十年来，中国经济持续增长，而国有企业在其中起重要的推动作用。国有企业关乎国家命脉和民生大计，必须放在重要位置，给予足够重视。只有充分地意识到国有企业的重要性及其与经济增长、企业家才能的内在关联，才能更好地深化改革，创造社会财富。

通过企业家才能配置与经济发展的理论模型研究，我们认为可以通过切合当今国家经济结构改革的新思路，将改革思路从过去仅关注需求侧管理转向更为关注供给侧改革，当经济刺激政策的负面效果越来越大，正面效果越来越不明显的时候，把着力点放到提升供给侧活力方面是很好的选择。与此同时，为企业家创造好的制度环境、提高社会的产权意识、提高产权保护程度都有利于企业家才能的配置。

第一，建立完善的薪酬激励制度。首先，在激励机制设计中，应该对于垄断行业国企进行分类设计，对于自然垄断建立合理的高管薪酬激励体制，实现股东利益最大化。有效的薪酬激励机制约束和激励高管行为，防止人才的流失，同时实现高管自然利益与企业价值的最大化。分类结构有助于减少社会收入分配不公现象。其次，在薪酬激励机制设计中，需要通过中长期方式，如股权激励等长期方式，不应只是单一的短期薪酬激励，进而实现高管与股东风险共担、利益共享。最后，对于垄断行业国有企业的特殊性，需要剔除垄断牌照租金下高管的名义经营绩效，而不是高管实际经营绩效。从而提高高管薪酬与经营绩效的关联度，充分发挥高管工作积极性。

第二，从政策上鼓励生产性创利而非寻租性逐利，减少企业家的逐利行为，鼓励企业家将资源尽可能多地配置到生产中去。如提倡企业家从实际生产中获取利润，肯定企业家的价值，促进市场在资源配置中的作用，减少政府的干预程度以及政府官员在资源配置中的权力，进一步推进社会的公平与法制，从而从根本上减少企业家的寻租行为。

第三，对企业家的管理制度不仅局限于薪酬管理，更多的是建立制度环境，限制高管权力，引导高管进行自我管理。首先，可以利用声望机制，我们可以给具有良好声誉的高管一个优秀的职业发展预期，那么在当下，所有高管都有一种遵纪守法、维持良好声誉，换来以后的更好的待遇的激励。其次，培养完善经理人市场机制，选择高管时，必须讲究公平、公正、公开、完全竞争，不能再像原来一样，由政府任命，大股东指定；与此同时将管理部门和监督部门分离开来，建立健全权力监督和制衡制度。严格控制每一个人的权力，防止有人权力过大；国有企业还应加强优胜劣汰的竞争制度，不仅是企业层面的优胜劣汰，也是高管层面的优胜劣汰。

最后，政府应当积极转变自身职能，由国有经济的参与者，变为监管者和权益获得者。减少垄断性行为，不让企业家们有"寻租逐利"的可乘之机，将企业家才能重新配置到生产创利中，减少民营企业家违法犯罪的机会；在对待民营企业、国有企业、外资企业时应努力做到公平公正，增强市场竞争的透明度，打破现存的市场垄断和行业垄断，促进要素流通的畅通，从而还给企业家一个能真正施展才能的空间；健全法律制度，优化执法行为，与此同时，充分保护民间资本的合法地位，逐步营造出一个良好的法律与制度环境。

参考文献

[1] 蔡昉. 人口转变、人口红利与刘易斯转折点. 经济研究, 2010 (4): 4-13.

[2] 蔡敬亮, 赵仰远. 我国投资移民发展较快原因分析及对策建议. 区域金融研究, 2012 (1): 86-88.

[3] 曹润林. 制度变迁、秩序规范与国企高管收入分配约束. 改革, 2013 (5): 137-143.

[4] 陈满堂. 俄罗斯国有企业产权改革的背景、过程与绩效. 武汉理工大学学报 (社会科学版), 2002, 15 (1): 23-26.

[5] 陈明生. 企业家才能及分析框架. 经济体制改革, 2007 (5): 71-74.

[6] 陈晓. 访德国《经济周刊》总编史蒂凡·巴龙——私有化推动下的国企改革. 新闻周刊, 2003 (39): 48-49.

[7] 戴军, 易澄. 借鉴淡马锡成功经验推动国有企业不断完善公司治理. 南方论刊, 2014 (12): 14-17.

[8] 邓朝晖, 周光, 李林. 进入房地产行业的多元化方式与提高企业绩效. 中国房地产: 学术版, 2011 (14): 59-67.

[9] 丁咚. 企业家, 你为什么移民. 检察风云, 2014 (1): 68-70.

[10] 丁汝俊. 俄罗斯激进经济改革战略——"休克疗法"再评析. 俄罗斯研究, 2005 (1): 65-70.

[11] 杜丹阳, 郑方. 淡马锡模式对我国国有企业董事会治理的启示. 商

场现代化，2007（20）：101-102.

［12］杜晓君，李曼丽．新加坡国有企业改革启示．东北大学学报（社会科学版），2006，8（5）：332-335.

［13］杜晓宇．法国国企改革实践及其对我国的启示．湖北社会科学，2006（1）：94-95.

［14］杜兴强，陈韫慧，杜颖洁．寻租、政治联系与"真实"业绩——基于民营上市公司的经验证据．金融研究，2010（10）：135-157.

［15］高颖鹃，郭纲．新加坡淡马锡经验及对我国发展国有经济的启示．生产力研究，2008（10）：100-101.

［16］光明日报．中共中央、国务院关于深化国有企业改革的指导意见．有色冶金节能，2015（6）：5-10.

［17］郭放，孙玥璠．英国国企改革对我国"混合所有制"改革的启示．经济研究参考，2015（37）：69-73.

［18］胡鞍钢，徐枫．国有企业改革路径及成效：中俄比较．青海社会科学，2012（6）：5-11.

［19］胡庆波．德国国企改革经验及启示．学理论，1996（12）：43-44.

［20］黄玖立，李坤望．吃喝、腐败与企业订单．经济研究，2013（6）：71-84.

［21］黄群慧．地方国资国企改革的进展、问题与方向．中州学刊，2015，221（5）：24-31.

［22］金明星．韩国国有企业改革史研究．延边大学，2005.

［23］金泽刚，于鹏．上市公司高管犯罪问题研究．证券法苑，2010，02（1）.

［24］课题组．开放经济背景下中国资本的外逃渠道．财经科学，2003（4）：6-11.

［25］黎常．企业家才能配置及其理论扩展研究．经济体制改革，2012（1）：117-121.

［26］李将军．俄罗斯国有企业改革问题研究及其启示．经济研究导刊，2010（18）：172-174.

［27］李俊江，刘洋．新加坡与韩国国有企业改革及管理体制的比较．东

北亚论坛，2003（3）：21–25.

[28] 李莉，薛冬辉．政治关联、寻租环境与民营企业融资约束．Paper presented at the 中国会计学会 2011 学术年会论文集，2011.

[29] 李世刚，尹恒．寻租导致的人才误配置的社会成本有多大？经济研究，2014（7）：56–66.

[30] 李松松，董斌．我国上市公司高管涉嫌犯罪对股价波动的影响研究．海南金融，2014（8）：23–27.

[31] 李晓敏．制度质量与企业家活动配置——对 Baumol 理论的经验检验．中南财经政法大学学报，2011（1）：135–140.

[32] 李影．中国投资移民动机与现状．山东省农业管理干部学院学报，2013，30（3）：60–63.

[33] 梁莱歆，冯延超．政治关联与企业过度投资——来自中国民营上市公司的经验证据．经济管理，2010（12）：64–70.

[34] 林汉达．俄罗斯与中国国有企业改革的比较研究．宜春学院学报，1999（1）：49–52.

[35] 罗党论，刘晓龙．政治关系、进入壁垒与企业绩效——来自中国民营上市公司的经验证据．管理世界，2009（5）：97–106.

[36] 马淑萍，丁红卫．日本国资国企改革经验与问题．中国发展观察，2015（10）：86–89.

[37] 马腾．企业家投资移民的经济学分析．西南财经大学，2014.

[38] 梅丹．我国上市公司固定资产投资规模财务影响因素研究．管理科学，2005，18（5）：80–86.

[39] 牛富宽．固定资产投资与经济增长关系的实证研究——基于三部门视角的分析．天津商业大学学报，2014，34（5）：57–62.

[40] 庞金勇，杨延村．上市公司高管职务经济犯罪与公司治理相关性研究．科学·经济·社会，2007，25（2）：118–122.

[41] 彭晓峰，孙海容．日本国有企业民营化问题及启示．经济问题，1998（2）：34–37.

[42] 青木昌彦．比较制度分析：上海远东出版社，2001.

[43] 冉秉鑫．俄罗斯国有企业改革的启示．欧亚经济，2002（8）：

22 – 25.

[44] 邵宁. 国企改革指导意见解读. 企业管理, 2016 (1): 6 – 10.

[45] 佘脊, 徐永超, 曾小忠. 我国上市公司高管犯罪公告的市场反应研究. 特区经济, 2012 (2): 124 – 126.

[46] 宋全成. 迈向贸易强国: 中国外贸竞争力研究: 中国商务出版社, 2004.

[47] 唐国华. 企业家才能配置与经济增长——基于省际面板数据的经验研究. 科学学与科学技术管理, 2012, 33 (11): 110 – 116.

[48] 陶俊清. 浅析淡马锡的公司治理模式及其借鉴意义. 全国商情: 经济理论研究, 2009 (3): 54 – 55.

[49] 王春晖. 新加坡"淡马锡"模式对我国国有企业改革的借鉴. 通信世界, 2016 (15): 11 – 11.

[50] 王灏. 淡马锡模式主要特征及其对我国国企改革的启示. 中共中央党校学报, 2011 (5): 50 – 54.

[51] 王开轩. 俄罗斯私有化十年: 历程和现状. 欧亚经济, 2003 (3): 20 – 23.

[52] 王立新. 俄罗斯国有企业改革评析. 南京师大学报社会科学版, 1999 (2): 16 – 20.

[53] 王前锋. 我国上市公司高管犯罪现象分析. 商业研究, 2007 (1): 162 – 166.

[54] 王文, 崔胜朝. 新加坡淡马锡董事会治理模式的启示. 现代管理科学, 2009 (4): 48 – 50.

[55] 魏下海, 董志强, 金钊. 腐败与企业生命力: 寻租和抽租影响开工率的经验研究. 世界经济, 2015 (1): 105 – 125.

[56] 文明. 日本国铁民营化改革的效果、经验与启示. 经济体制改革, 1999 (2): 32 – 36.

[57] 吴延兵. R&D存量、知识函数与生产效率. 经济学: 季刊, 2006, 5 (3): 1129 – 1156.

[58] 吴延兵. 国有企业双重效率损失研究. 经济研究, 2012, 37 (3): 15 – 27.

[59] 吴延兵．企业产权结构和隶属层级对生产率的影响．南方经济，2011，29（4）：16 - 29.

[60] 吴义爽．制度安排、企业家才能配置与中国持续经济增长．理论探讨，2010（1）：74 - 77.

[61] 夏国兴．新加坡国有企业改革的探析——赴新加坡学习考察心得．广东农工商职业技术学院学报，1995（1）：19 - 23.

[62] 徐宝君，陈胜华，陈建光．新加坡淡马锡公司董事会运作模式研究．会计师，2007，72（11）：25 - 33.

[63] 徐业坤，钱先航，李维安．政治不确定性、政治关联与民营企业投资——来自市委书记更替的证据．管理世界，2013（5）：116 - 130.

[64] 薛耀文，张广瑜，张朋柱．对资本外逃与国有资产流失的关系分析．生产力研究，2004（3）：106 - 108.

[65] 杨海波．法国国企改革对我国国企改革的启示．理论与当代，2016（8）：47 - 49.

[66] 姚洋．非国有经济成分对我国工业企业技术效率的影响．经济研究，1998（12）：29 - 35.

[67] 姚瑶．投资移民：全球化下发达国家的财富吸引——兼论输入国移民政策演变的资本吸引导向．上海商学院学报，2010，11（4）：9 - 12.

[68] 余斌．英国国有企业私有比的回顾与思考．管理世界，1997（2）：86 - 90.

[69] 余明桂，回雅甫，潘红波．政治联系、寻租与地方政府财政补贴有效性．经济研究，2010（3）：65 - 77.

[70] 袁境，白煜．"淡马锡"模式与中国国资管理机构的角色定位．经济体制改革，2006（5）：50 - 54.

[71] 袁艺．淡马锡模式的经验与启示．现代管理科学，2006（5）：90 - 91.

[72] 张波．淡马锡神话是这样铸成的．上海国资，2005（10）：28 - 30.

[73] 张静，陈美燕．新加坡"淡马锡"经营模式对国企改革的启示．特区经济，2006（9）：353 - 354.

[74] 张蕊．我国事业单位薪酬激励机制的分析．经营管理者，2011

（19）：85 – 85.

　　[75] 张婷婷. 韩国紧密型政企关系的形成、变革及其启示. 科技创业月刊，2006，19（8）：81 – 82.

　　[76] 张鑫鸿. 国家控股公司独立性研究. 华东政法大学，2016.

　　[77] 张养志. 俄罗斯体制转轨的经济学分析. 中国社会科学院研究生院，2001.

　　[78] 张正勇. 新加坡淡马锡国有资产管理模式的经验及借鉴. 石家庄经济学院学报，2009，32（5）：13 – 16.

　　[79] 赵传居. 从民营企业家移民谈企业家精神. 经济研究导刊，2013（21）：80 – 81.

　　[80] 中国社会科学院工业经济研究所课题组. 全面深化国有经济改革重大任务研究. 中国工业经济，2014（9）.

　　[81] 周新城. 俄罗斯的全面私有化之痛. 国企，2011（6）：44 – 49.

　　[82] 庄子银. 南方模仿、企业家精神和长期增长. 经济研究，2003（1）：62 – 70.

　　[83] Acemoglu, D. Reward structures and the allocation of talent. *Cep Discussion Papers*, 1995, 39（1）：17 – 33.

　　[84] Acemoglu, D. , & Verdier, T. Property Rights, Corruption and the Allocation of Talent: a General Equilibrium Approach. *The Economic Journal*, 1998, 108（450）：1381 – 1403.

　　[85] Amoros, J. E. Entrepreneurship and Quality of Institutions. *Working Paper*, 2009.

　　[86] Asoni, A. PROTECTION OF PROPERTY RIGHTS AND GROWTH AS POLITICAL EQUILIBRIA. *Journal of Economic Surveys*, 2008, 22（5）：953 – 987.

　　[87] Banerjee, A. V. , & Moll, B. Why Does Misallocation Persist? *American Economic Journal Macroeconomics*, 2010, 2（1）：189 – 206.

　　[88] Baumol, W. J. Entrepreneurship: Productive, unproductive, and destructive. *Journal of Political Economy*, 1990, 98（Volume 98, Number 5, Part 1）：893 – 921.

［89］Bhagwati, J. N. Directly Unproductive, Profit-seeking（DUP）Activities. *Journal of Political Economy*, 1982, 90（Volume 90, Number 5）: 988 – 1002.

［90］Biggerstaff, & Edward, L. The Importance of Executive Effort, 2014.

［91］Desai, S., & Acs, Z. J. A Theory of Destructive Entrepreneurship. *Ssrn Electronic Journal*, 2007.

［92］Groves, T., Hong, Y., Mcmillan, J., & Naughton, B. AUTONOMY AND INCENTIVES IN CHINESE STATE ENTERPRISES. *Quarterly Journal of Economics*, 1994, 109（1）: 183 – 209.

［93］Hall, R. E., & Jones, C. I. Why Do Some Countries Produce So Much More Output Per Worker Than Others? *Nber Working Papers*, 1999, 114（1）: 83 – 116.

［94］Hamilton, & Kirk. *Where is the wealth of nations?*: World Bank, 2005.

［95］Hart, O., Shleifer, A., & Vishny, R. W. The Proper Scope of Government: Theory and Application to Prisons. *Quarterly Journal of Economics*, 1997, 112（4）: 1127 – 1161.

［96］Hobsbawm, E. J., & Wrigley, C. Industry and Empire: From 1750 to the Present Day, 1978.

［97］Holmstrom, B. Agency costs and innovation. *Journal of Economic Behavior & Organization*, 1989, 12（3）: 305 – 327.

［98］Hsieh, C. T., Hurst, E., Jones, C. I., & Klenow, P. J. The Allocation of Talent and U. S. Economic Growth. *Nber Working Papers*, 2013.

［99］Hsieh, C. T., & Klenow, P. J. *Misallocation and Manufacturing TFP in China and India*. Paper presented at the Meeting Papers, 2008.

［100］Jensen, M. C., & Meckling, W. H. Theory of the firm: Managerial behavior, agency costs and ownership structure. *Social Science Electronic Publishing*, 1976, 3（76）: 305 – 360.

［101］Jones, C. I. Misallocation, Economic Growth, and Input – Output Economics. *Nber Working Papers*, 2011.

[102] Khanna, V., Kim, E. H., & Yao, L. CEO Connectedness and Corporate Fraud. *The Journal of Finance*, 2015, 70 (3): 1203-1252.

[103] Kindleberger, C. P. International short-term capital movements, 1937, 155 (3765): 325-337.

[104] Krugman, P. R. Increasing returns, monopolistic competition, and international trade. *Journal of International Economics*, 1979, 9 (4): 469-479.

[105] Lessard, D. R., & Williamson, J. Capital flight: the problem and policy responses, 1987.

[106] Lin, J. Y., & Li, Z. Competition, Policy Burdens, and State - Owned Enterprise Reform. *American Economic Review*, 1998, 88 (2): 422-427.

[107] Marshall, A. The Social Possibilities of Economic Chivalry. *Memorials of Alfred Marshal*, 1907, 17 (65): 7-29.

[108] Milgrom, P. R., & Roberts, J. *Economics, organization, and management*: Prentice - Hall, 1992.

[109] Murphy, K. M., Shleifer, A., & Vishny, R. W. The Allocation of Talent: Implications for Growth. *Quarterly Journal of Economics*, 1990, 50 (2): 103-130.

[110] Murphy, K. M., & Vishny, R. W. Why Is Rent - Seeking So Costly to Growth? *American Economic Review*, 1993, 83 (2): 409-414.

[111] North, D. C. *Institutions, institucional change and economic performance*: Cambridge University Press, 1990.

[112] Ostrom, V. The Great Transformation. *Good Society*, 1998, 8 (2): 25-28.

[113] Richardson, S. Over-invest of Free Cash Flow. *Review of Accounting Studies*, 2006 (11): 159-189.

[114] Romer, P. M. Increasing Returns and Long - Run Growth. *Journal of Political Economy*, 1986, 94 (Volume 94, Number 5): 1002-1037.

[115] Schneider. *On the fault-line: the politics of AIDS policy in contemporary South Africa pp 145 -167*: Servicio de Publicaciones, 2002.

［116］Schumpeter, J. *The Theory of Economic Development*: Harvard university press, 1934.

［117］Sobel, R. S. Testing Baumol: Institutional quality and the productivity of entrepreneurship ☆. *Working Papers*, 2008, 23 (6): 641 – 655.

［118］Solow, R. M. Technical Change and the Aggregate Production Function. *Review of Economics & Statistics*, 1957, 39 (3): 554 – 562.

［119］Veblen, T. *The Theory of Business Enterprise*: C. Scribner's Sons, 1904.

［120］Vogt, S. C. The Cash Flow/Investment Relationship: Evidence from U. S. Manufacturing Firms. *Financial Management*, 1994, 23 (2): 3 – 20.

［121］Zhang, W. Decision rights, residual claim and performance: A theory of how the Chinese state enterprise reform works. *China Economic Review*, 1997, 8 (1): 67 – 82.